AF392259

Leandro Area Pereira
Oscar Hernández Bernalette
Emilio Nouel Velazco

TRES VENEZOLANOS DE IDA Y VUELTA

Libro homenaje a la memoria de Emilio Nouel Velazco

EDICIONES EJV
INTERNATIONAL

Caracas, 2022

Tres venezolanos de ida y vuelta
Libro homenaje a la memoria de Emilio Nouel Velazco

Primera edición, 2022
© Ediciones EJV International

Fotografía de portada: Sara Papier
Diseño de portada: Valeska Hernández
Corrección de textos: Carlos Ortiz
Diagramación y montaje: Liliana Acosta

Depósito legal: DC2022000127
ISBN: 978-980-182579-1

Todos los derechos reservados. Esta publicación no puede ser reproducida total ni parcialmente por ningún medio ni procedimiento, ya sea electrónico o mecánico, tratamiento informático, alquiler o cualquier otra forma, sin la autorización previa y por escrito.

MENSAJE A EMILIO

Querido Emilio: este es un libro en homenaje a tu memoria. Nunca te lo hubieras imaginado, ¿verdad? Nosotros menos. Sorpresas te da la vida.

Todo estaba listo, contigo, para que lo publicáramos. Andábamos, sí, en el correcorre de tantas urgencias cotidianas; ¿te acuerdas? Mientras, corregíamos textos, tanteábamos títulos, que al final y para que veas, tú escribiste. Buscamos esquivos editores, tocábamos puertas insistentes y seguíamos pateando la calle de nuestra obsesión por las ideas, la escritura, los libros, el futuro de Venezuela.

Ahora que ya supuestamente no estás, regresas con tus textos, inteligentes, emocionados y emocionantes, críticos y contundentes, persiguiendo principios de libertad, democracia contra dictaduras, en favor de la paz y la integración regional. Todo eso que desde jóvenes mueve el barco de nuestros corazones además del amor, por supuesto, la amistad, el compañerismo, la poesía, la política, las canciones y tantas cosas bellas de la vida.

Pero ir y volver, irse y dejar, de eso se trata a pesar de los pesares, viajeros persistentes.

Aquí estás hermano, como siempre, con tu familia, amigos, con nosotros, con tus emociones y letras. Con el amor de los que te extrañamos.

Nosotros, los abajo firmantes, a quienes haces falta.

AGRADECIMIENTOS

A Sara Papier, quien en Santa Fe de Bogotá nos tomó una fotografía sin que nadie supiera entonces que se iba a convertir en la portada de un libro. A Monika Rug, que se enfrentó al monstruo de corregir, en una primera versión, los textos de los autores. A Valeska Hernández, de TVA (New York), por la asesoría en el diseño de la portada del libro. A Carlos Ortiz, corrector y editor de los textos. A Liliana Acosta, quien diagramó el libro y se encargó de su publicación. Al profesor Allan Brewer Carias por su generosidad al respaldar editorialmente nuestro trabajo

Para todos, nuestras sentidas y sinceras palabras de reconocimiento y afecto.

PRESENTACIÓN DE LOS AUTORES

La historia de este libro es producto de muchas razones que confluyeron hacia el esfuerzo que se materializa hoy y que presentamos al lector. Ello nos obliga al menos a una primera explicación.

Los tres que aparecemos en la foto que sirve de portada somos amigos desde hace más de 40 años y conservamos biografías que se emparentan en una experiencia vital equivalente.

Nacimos durante la dictadura militar que gobernó a Venezuela entre 1948 y 1958 pero somos fundamentalmente hijos estructurales de la democracia que se inició ese último año.

Ahora, desde hace más de dos décadas, como sorpresa irreparable, nos ha tocado nuevamente navegar ya de adultos por los intolerables designios de una tragedia, peor que la primera, que tiene al país pujante y próspero de otrora, convertido en un remedo de nación cada día más sometida por la codicia del poder que día a día se ve más alejado de principios civilizatorios que garanticen respeto, inclusión y honestidad en la gestión pública.

Otro aspecto importante a resaltar es que en estos años de pandemia política a la que se ha agregado por supuesto la pandemia del COVID-19, hemos invertido parte de nuestro esfuerzo en escribir sobre la difícil realidad de los últimos años. La pluma como arma intelectual y política ha sido una de nuestras constantes comunicacionales más visibles y hemos sido persistentes e impertinentes publicadores de artículos de opinión y de otros textos, en los medios de comunicación de nuestro país y en otros ámbitos.

Además, tenemos en común –y que resaltar– que hemos sido profesores universitarios y funcionarios de Estado con responsabilidades dentro de la administración pública, teniendo que bregar con temas atinentes a nuestras áreas de especialidad profesional, tanto en lo nacional como en lo internacional.

Emilio, Oscar y Leandro estamos convencidos de que a Venezuela –hundida en el momento más inhumano y complejo de su historia– le espera, sin embargo, un futuro promisorio de progreso y paz en democracia. De ello se trata en este libro, de mirar lo que nos ocurre con celo crítico sin caer en el abismo hipnótico de la realidad sino con una visión en perspectiva y política de los eventos nacionales que se inscriben o no en tendencias regionales y mundiales.

Los artículos recogidos y seleccionados en este compendio, aparecidos en los últimos lustros en distintos medios de comunicación, tienen la pretensión de servir, en el sentido más amplio del término, para que las nuevas generaciones no pierdan la perspectiva de la memoria histórica de lo que han sido y son los problemas más acuciantes de nuestra realidad, atinentes a la ética política, al funcionamiento de las instituciones, a nuestras conexiones con el mundo, a los problemas más evidentes que nos agobian, así como aspiran también a expresar nuestras esperanzas y nuestros sueños; a lo que no hemos dejado de ser en lo más profundo de nuestra identidad como venezolanos.

Tres amigos que se tomaron una foto en Santa Fe de Bogotá y hoy siguen, con la espalda contra la pared, dando la cara y apostando por el futuro.

Emilio, Leandro y Oscar,
en orden alfabético.
Caracas, septiembre de 2021

PARTE I
LEANDRO AREA PEREIRA

TIEMPO, VIRUS Y PODER

INMUNE NADIE

Una de las bestias de la realidad se escapó de la jaula donde la manteníamos infructuosamente encerrada y nada ni nadie ha sido capaz, hasta el momento, de hacerla regresar a la zona de tolerancia donde fantaseábamos haberla dominado.

Anda de su cuenta y sin riesgos, pues en definitiva ni siente ni padece. Tampoco disfruta de su arrase ni existe aún quien la haya derrotado. Es en conclusión un inocente y oprobioso virus que ha impuesto su caos de pandemia por todas las rendijas de nuestra fragilidad. Sin saberlo siquiera, "Inmune nadie" es su consigna de guerra y de victoria momentánea mientras los días pasan al ritmo que impone su macabra estadística.

Es en ese desconcierto de vulnerabilidad que se han evidenciado los mayores síntomas de nuestras impotencias. Allí pretendemos al menos sobrevivir, sintiendo ya demasiado idílico y lejano el sueño de perpetuarnos como especie.

Pensándolo bien, no ha habido forma ni la habrá de retornar a la vieja normalidad, puesto que ya es imposible volver atrás. Habrá que inventar, se dice fácil, más bien construirnos una nueva forma de vida, aunque en verdad nada nunca comienza desde cero. Cuál, en todo caso cómo, dónde, con quién. Son dudas existenciales.

Lo cierto es que la humanidad quedó al desnudo y no hay mascarilla que oculte sus vértigos y antes bien el antifaz que supuestamente nos protege delata el intervalo en el que el desliz de un estornudo puede ser la diferencia entre ser y dejar de serlo.

Así, mientras las circunstancias hacen de las suyas y la incertidumbre impone sus leyes en el mercado del miedo, el debate queda abierto y cada quien desde su encierro pregunta y se pregunta, evalúa, tantea opinión sobre lo ocurrido y lo que podría ser el porvenir, una vez que pase, y pasará, cómo no suponerlo deseándolo, toda esta cadena de sorpresas, torpezas y sufrimiento globalizado y globalizante.

Nunca el mundo será el mismo y nosotros tampoco. Poder y liderazgos, relaciones sociales, creencias, valores y conductas, percepciones, religiosidades, ciencia y tecnología, familia, sexualidades y otros apetitos; lazos afectivos, propósitos de vida, narrativas, códigos y palabras; distancias y silencios, leyes; soberanías, orden internacional y hegemonías; tiempo y espacio.

Queda abierto un debate que envuelve todo lo anterior y es el de cómo vamos a resolver la existencial tensión entre la libertad y la seguridad. ¿O será que la libertad como aspiración humana pasará a un segundo plano y escogeremos la alternativa de la seguridad, entendida como reducción de nuestra libertad, para subsistir; amparo y resguardo a cambio de sumisión y sometimiento? ¿Sociedad de proveedores y beneficiarios?

¿Sobrevivirán o se reciclarán frente a esta debacle humanitaria los cansados cascarones de democracia que hoy conocemos o escogeremos dictaduras, por más blandas que sean, a cambio de dispensas diarias? ¿Privilegiaremos, entonces, la fuerza frente al océano encrespado de lo que acontece?

El miedo es torpe, ruin, escabroso y aísla en su licuadora inclemente. Pero hay que estar preparados para enfrentar dudas y ambiciones perversas que despierta la dictadura de las necesidades. Escoja usted, pues nadie quedará tampoco inmune a la perseverancia por la dignidad humana.

EL CORONAVIRUS, LA FRAGILIDAD Y EL DESEO

No hay océano más profundo que el de la fragilidad ni cielo más inmenso que el del deseo, y el coronavirus nos tiene boquiabiertos contra las cuerdas frente a inesperado y abrupto destino. Así anda la humanidad en estos días de apocalipsis mediático en los que por fin el pronombre "nosotros" adquiere un sentido en común como reacción colectiva, de debilidad y miedo compartido, ante la perplejidad del común enemigo.

Tenía que aparecer un adversario mortal a gran escala, pandemia microscópica para colmo de males, humanizada a través de un vampiro, para que sintiéramos el vértigo ante el terror de la casualidad reinante mediante la cual todos somos probabilidades estadísticas. Además, el victimario no radica en nación ninguna, ni siquiera en China, donde nació; no tiene rostro preciso, además de que solo puede mirarse de frente a través del espejo microscopio. Ni tiene residencia fija ni conocida, pues se traslada volátil a través de medios a su alcance que en principio somos nosotros mismos, nosotros otra vez, plural reiterativo.

Desde 1918 —hace un siglo ya— a esta parte, no conocíamos de una epidemia tan agresiva y de tanto impacto colectivo como lo fue la llamada Gripe Española, que mató a 50 millones de personas en un año y que según leemos recibió tal nombre debido a que ocupó una mayor atención en la prensa de España que en el resto de Europa, ya que esta no estaba involucrada en la guerra y por tanto no se censuró la información sobre la enfermedad. Cuestión de secretos, de medios de comunicación y de política. En cualquier caso, el poder otra vez.

En el presente el tema ocupa el minuto a minuto de nuestras existencias físicas y mentales, otra vez el nosotros casi ya que invasivo. Ya lo dijo Milan Kundera en *La insoportable levedad del ser*: «El héroe de Beethoven es un levantador de pesos metafísicos» y este es un tiempo para elevar columnas de esperanza.

Así que sobre estas pailas me atrevo a preguntar: cómo será el mundo después de este desastre que pone en duda el piso de la permanencia humana sobre el planeta Tierra; que coloca en entredicho también los paradigmas de nuestras certezas; que desvalija la grandilocuencia de los discursos sobre el progreso de la ciencia y la tecnología; que descuartiza la estabilidad de los mercados mundiales; que enjabona aún más el resbaladizo piso del orden internacional, la fe en la razón y las soberanías.

Entonces, ¿es que la globalización se vino abajo frente a la mundialización de la pandemia? ¿o es que pasaremos la página haciendo como el avestruz que evita la memoria? ¿En qué quedará la agenda mundial después de esta debacle? ¿Aparecerán nuevas prioridades? ¿Tendremos líderes capaces de enfrentar los retos del presente?

TIEMPO, VIRUS Y PODER

Cómo definir el tiempo que nos toca vivir: ¿descoyuntado, miserable, gris, preocupante? La percepción que tengamos de él tendrá un profundo impacto sobre nuestras actitudes y conductas, y por lo tanto sobre la valoración de lo propio, de lo próximo y de lo ajeno.

Toda realidad se construye en consideración a esa conciencia, en todo caso vivencia, que pudiera ser falsa o equivocada o impuesta pero que nos invade y con la cual invadimos a su vez a los que nos rodean. Ello es válido desde la noción del mundo que tengamos, del país en que vivimos, de la opinión de quienes nos rodean más de cerca y por supuesto del ser íntimo que somos, que creemos o que queremos ser.

Pero lo cierto es que puedo suponer que para una inmensa mayoría son tiempos estos confusos en los que la experiencia acumulada no termina de ser útil para comprenderlo —dado que se construyó de pasado— de memoria, mediante ensayo y error, de «como decía mi abuela», y pareciera ya no aplica a situaciones como las que el mundo nos está haciendo vivir.

Estamos secuestrados de y por la incertidumbre. El presente, cual Heliogábalo fanático, se despacha en un tris pasado y futuro al mismo tiempo. *Carpe diem* vale hoy más que nunca en su sentido metafórico, es decir irónico. Presente inconexo que se agota en sí mismo.

La Primera Guerra Mundial, la Segunda, la caída del Muro de Berlín en paralelo a la desintegración de la Unión Soviética, el ataque terrorista a las Torres Gemelas, especie de Pearl Harbor en tiempos de globalización, constituyen críticos momentos de la historia en los últimos 100 años. Ahora la pandemia.

El presente y su deslave no pueden ser entendidos sin tomar en consideración estos eventos y la marea de sucesos y procesos socioeconómicos, políticos, por supuesto, científicos, tecnológicos y culturales que ellos provocan. Centenaria curva irregular y aparatosa de cambios incontrolables unos, novedoso y sorpresivos otros, auspiciosos también y tantos, y tortuosos los demás y más rotundos contra la condición humana.

Ahora aparece otro inesperado visitante, el nuevo coronavirus que con prepotencia de pandemia tiene desequilibrado el frágil transcurrir de la seguridad sobre la que antes paseábamos, silbando distraídos, en las nubes y tan campantes.

No hay imperio gigante que valga para virus tan microscópico. Nunca más cierta aquella afirmación según la cual el poder tiene los pies de barro. Y lo político y lo económico y lo más inmune de nuestras tan crecidas veleidades humanas, el Ego, ni se diga.

En Venezuela el tiempo transcurrido se ha encargado de descubrir, otra vez, el virus que nos agobia y que nace cuando se juntan la pobreza y la incultura de la sumisión consentida con una desmedida y tantas veces presuntuosa y perversa ambición de poder.

En esa relación permanente, que ni dictadura alguna, ni los 40 años de democracia en Venezuela pudieron superar, se fue incubando la larva, hoy en plena epidemia, que se muestra sin rubor por todos los rincones del planeta sin antifaz ni mascarilla tapa boca desechable posible que la esconda.

Tiempo, virus y poder, tres desafíos en tiempo de vorágine.

EL PODER DESCOMPUESTO

El poder es fundamento tanto de la vida humana particularizada como de la social. ¿Llegamos a este mundo con ese gen o lo fuimos ganando?; ¿costumbre que se adquiere y fija, a lo largo de nuestros múltiples partos históricos? Porque no existe organización construida por el hombre, por simple o compleja que ella sea que no esté permeada, influida o determinada por ese componente que amalgama, reúne y compacta las tendencias a la dispersión que se expresan en y a través de lo individual.

Es así también como nos planteamos evitar el supuesto caos del yo multiplicado mediante la jaula liberadora del nosotros. ¡Qué paradoja! Lo singular que cobra sentido en lo plural. Se atenúa. Contenido en continente. Ecuación que nos indica que se puede ganar perdiendo y perder ganando al mismo tiempo. En esa vitrina se promocionan y venden, en el mercado de la conflictividad, los beneficios de estar juntos.

De allí la tribu, la familia, la educación, las leyes, las costumbres, el idioma, las religiones, las nacionalidades, y demás. Son todas y cada una, relaciones de poder. La unidad.

Poderes hay además para todos los gustos y colores. Unos a la vista, otros escondidos, presentes y ausentes, externos e íntimos, reales o inventados, pasajeros y constantes. Liberadores como la mente y otros castrantes, como ella misma puede llegar a ser. ¿El poder es bueno o malo? ¿Tonta pregunta? Instrumento de múltiple cara. Mercancía.

El amor es otra de sus formas que, así como nos sublima pudiera, una vez que se rompe su hechizo, culminar en odio. La esclavitud es también despiadada dependencia de poder que nos destruye hasta que nos liberamos.

La democracia, por su parte, es vínculo inestable entre poderes, el plural "nosotros" el fundamental, que nos convencen y representan, equilibran y dan sentido compartido. La dictadura es una imposición de voluntad que nos aplasta y envilece.

El poder es, pues, una relación, no un destino, y hay poder y poderes en todos los ámbitos de nuestra existencia. Podemos sentir su potencia hasta en nuestros comportamientos más íntimos e insospechados. Siento y creo entender en principio, y tal vez sea injusto, que las plantas de mi jardín no ejercen influencia sobre mis valores, actitudes y conductas, pero mi perro en cambio sí. Hay entonces una gama interminable de posibilidades, matices, de interconectividades, conscientes o inconscientes, que al final me hacen ser, nos hacen dibujar lo que somos, lo que hemos dejado de ser por voluntad, desgano o debilidad, y también lo que podemos merecer por conciencia, mérito y empeño.

El poder mira de arriba abajo y viceversa. El que manda conmina, domina, no tiende a tranzar o discutir a menos que sienta su majestad en vilo, en crisis, en peligro. Allí sí es verdad que es capaz, oportunista y solícito él, de negociar, dialogar y llegar a acuerdos. Puede que baje la cabeza con tal de mantener su predominio. Total, París bien vale una misa.

En democracia, cuyo poder respira teóricamente en los ciudadanos, ese vínculo o apego tiende a expresarse y concretarse en vida diaria consentida a través de múltiples y complicadas formas, una de las cuales, la más emblemática, romántica y sintetizadora, radica en la fuerza del voto donde se concentra y expresa la supuesta libertad de elegir entre todas las opciones, incluso la peor.

Pero nunca ha sido un dios perfecto el hecho de votar. Progresivamente su majestad se ha venido a menos frente a una cascada de denuncias y evidencias que incluyen la incapacidad del votante, la manipulación y compra de los votos, los fraudes electrónicos, la inoperancia de los sistemas electorales, la corrupción de los organismos comiciales y de sus funcionarios, en suma, guisos, trampas y mentiras a diestra y siniestra asociadas a los intereses políticos, económicos e ideológicos que corroen más aún el recto sentido de lo que debería ser vivir dignamente en sociedad. ¡Ilusos, soñadores, nosotros!

Pero el poder se escabulle de toda esa epidemia bacteriana; tiene vida propia, mecanismos de defensa y sobrevive, recicla, a cualquier embate de la realidad, y se impone sin tregua a la depravación de la política que vendría a ser una de sus hijas o máscaras dilectas, a los desastres climáticos, a los fracasos económicos, a las corroídas instituciones, a los hombres, a los dioses, en fin.

Es más, pareciera que en esos cataclismos se apuntala y catapulta inmortal, acompañado de los peores, y se hace más imperioso porque se requiere más de él, se le necesita, para protegernos de la incertidumbre, del miedo y de la intemperie. Entonces, es luz y sombra perenne que hay que conocer, aprender sus lenguajes, sus silencios, sus escalas y tiempos, sus latigazos y sus efímeros y equívocos galardones. Recuerda que tú eres parte del juego. Jugador y juguete.

Hoy pareciera que los poderes que mantenían el orden social, político, económico, cultural, religioso, se hallan en estado de franca descomposición, descoyuntados, descompuestos e imagino que esto provocará, si no ocurre algo peor, la recomposición de los mismos elementos que estimulan la crisis en contenidos "nuevos", metamorfoseados, que tiendan a superar el desequilibrio global del sistema con el que nos despertamos, ya sin sorpresa ni aspavientos a cada rato, y aparezca una nueva forma de equilibrio inseguro, inestable y perecedero, como lo son todos los equilibrios.

Es hora de imaginar creativamente y rápido una nueva forma de sistema político que supere, incluyéndola, a la democracia, que se aleje de la dictadura y de los populismos, y rescate por sobre todo lo demás el principio básico e ineludible del respeto por los derechos humanos, otorgando oportunidades de progreso espiritual y económico a la gente, al ser humano cada uno me refiero. ¿Estaremos pensando en eso o viviremos obnubilados más bien bajo el poder castrador del presente?

Las multitudes padecen, los países asumen, los gobiernos inventan y los individuos oscilamos entre distintas actitudes y comportamientos por lo general defensivos. Pero nos queda el deseo de vivir, de compartir, de proteger y de ser protegidos. Esa es la luz, sobrevivir, que ha permitido al hombre atravesar los oscuros fantasmas de la pesadumbre que parecía infinita.

TIEMPO DE GUASONES

Entre los fanatismos y la pasividad se engendran los guasones: populistas, dictadores, jokers, oportunistas todos. ¡Qué más da! Allí esperan, comen a su gusto, reencauchan pesadillas y arrojan aplaudidos en mitad de la fiesta la apetecida carnada. Su mejor disfraz no es disfrazarse, es mostrar las vísceras de las víctimas y comer del muerto en plena vía pública, a que los vean, y solazarse luego en la venganza compartida representada en imágenes que Goya ya plasmó hace tanto, en la que los (nos) retrata desnudos. En esa inmensa gelatina tornasolada, "multiculti" la llaman, que es la sociedad actual, encuentran fiesta, piñata y serpentina. Fracasados sin fecha de vencimiento se reciclan en la mediocridad de un público sumiso y sin estrellas, que ávido de circo los festeja barato y se emborracha gratis en su espejo.

La política de hoy y la de antes está plagada de estos personajes que aparecen, se escabullen y reaparecen cada cierto tiempo. La política está hecha hasta para destruirse a sí misma cuando no existen los resortes vigilantes que lo impidan. No hay heredad, mitos o dioses que aseguren para siempre el Castillo del Bien. ¿Dónde reside a todas éstas la armonía por la que clamamos, quiénes sus herederos, dónde sus dioses, héroes y víctimas, cuándo victorias y derrotas, quiénes los custodios de esa memoria, los guías y garantes de tales tesoros? La política es territorio fértil y de todos, no exclusivo de ningún rango, nobleza, dinero, astucia, líder o populacho. Allí su fuerza; allí su fragilidad.

En ese territorio volátil se incuban esos Guasones, ¿con mayúscula?; conviven y recrean sin que puedan evitarse todas las ambiciones, casi siempre insatisfechas, origen del enemigo público N°1, "El Resentido". La política no es jaula ni candado ni llave, es tierra de humanos cuyas frustraciones los (nos) convierte en fieras de habilidades y torpezas.

El tiempo de hoy se presta como nunca para todas las debacles. Caídos los muros de la ignominia, pero también de la contención, se expresa sin matices el Leviatán que llevamos por dentro Mister Hobbes, para que entonces aparezca el guasón, el joker, el vengador, populista o tirano, y ya no el Robin Hood idílico de nuestra prehistórica infancia.

A propósito de la película *El Joker*, tan comentada en estos días, he encontrado varias lecturas retadoras. Cada una interesante, coinciden en que el personaje de marras es un fenómeno social representado y multiplicado en la pantalla a la que la gente accede pagando con la boletería del placer para verse narcisa a sí misma, satisfaciendo inclinaciones perversas que deja en manos de otros.

Es el personaje, *Taxi Driver* de nuestros días, "magistralmente actuado" dicen los entendidos, transmisor y representante de un sentimiento colectivo de hastío, de rabia, de desquite frente a una realidad insoportable que no encuentra vicio suficiente más allá de la indiferencia para ser evadida y con la cual distraerse, que para eso también existe el cine.

El joker es la maldad autorizada, el terrorista alterno y permisado, el espanto conexo a la figura del pájaro perturbado y perverso que se sataniza para glorificarlo y publicitarlo sin cortapisas.

De pronto, mirando a oscuras las imágenes que deja la película en el tiovivo de la mente, me encuentro con que sin buscarlo comienzo a relacionar e identificar a personajes concretos de la política contemporánea. ¡Qué obsesión! Lucho por evadirlos, pero ahí están invasivos, se presentan disfrazados de ellos mismos, y como dice alguien, "el joker es experto en colocar a Batman ante dilemas imposibles, indagando así en sus miedos y sus debilidades".

Recojo y suscribo para la discusión de este tinglado la frase que al azar encuentro en *La era del vacío* del Gilles Lipovetski: "La ausencia de fe posmoderna, el neo nihilismo que se va configurando no es ni atea ni mortífera, se ha vuelto humorística". Para el Guasón todo es broma, su principal poder radica en su propia locura; demencia humorística, sardónica, que se entrecruza para nuestro contentillo con la perversidad del mal en límite traspuesto sin culpa alguna, la venganza jocosa, el crimen perfecto. El joker o guasón además socialmente no se sataniza, se glorifica más bien, se hace inmune, autoinmune, impune, personaje de taquilla interior que se paga gustoso.

La política actual, la de hoy, está plagada de estos trucos, enredijos y clima, que permiten que emerjan estos personajes tan campantes ante su fracaso, su criminalidad, su poder epidémico de corrupción, ante la injusticia dejada en su labor minuciosa y saboreada por la tierra arrasada, y para colmo aparezcan luego como fuerzas salvadoras, héroes del teflón, cartas indemnes de la baraja de las perversidades.

Ya han comparado al personaje con Trump, pero desde México hasta el Cabo de Hornos le sobran competidores; alimañas que se glorifican con el goce de tantos. A estos guasones no les hace falta estrategia para recibir tan babosa complacencia de eso que llaman "pueblos". No hace falta ir tan lejos para sentir vergüenza y luchar contra ellos.

EL REY PESTE

Les guste o no me siento con derecho y con deber a bautizar mi columna de hoy con el título de un cuento de Edgar Allan Poe, considerado por algunos como el verdadero fundador de la literatura en las tierras de Walt Whitman.

Y lo hago cual cualquier ciudadano globalizado al fin y a mis edades, desde este metaltrópico paraje de la tierra que habito, selva que nos traga, frente a aquellos que por las malas se dieron a la tarea de tomar, como si de botín pirata se tratara, el Capitolio de los Estados Unidos de América.

Es estas que describo, obliga mi atención y escritura la discusión sostenida, interrumpida y votada con urgencia y angustia en el Senado de dicho país, sobre la proclamación definitiva de Joe Biden o aquel que fuera como nuevo presidente y los que eran previsibles, por preparados y alentados eventos desde las altas cumbres del poder, "*We love you*", ocurridos alrededor y dentro del Capitolio de ese país hermano, pariente próximo que necesita apoyo cuando urge más que nunca en las malas, y ante los cuales no se tomaron las medidas preventivas adecuadas. Golpe culposo, allá dicen.

Visto lo anterior, y antes de proseguir, debo puntualizar que no soy experto en la materia sobre la cual escribo, ni asumo el falso papel de *connaisseur* del sistema político estadounidense, ni de su idioma, ni de su historia, gustos y costumbres, gestos particulares de su gente, a pesar de ser fanático de John Coltrane y Mickey Mantle, por ejemplo.

Y confieso también haberme pasado horas y horas, aún al día de hoy, como si de asunto propio se tratara, que lo es, por los canales de televisión, no para entender lo que decían, ambición imposible, audio apagado pues más bien, sino para averiguar absorto en las imágenes y mirar atónito lo insólito de lo impensable desde la República bananera que somos y que habito y en cuyo continente del cual soy contenido y padezco ocurren esas mismas patadas y peor, vistas y vividas hasta la saciedad en cada dos por tres y vuelta a ver sí nuevamente. Como si de desconocido se tratara y sin visado, nunca ajeno, me sorprendo curioso ante lo propio tan en distante relativo.

Antes ya dije que me dediqué a leer imágenes, eso sí, siguiendo las huellas deletreadas por Paul Virilio (1932-2018), cuando, más o menos, afirmaba en uno de sus libros que el bloque de imágenes que tenemos por delante es esta enorme nebulosa filosófica que se levanta delante de nosotros y que más allá de su imperio narrativo, administrativo mediático, inmediático y mediatizado, corresponde a profundas estructuras sociales en movimiento y contradicción que hace falta tragar y digerir para entender.

Y aparte, óigase bien, porque de filosofía se trata lo que ocurre en el sentido de comprender eso que llaman realidad como razón de ser del pensamiento sobre lo que sucede y nos pasa por arriba, por debajo y por dentro en estas horas procelosas de nuestro tiempo histórico y vital. Porque es del Tiempo de lo que hablamos. De nuestro Tiempo secuestrado, por otros por supuesto. ¿De esto se tratará la vida? Pareciera. Sobrevivir sería, si te pones a ver, un sinónimo ingrato. Oponerse y luchar es lo que toca.

De paso, las imágenes a las que hacemos referencia tienen un argumento simbólico estridente y fidedigno que me traslada de trancazo crucial a Francisco de Goya cuando casi sordo o del todo, qué tendrá que ver este detalle con Beethoven, en aquellos sus "Caprichos" y "Desastres", desvestía sin pudor frente a nuestros ojos, los rasgos más profundos y preocupantes del humano que somos.

Y lo que él entendió y coincide con lo que ocurre ahora es que la caja de Pandora está abierta con toda la intención por el Rey Peste en su ansiedad insatisfecha y exacerbada en la derrota por no poder todavía más; y que artero quiere imponer su pandemia malcriada de celos aparatosos y egocéntricos como si no fuera suficiente con los males y pestes que cargamos encima. Para cierre de película muda recordemos conjuntamente a este asalto al Capitolio norte americano de estos días, el 27 de febrero no de 1989, fecha casual de El Caracazo en Venezuela, sino el lunes aquel de 1933 cuando Hitler ordenó la quema del Reichstag, el Parlamento alemán, para imponer su ley. Todos más o menos lo mismo, los personajes y las fechas son baratijas de muestra y colección.

Cómo andarán de alegres por el mundo los que miran en vivo y en directo el paisaje de la realidad que se ofrece en el asalto a la civilidad representada en el congreso de la República de los Estados Unidos de América, legítimamente constituido por voto popular. Así se regocijarán los mismos, imagino, como cuando el ataque a las Torres Gemelas, aunque ahora el terrorismo pareciera doméstico.

Y aparte de exceso de presente otra vez y casi de fastidio por repetido, requiere necesariamente, obligatoriamente y con desvelo, de la lectura fiel de lo ocurrido, imaginación constructiva y decisión política, mientras el mar se encrespa.

Paradójicamente, contra las cuerdas como está, puede ser el momento protagónico de la Democracia y de las democracias, aunque la cámara y el camarógrafo capten tan solo la sombra y el desmadre del totalitarismo que se cierne sobre la humanidad, si no los detenemos.

DEMOCRACIA ADIÓS

Qué duda puede caber en la certeza de la extendida afirmación según la cual la Democracia está en crisis y que de ella no queda sino un fantasma de palabras que ya ni enamoran ni convencen a nadie.

Por más que el miedo o la nostalgia nos invadan al perderla —puesto que no es fácil decir adiós a una madre y maestra constructora— es un hecho frontal que ese sistema político y de vida que conocimos y nos marcó tan profundamente dejó de ser una forma de convencimiento y cultura suficientes para una sociedad trastornada cuyos rasgos más notables de la pandemia que ya vivía en ella se aumentaron a la luz de la peste actual.

Recuerdo que desde mi época de estudiante se hablaba sobre el particular, pero para referirnos muy parroquialmente al caso venezolano, a la crisis de sus partidos políticos, a la corrupción generalizada de la sociedad, a la depreciación de las instituciones, a la ambición por la riqueza fácil, a la falta de ciudadanía, a los cambios que debían hacerse y no se hicieron, en fin. Éramos tan superficiales y no lo sabíamos.

Imagino que en ese nuestro caso específico de nación históricamente inestable, era vicio de costumbre el retorno incansable a la discusión del tema en dos sentidos: por un lado estaban los que de la manera más sincera y preocupada apuntaban con pelos y señales las razones y detalles de la crisis del sistema político venezolano y de sus debilidades más preocupantes, y hacían un llamado impaciente, la más de las veces postergado o inútil, "profetas del desastre" nos llamaban, a que se tomaran las medidas necesarias antes de que se produjeran circunstancias concretas que pusieran en riesgo aquello que nos había costado tanto esfuerzo en el tiempo. Por otro lado, estaban los que al tanto de la situación y de manera más o menos velada asumían la crisis como una posibilidad para tomar el poder por la fuerza, el resentido vicio de costumbre, la razón de sus vidas, y así se jugaron las cartas que finalmente explican brevemente los detalles del presente.

En Venezuela ocurrió, como tantos advirtieron y todos conocemos ahora y tantos vivimos día a día desde hace más de 20 años, la destrucción total de la democracia y no solo de ella sino la del país entero y de sus gentes cada una; pero eso es ya otra historia. Lo que ocurre es que hoy, por tantas razones, vemos el deterioro de la democracia en su conjunto, su decaimiento a nivel global. Y es que la democracia como construcción social capaz de expresar la mutación sociológica global que vivimos resulta incapaz, insuficiente y obsoleta, para comprender, representar y gobernar, a pesar de los esfuerzos, la ebullición social que se está desarrollando en la actualidad.

Esta situación caótica que vivimos es indetenible en el mundo occidental y es la que explica la multiplicación de movimientos que llamaremos provisionalmente pro dictatoriales o pro autoritarios o al menos fomentadores de la anarquía social y el caos, entre los que mencionaremos a los grupos de izquierda y derechas radicales, fundamentalistas, pronazis, progres, Antifa, chalecos amarillos, y tantos otros, todos populistas, que se mueven interminablemente, unos a la luz de todos, otros menos evidentes y tantos clandestinos, que son parte de una cultura política y social harta y agresiva hasta no más, ya instalada en el ser social del presente y fomentados por factores perversos de poder mundial sin frenos eficientes.

Dicha realidad aquí apuntada, cada día más asfixiante por demás, es en la que se ha disuelto la confianza del individuo con lo que lo rodea; es la que ayuda a romper con la fe en el futuro; es la que envilece el respeto y el apego que nos mantenía adheridos a creencias y valores que engendraban comportamientos de afecto, compasión, compromiso y respeto. Todo ello requiere de un distinto modelo de organización social y política que no está claro aún, al menos es mi caso, cuál debe ser. Por ello es que además las condiciones están dadas para que surja lo que no deseamos.

Lo que estamos viviendo y viendo con lo que ocurre en la sociedad de los Estados Unidos, en el espectáculo electoral que allí sucede y para el cual no hay que pagar entrada para estar presentes, es el cuadrilátero más transparente y representativo de la crisis mundial mayor que es existencial en la que está involucrada la esencia de la democracia que conocimos como forma adecuada de representación y guía hacia el bien sostenido de la sociedad humana.

Podrá seguir por allí ciega, cojeando sorda y muda, por aquí y por allá dando y creando lástima por los rincones de la casa, dejándose manosear por los de siempre, pero ya no será sino una crujiente forma, una sombra, que no encuentra aún un sustituto. En esas andamos, con el alma en vilo.

¡QUE VIVA LA POLÍTICA!

Propenso a la reflexión me detengo y dispongo nuevamente a escarbar y opinar, más allá de chismes y miserias, sobre las espantosas dificultades del presente venezolano, con el deseo febril de encontrar explicaciones adecuadas y salidas eficientes al fracaso cotidiano que nos toca vivir desde hace tanto tiempo, a fin de procurar el oxígeno necesario con el cual cimentar voluntad ciudadana mayoritaria, hoy ensimismada, que deberá ser democrática, indetenible, plural, sólida, emprendedora y útil.

Por convicciones personales y profesionales practico el vicio de tantear en la esfera compleja y elusiva de la Política, respuestas a ese y otros territorios de la realidad.

Y es dentro de ese contexto, casi con euforia romántica, pasando por alto aquella conseja que susurra que detrás de todo exceso se esconde un defecto, o aquella afirmación según la cual en Hispanoamérica padecemos de una cultura demasiado entusiasmada por lo político, otro posible territorio para el realismo mágico, me he atrevido a escribir tajante en otro momento que la política es el barco de nuestro destino. Y no satisfecho con ello, como en un reto o una confirmación testaruda que muestra mis angustias, he agregado con énfasis que cuando encontremos inscrito sobre una tumba el epitafio donde se lea: "Aquí yace el cadáver de la Política", la humanidad ya no tendrá tiempo de mirar atrás.

En resumidas cuentas, a lo que voy es a reiterar la convicción que atesoramos de que la política es el perentorio y escaso recurso civil que aún tenemos a mano para enfrentar nuestras angustias, sin necesidad de cancelarnos físicamente los unos a los otros.

Lo que ocurre es que, como tantos espectáculos, así también la política dejó de ser lo que fue o ya no existe. Ahora no se llena el aforo, no se vende la boletería y nos quedamos colgados de una brocha en el aire, sin punto de apoyo, con un libreto en la mano vociferando en el vacío en un dialecto que pocos entienden o cuyo mensaje a nadie importa.

Y la causa de tal distanciamiento de público no radica solamente en el balance que se hace de las ejecutorias políticas, sino en el creciente descreimiento social en la validez y aplicación efectiva de los contenidos y formas que asumen los principios de la democracia o de la soberanía o del Estado o de la justicia y pare usted de contar. Aunque bueno sea aclarar en este punto que la política no es una virtud o un defecto exclusivo y acaparado por "demócratas", sino una energía humana compartida, supeditada a las ambiciones de poder, cuyos fines y apariencias suelen ser la más de las veces oscuros y engañosos.

Ahora indico, y no por ello justifico o diluyo, que el caso venezolano no es el único desastre político de la actualidad. Es tal la cantidad y calidad en el desbarajuste de certezas y presencia del caos, que encontrar elementos generales de solución, más allá de la reacción ante la espina de la realidad en la garganta que nos empuja a gritar desesperados que "de la forma que sea con tal de salir de esto", la crisis que vivimos no es materia sencilla de solución que tenga respuesta inmediata basada en experiencias históricas precedentes, en la que se nos indique sin más hacia dónde remar y con qué brújula. ¿Dónde se consigue hoy esa mágica formula en Venezuela? Por eso es que, además, a falta de respuestas y soluciones, el apego ciudadano a la política ha perdido fuerza, y ganado en distanciamiento, descreimiento y rechazo. La política es, cada vez más y dentro de estas circunstancias, el arte de lo que parece imposible.

En dicho escenario crítico nos encontramos a la vista con tendencias mundiales a salidas no políticas o marcadamente antipolíticas, casi que en su mayoría antidemocráticas o definidamente autoritarias, pues aquella Catedral donde nos cobijábamos y sentíamos protegidos por los principios de la ética, de la soberanía nacional, de la justicia, etc., donde se atesoraban mitos y símbolos de nuestra fe ciudadana, se encuentra en ruinas y por el momento no parece ser el techo seguro, cuántos no se han derrumbado, en el que confíe la gente para protegerse y donde hallar solidaridad ciudadana en instituciones garantes y funcionarios solícitos o al menos responsables, partidos políticos creíbles o líderes sensibles en quienes encontrar soluciones satisfactorias a los apremios individuales y sociales.

Al producirse esa crisis de y en la política, subrayo el caso de las situaciones nacionales, han aparecido como salvavidas, que para eso fueron fundados, pero ahora francamente con visos de "casas de auxilio", los escenarios mundiales y las instituciones formales o no, que desde fuera intentan mantener el orden internacional y también los nacionales, en vínculo de dependencia creciente. Vacíos y carencias internas que entonces buscan culpables o salvadores en actores externos. Otro efecto de la globalización como se ejemplifica en el llamado "Efecto Mariposa" según el cual todo es causa y consecuencia de todo.

En tal sentido, el complejo e inaudito caso venezolano, con sus pelos y señales particulares de identificación, aderezado por la nueva potencialidad disyuntiva del escenario internacional, por las ambivalencias mercantiles del "pragmatismo ético" en boga, aunado todo ello a la merma o desaparición de los principios morales o políticos que nos guiaban, actores representativos, y la concomitante reaparición de factores que pensábamos extintos, ha sido, entre otros, producto de los errores y responsabilidades muy nuestras acompañados por un letargo y una complacencia interesada o sibilina de tantos, absurda en todo caso, frente a circunstancias que se han salido de la mano y control de propios, de vecinos y demás, que ahora ya no tan distanciados se han incorporado decididamente a favor del restablecimiento de la Democracia en Venezuela. Bienvenidos sean. Gracias por fin, aunque todavía falte.

Tomadas en cuenta todas esas desventajas y emergencias apuntadas, no todas señaladas, multiplicadas por los tiempos que corren que son muy grises y a pesar de ellas es que seguimos pensando en que las soluciones existen y que hay que insistir, como hacemos, para que prevalezca el objetivo superior de la paz sobre el odio y las aspiraciones de libertad y progreso para todos a través de los resortes con los que tomar impulso y a su vez amortiguar nuestras diferencias para así lograr las aspiraciones de libertad, justicia, progreso y democracia, a través de la presión nacional e internacional, el diálogo y la negociación, con la Diplomacia de la mano, brazo civilizado y tenaz con que la Política cuenta a cada instante.

GEOGRAFÍA, CAUDILLISMO Y PETRÓLEO

LA BRUTALIDAD COMO CONSIGNA

La sociedad venezolana se asoma secuestrada a través de los barrotes de la realidad impuesta por el poder. El mundo se ha acostumbrado a mirarnos así. Maniatados de manos, pies y pensamiento, vamos dejando de existir a merced de nuestros quejosos pesares náufragos.

Da vergüenza escribirlo, es verdad, pero ya se ha hecho costumbre afirmar que después de tanta lucha por libertad, justicia, salud, educación, actividad productiva o empatía con nuestros semejantes, nos hemos convertido en fantasmas inservibles que pueblan el desván ocupado por otros trastos fracasados.

Pensar, actuar, comunicarnos o cambiar de lugar, son ejercicios peligrosos propensos al peor de los destierros. Ni qué decir de la indiferencia o el descreimiento que suelen ser a veces caminos aprendidos, exilios interiores, en el adestramiento cotidiano de la frustración colectiva.

Vivimos en el aturdimiento de tiempos impuestos por la ignominia. En ello fantaseamos estados de normalidad, a sabiendas a veces de nuestro auto engaño, que se distraen entre lo memorioso de ingrávidos recuerdos personales de perfumado pasado, u otros caminos políticos que por complacientes no hacen sino convalidar el destino presente.

La realidad, otra vez ese muro, se impone como catedral muda y sorda sin santos esquineros a los que prender vela en busca de esperanza. No queda duda de que la brutalidad se ha impuesto como ejercicio social y constante; la brutalidad como fórmula; cual imposición cultural; expresión soberbia de nuestra destrucción; paradigma adquirido por las palabras, los gestos, los sentidos; obra y maniobra para hacer posible e imponer la condición de esclavo-amo, el goce del premio a cambio de la sumisión, o el juicio implacable del castigo frente a la desobediencia. La risotada indemne de la humillación.

Lo que practicamos en la vida real no es ejercicio de deberes y derechos, sino expresión de una permanente insatisfacción provocada y calculada de angustia, miedo, oscuridad; ejecutado plan desde amplias oficinas acondicionadas a tal fin.

Lo que estamos viviendo es el desplante, el desdén de la brutalidad como forma de percibir y entender al otro; como cartilla para que aprendas que estás a merced de los que mandan —que ya no se sabe ni quiénes— y que así se exhiben sin pudor ni matices, porque se sienten seguros en un mundo de impunidades compartidas entre cófrades, compadres y compinches.

En esa realidad es donde pensar es un peligroso lujo y guarecerse una necesidad impostergable. No hay frontera segura: el miedo ha construido territorio por doquier. Estamos pues en presencia de selva que nos traga. Y esa brutalidad va creciendo, exhibida o agazapada, rápida o lenta, a raudales o a cuentagotas, en ciudades y campos, en fronteras y centros, en escuelas y parques, que ya no hay resquicio por donde no se reproduzca su veneno. Si seguimos así dejaremos de existir hasta como vergüenza. Seremos polvo irremediable, olvido ni siquiera.

Cómo contarle esta debacle a los que vienen; cómo explicar que no fuimos nosotros, que esto pasó y no construimos un válido camino, apropiado, aunque fuera, para salir de esta maraña. Cómo no decirnos estas cosas para tratar de curarnos juntos en voz alta, porque coreando a Don Quijote les recuerdo que por, sobre todo, "...no hay en la tierra, conforme mi parecer, contento que se iguale a alcanzar la libertad perdida".

NI PERDÓN NI OLVIDO

Cuando se negocia siempre se tienen ganas de algo, se desea. Y cuando digo ganas digo de ganar, es decir de obtener o evitar, porque impedir que lo peor suceda suele ser también una forma válida de pasión. El que ambiciona, en representación propia o de tercero, debe conocer o sospechar al menos cuáles son los intereses, expresos o tácitos del otro quien muchas veces finge en parte o miente de un todo. Sea dicho de paso que la sinceridad no ha sido vicio humano del que podamos quejarnos o sorprendernos.

El que negocia debe entonces perseguir una meta con tesón y además tener al menos un plan alternativo de acción a sabiendas de que la otra parte puede y debe tener igualmente más de una estrategia porque en el fondo lo que la mueve, reitero, son ganas de ganar; no siempre a cualquier costo, quede dicho. Así, mientras las metas resultan ser relativamente estables, los métodos de acercamiento y retroceso son más bien flexibles. Prevalece el arte de las aproximaciones, al despiadado ajedrez de la guerra; jaque mate al Rey.

Las negociaciones y los negociadores, no siempre, casi nunca, funcionan como una caja de música. Hay momentos en los que se desafina y se comienza de nuevo el ensayo en ballet de sudores y sombras, y se establecen en el camino, no sin disgusto, los reajustes necesarios para que partitura, director y ejecutantes, trabajen al unísono y puedan ser apreciados con gusto por público intangible. En verdad, teoría pura teoría, teatro puro teatro, la realidad del asunto es que dentro del quirófano de las negociaciones no existen fórmulas paradisíacas, que de ello saben los parteros.

Aunque mucha literatura sobre la materia nos diga lo contrario, negociar el precio de una cosa no es lo mismo que discutir el destino de un país, su soberanía, la vida de sus gentes, su memoria como pueblo, sus valores, y todavía tanto más.

Por su parte los negociadores no son ángeles, son parte del juego, humanos, trajín de barro plagado de sabandijas, imperfecciones y a veces de almas nobles. No hay negociadores neutros que no es lo mismo que ser jueces objetivos. Un verdadero negociador debe saber que los principios no están en cuestión y que lo que se discute son temas de carácter instrumental que permiten que las partes sigan insistiendo para sortear conflictos mayores evitando extender y rezagar, en espacio y tiempo, situaciones que incluyen pérdidas humanas y sociales irremediables.

Los negociadores deben estar preparados, además, intelectual y anímicamente; gozar así mismo y sobre todo de la mayor confianza posible y del respaldo de quien o quienes representan; deben igualmente contar con asesores fieles, prudentes, inspirados, inteligentes, sagaces, convincentes, organizados, rudos y virtuosos en el más amplio sentido de la palabra. Nunca, casi nunca es verdad, se consiguen tan excelsos personajes. Artistas de excepción, ajenos a rivalidades intestinas y a los reflectores que iluminan las rutilantes estrellas del tinglado. Esponjas creativas discretas. Ora personajes de novela ora héroes para el olvido.

Quien negocia conociendo que el sujeto vital del proceso en el que está involucrado lo constituye la vida de millones de personas, la existencia de un país, por ejemplo, puede correr el riesgo por presiones internas de ceder a los intereses del otro con la fórmula del arreglo simple por intercambio o mediante la aceptación de la cohabitación, por ejemplo, que ya con solo nombrar esa salida se estremece el espíritu y el gusto.

Hay demasiados factores de poder también dentro del juego no siempre bien intencionados; casi nunca, cuándo. Los negociadores privados, nacionales o internacionales requieren también de mucho aguante; está dicho que el logro de la paz radica en la paciencia y en la reciedumbre.

Pero además muchas veces para socorrer el desespero inminente de la gente, se requiere que la población, pongamos por ejemplo la de Venezuela, observe resultados parciales, tangibles como campañas de vacunación global, libertad de los presos políticos, elecciones libres y transparentes, que hagan creíble al sujeto de la negociación, la gente y otros factores implicados, de las bondades del proceso. Prerrequisitos sin los cuales no se logrará legitimidad ni tendrá futuro posible el esfuerzo entre las partes.

En el citado caso venezolano hay demasiados obstáculos y perversidades en el camino y negociar no debe ser uno más sino todo lo contrario, una posibilidad. Eso sí, ni perdón ni olvido posible en una negociación que requiere ser justa y semilla próspera de futuro. Justicia nacional e internacional. La negociación política en estos términos es una puerta posible aun cuando ya ni siquiera la casa exista, pero la esperanza de reconstrucción aún titila insólita.

CAMARADAS, COMPADRES Y COMPINCHES

Aquellas figuras de los caudillos latinoamericanos con lanzas o máuser y a caballo, o de los capos mafiosos en carros que más nunca, o la de los propios espías típicos de la Guerra Fría disimulados detrás de un periódico al revés, ya son niños de pecho, angelitos dorados de torta cumpleañera, barajitas, tanto así de sin filo que me atrevería a agregar en esa lista también a los rockeros.

Casi que piezas de museo, olor a naftalina, sentimentales y desdentados serenateros, juguetería esquinera y familiar de memoria olfativa, comparadas con los representantes de la maldad contemporánea a los que no les tiembla el pulso para nada y se muestran insolentes y osados en un mundo que les teme, respeta y adula, en el que prevalecen la inmunidad y la impunidad.

Aquellas imágenes ya borrosas de tiovivo y carrusel dominguero, aproximadamente heroicas y suspirantes, han sido superadas por otras muy dañinas, actuales y legitimadas: las de los camaradas, en su sentido laxo, untado, ya no estrictamente emparentado con la hermandad roja y comunista aunque por ahí ande la cosa, ¿verdad poeta que la era está pariendo un corazón?; la del compadre, glosario sacramental de hermandad, ya no estrictamente rural sino globalizado, cosmopolita y post moderno, léxico bautismal con el que instituir vínculos de familia encubierta, organizada y delincuente, narco-tramposa- corrupta-banquero-guerrillera-terrorista, y mundial; y la de compinche, que engloba, sintetiza y supera a las anteriores en lo que tiene de plaga babosa-pegajosa-silenciosa-servil y coparticipe, sin carnet y sin nombre, anónima de todo mal y peligro que ayer era un pecado y hoy es un negocio multimillonario en dólares y demás exquisiteces del espíritu.

Ninguna de ellas ha sido tratada con la seriedad y urgencia requerida y sus resultados expresados en diccionarios y manuales de enseñanza de la ciencia política contemporánea, por ejemplo, y creo que ya es tiempo de sinceridades para superar el rubor academicista y darles el espacio y lugar que se merecen. Más aún cuando aquellos viejos baluartes de nuestro orgullo democrático caballeresco, quijotesco, el Estado y sus instituciones, el Derecho, los partidos políticos, los ciudadanos, los grupos de presión y de interés, los principios y los valores en suma y origen de todo lo anterior en fin, se depravan y dan paso, en lenta y sórdida metamorfosis a esta invasión sin cortapisas de personajes siniestros de carne y hueso y a prácticas podridas autorizadas, a la vista de todos, casi que ejemplo de virtudes y demás serpentinas cinematográficas que definen en buena medida nuestros destinos colectivos-familiares-personales-ciudadanos e íntimos.

Pero como la ambición es cruel y voraz, pero viene con frenos, propongamos una mirada tan solo sobre nuestro continente, nunca más ajeno que antes que de ancho no lo sé, pues no estamos ahora, como se ventilaba afirmar, en manos de los imperialismos clásicos (inglés, americano o soviético), sino de neo imperialismos tropicales-locales-regionales-autóctonos y soberanos, que en eso terminó toda aquella batahola libertaria y revolucionaria que viene desde la Independencia.

Somos hoy, en este continente, el producto de alianzas, arreglos, compadrazgos y complicidades, todos compinches, entre camaradas y sus mantenidos aliados, que se protegen unidos por variadas razones entre las que destacan el poder, el dinero, y la implantación de modelos de vida miserables a través de la droga de las ideologías, que no se fuma pero que tampoco empalaga, o el paquete de comida limosnero que se entrega a cambio de silencio, que no es sino sumisión, miedo, interés, indiferencia o comparsa.

Parásitos todos estos nuevos actores requieren de sus víctimas adulantes, pues no hay amo sin esclavo; pueblos faltos de libertad y sin fuerza política y social, es decir carentes de educación, de cultura y de ambiciones cívicas, a los que se les niegan los derechos humanos, con gobiernos propiciadores y fundamentados en la violencia y la corrupción material y moral como utensilios y razón de ser para mantenerse a sus anchas en el poder como quizás nunca antes habíamos observado. Eso sí, a través de elecciones antes escupidas como burguesas y hoy consentidas por el Socialismo del Siglo Veintiuno, en números romanos y todo, balsa de auxilio en la que los cubanos no la pensaron dos veces para encaramarse con la idea de crear un nuevo imperio sustentado económicamente en la combinación de dos negocios de exportación segura y confiable de materias primas: petróleo y drogas; dos vicios inseparables del capitalismo mundial y tan cercano. "El Dorado sí existe, camará".

Siempre en binomio, a la cabeza de ese proyecto, ya más que eso, se encuentra la hermandad cubana de los *Pater familiae*, Fidel-Raúl, mantenidos y amparados por y desde Venezuela representada en y por el otro dúo filial, ahora dinámico y galáctico, de Chávez-Maduro, y aplaudidos en su momento por otra cumparsita, la de los Kirchner argentinos, hijos falsificados de aquellos otros dos, Perón-Evita, siendo el cuarto de entre ellos, que no el último, el de Lula-Rousseff, tan venidos a menos, ambos, en estos últimos tiempos de elecciones e "impeachment".

Después le siguen otros sacristanes, cómo no; Correa culipandeando en el malherido y doliente Ecuador de en estos días; Evo, el boliviano, entre la coca y las visitas al Papa y del Papa a él, que también tiene su proyecto de reinserción de los infieles junto a Obama. El binomio siguiente es el nicaragüense, el de la pareja acérrima de los Ortega, y por su parte, sin faltar a sus Mercedes, la guerrilla colombiana montada en su propósito, que es el de la toma del poder, en el más puro estilo de franquicia chavista, el cual pasa por los acuerdos de paz tan habaneros ellos y *made in* Santos-Timochenko, en la hermana República.

Pero hay que darse prisa para encontrar el remedio a tal epidemia de binomios y detenerlos porque ya se ve que hasta los que dicen aborrecer las prácticas populistas- asistencialistas-clientelistas de camaradas, compadres y compinches, comienzan a mostrar síntomas que invitan a pensar que se están divirtiendo de lo lindo también al imitarlos.

EL PRIMATE FILOSÓFICO

Las heridas, sociales por lo pronto, cuando se originan y no terminan de curarse, si acaso se intentan subsanar con una propina, con el desfile rimbombante y colorido de una fecha patria, en unas lágrimas regadas al pie de una tumba maquillada en perfumado epitafio, en un perdón hipócrita y por lo tanto humillante, en la fanfarria de la reconciliación, el falso olvido, un edicto pomposo decretando la paz, una plaza y sus palomas tétricas, un héroe que flota en su aburrimiento de incienso, un cheque a cambio de un montón de silencios, total en una deuda de rencores diferidos y culpas impunes que coincide en una carga de lastres impagables, crecientes, vitalicios, históricos, que tendrán que afrontar otros sin suerte asegurada, más adelante, en el tiempo de siempre que se repite inexorablemente.

Casi todas esas deudas heridas cometidas, tuvieron razón y corazón de ser en una invasión, en una guerra, en la guillotina u otras ruinas públicas como quemar viva a la gente colgándola de hereje en una injusticia o muchas que no por singulares pesan menos; en el racismo, un campo de concentración, un fusilamiento, un secuestro y sus desapariciones, los expulsados por la raíz que sea y que buscan asilo como y donde se pueda; unos presos políticos u otras injusticias parecidas que dan su cachetada de menosprecio por lo humano; un mal gobierno, una torpeza, un desdén, un desplante, y faltarían tanto que agregar que da vértigo.

En la lista de los más populares a quienes se les achaca la culpa de estas catástrofes destacan ciertos conquistadores, una pandilla que adquiere esplendor, fama y poder por sus pericias y maldades, un loco con un arma o micrófono y audiencia colectiva, un truhan que quiere darse un antojo con el apoyo de los electores, demócrata lo apodan, un tirano que por todas las del medio y de la ley de su crueldad desenfadada, encaramado a un dios, destripa, degüella, empala o apedrea, en público y universal, a los que marca de infieles y se ríe sin dientes y sin rostro frente a todos, de todos, sin distinción de edad, raza, sexo o religión. La lista sería larga y más pesada aún; mejor no intentar completarla para no ser ejecutado sumariamente por los que de ella se excluyen en mi inocencia miope.

En fin, que es humillante, lamentable y además de escabroso, que la humanidad esté acorralada por estos designios destructivos, bárbaros e impunes, acolitados por la indecisión que demuestran los que viven y dependen de la volátil popularidad de los votantes, los jefes de gobierno y de Estado por ejemplo, la comunidad internacional que dice estarlo aunque no lo parezca, que deberían erigirse unidos al frente de la defensa de los valores de la humanidad hoy en vilo, sin entrar en detalles exquisitos y debates paupérrimos, porque el común denominador a fin de cuenta es sencillo y frugal, mientras que los peligros y sus consecuencias dejaron de ser inimaginables para acercarse ya al horizonte escaso de nuestras tan inmediatas y sensibles narices .

Porque es que el ensoberbecido mal anda suelto y de su cuenta, y se le ven los tentáculos a cada instante, mientras que el bien nunca se halla, jamás se sabe, se implora, se exige, se le reza, pero se vacila frente a él al verlo en un mundo plagado de tanta desconfianza que hasta él duda de si y se resbala y cae.

Son todas esas sombras persistentes las que nos resumen la vida de hoy a sus escombros evidentes; datos que las estadísticas borran en sus números; la vida de uno en suma de tantas restas y que son más que infames, mostrándose desparpajadas a la luz de los medios de comunicación y redes sociales que no saben qué hacer y multiplican, mientras el mundo se desliza redundante sobre las burbujas de su pomposa vacuidad, "en exclusiva", mientras los gorgojos trabajan sin descanso.

En paralelo, en ese camino persistente de derrotas y agravios, se nos ofrecen lecciones de bondad, justicia y auto ayuda que basan su argumento en la idea de que no hay otra manera de olvidar una pena, vivir el luto, encubrir la derrota, abreviar el hartazgo que esas penurias dejan, que con el nuevo engaño de aceptar al enemigo, perdonarlo, cercenar la memoria, confesarnos, proponer la otra mejilla o tal vez en contrario exaltando el error lucrativo de un ensañamiento contra un sustituto construido, un muñeco de trapo, con el cual distraer atenciones, un bulto cercano o a lo lejos o todos a la vez que ayuden a drenar la plana intensa de nuestros desencantos. Mecanismos de defensa del yo los llamó y enumeró en detalle Anna Freud la hija del otro. ¿Será que no hay salida? ¿Allí radicará el territorio necesario de la Política, hoy ineludible como nunca antes?

La humanidad anda atrapada en esos laberintos insondables, buscando nuevos espacios en los confines de su alma, por si acaso no encuentra otra galaxia. Primates filosóficos, de rama en rama, pensando, huyendo, persistiendo, buscando.

CHÁVEZ, LA DERROTA INCONCLUSA

Según se ventila en el cotarro, su muerte, digamos prematura, ocurrió en misteriosas y plurales fechas, supuestamente en Cuba, bajo los auspicios y cuidados intensivos, milimétricos y de exclusiva administración de los hermanos Castro, en circunstancias médicas además de tortuosas y enmarañadas, aun anómalas, anónimas y apócrifas.

Esos son los hechos susurrados, verídicos no me atrevería a testificar, menos aún en manos de aquellos y de estos. En fin, engorrosos eventos expuestos en inmejorables y oficiales párrafos increíbles.

Todo eso sí fabricado al detalle, no quepa la menor duda, para que su urdimbre se tejiera y cuadrara perfecta con la ascensión ilegítima de Nicolás Maduro, ciudadano con partida de nacimiento dudosa, ungido en todo caso, aunque no exento de ambiciosos rivales, a la Presidencia de la República Bolivariana de Venezuela, como sublime y apoyado sucesor del ahora Comandante Eterno, en los manejos del poder que da un barril de petróleo al reverencial precio aquel de 100 dólares. ¿Y qué importa que no naciera aquí, en las tierras gloriosas del Libertador Simón Bolívar, si en todo caso ha sido él "El Elegido" y desde el Más Allá mayúsculo?

Tanto qué repartir y usted mirando en los rincones. No parecen cosas suyas, general-camarada-compadre-compinche.

Lo cierto, sí, es que la desaparición física de Chávez deja secuelas profundas para Venezuela, la región y más allá, y ofrece material de escabrosa película para inferir lo que será y ya es la previsible novela e impacto en la vida cotidiana de pueblos que construyen realidad e historia, a falta de otros propósitos y motivaciones, a partir de esos héroes de utilería que a veces irrumpen, muy de seguido por estas geografías habitadas, sobre todo en momentos de penuria y desilusión tan comunes a pesar o en razón del prodigioso exceso de la naturaleza que otorga, así no más, riquezas sin esfuerzo, benigno clima y bonhomía de gentes; falta de educación e instituciones, subtítulos y goces que tanto nos adornan.

Ahora bien, una muerte digamos a destiempo, precoz ella, inesperada al menos cuando un proyecto de vida se va desarrollando y deja trunca la ambición de poder que se desea destino, abona a que la gente escarbe necias preguntas en tardes de desgano; por ejemplo: ¿Y qué si aún siguiera vivo? ¡Conclusiones, buen hombre, conclusiones! Sigámosle la corriente a la tertulia.

Las primeras respuestas que enhebro y se me vienen dispersas a la tinta son las que aquí expongo. Primero: murió, tristemente, antes de tiempo y ello le sirvió, sortario él una vez más, para evitarle el drama de reconocer frente a sí mismo y en vida, al menos en lo íntimo y si acaso, nunca en público, su derrota militar y política. ¿Lo haría?

¿Si su vida hubiese sido más larga, cabría la posibilidad de que admitiese frente a sí mismo su ruina o descalabro como líder de su proyecto galáctico, concebido por él, el Socialismo del Siglo XXI, que aún respira, aunque boqueando y que ya cojea por doquier que echó raíces y repartió, su verbo predilecto, a manos llenas y esplendidas, ¿a cambio de tanta complacencia? Usted conoce la respuesta de antemano. No sigamos siendo tan sublimes y propiciatorias perdices. Definitivamente, no. Fue el suyo un regalado anzuelo bien cebado, garfio, pesca de arrastre, que llenó la insuficiente canoa de sus fauces con peces boquiabiertos y ahítos. Él mismo se sorprendió de su benigna estrella. Así, tan fácil, cómo echar para atrás.

Segundo: por otra parte, si te pones a ver, la muerte de Chávez retrasó su derrota y la de otros. Muriendo él, paradójicamente, le otorgó un respiro al desencanto que deja el abandono. Ganó, ganaron tiempo. El luto distrae y abstrae con su hechizo y a veces, como las moscas, es interminable. Por ahora, todavía, aún, quizás.

Tercero: sus hijos políticos y seguidores más cercanos corrompieron su legado, si alguna vez lo hubo, dándole rienda suelta a lo que codiciaban desde antes pero no se atrevían con todas las de la ley, por ahora otra vez, estando aquel en vida. Todo lo que pudo haber de razonable o ingenuo en el sentimiento originario del líder máximo, además de revanchas, carencias personales y egocentrismos, relacionado con su justicialismo social, devino, tanto durante su mandato como sobre todo después de su fallecimiento en apretados sinónimos, a saber: mentira, vileza, dictadura y corrupción.

Cuarto: internamente a pesar de estar muerto pareciera estar vivo. Está sin ser. Lo usan como a un muñeco inflable. De escudo contra ellos mismos y sus grietas que no se perciben sino a la luz de los contrastes que se asoman a través de las sombras. ¡Ay de ellos cuando exploten!

Se lo inventan y asolean de espadachín contra los molinos de viento reales o tramposos, casi siempre estos últimos; para nada quijotescos en todo caso, que total qué más da. De falaz instrumento para huir de la realidad de su colectivo barranco a punta de pistola, de miedo y piñatería regalona y harto más aplaudida por cencerros y guaruras de fondo.

De hecho, es él, por ejemplo y aparte, el que les hace la campaña electoral a los candidatos de su partido, el PSUV, de cara a las elecciones legislativas próximas. No consiguen qué hacer a estas alturas. Se le oye, se le ve por doquier ya que Maduro es incompetente también para ello y más ahora con la familia presuntamente involucrada en asuntos de tráfico de drogas hacia el imperio.

Saben que el fin está cercano y le dan vida artificial al difunto. Lo exhiben sin respeto, desesperadamente. ¿Pero es que, si el Jesús de Nazaret resucitó, entonces por qué no el de aquí, el de Barinas? Milagros, milagros, necesitan milagros pues la derrota, aunque les queden el C.N.E. y otras verduras, parece ya cantada.

Quinto: Sigue y seguirá siendo un referente popular, una figura coloreada que el tiempo ayudará a desteñir, hacer borrosa y por eso duradera. Habrá que agregarlo a la retahíla de bienaventurados y subir al altar casero de nuestro karma colectivo junto a las ánimas del purgatorio, María Lionza, Negro Primero, inclusive el petróleo y demás hierbas aromáticas.

Sexto: con este parque fantasmal de fondo numismático, ya derrotados, pudieran pensar hasta en hacerse guerrilleros. Tienen ya tanto atesorado para ese negociado, aunque pensándolo bien, la frustración es ciega pero no tonta, y en un país caliente y con mentalidad minero-petrolera es posible que los más cuerdos y avispados de entre ellos recapaciten y, aunque a regañadientes frente a la pantalla, sigan en la contienda política y se amolden, dirán, a las circunstancias. ¡Tomemos a Colombia como ejemplo, camaradas! ¡Dialoguemos la paz!

Séptimo: Internacionalmente la imagen de Chávez se ha convertido en una exótica opción de consumo masivo y propaganda, compitiendo en mercado con la marihuana, el Che o con Elvis o James Dean o Madonna o todos juntos a la vez, en el batiburrillo lamentable que somos estos días.

Último: Sí, a estas alturas de la conversa que hemos tenido que ha sido todo lo que usted quiera de risible o perversa, de seria o de confusa, de discutible o de real, lo más importante y lo más grave de entre todas las cosas aquí repasadas,es que su proyecto político personal deja una ruina que no se resuelve con petróleo y menos en un día.

Él irrespetó los derechos humanos, propició la corrupción como instrumento para capitalizar lealtades; militarizó lo que antes era Democracia; destruyó las instituciones, la economía; polarizo la sociedad; él alentó la violencia, él aupó la complicidad y el silencio entre su secta frente a sus tropelías; él maltrató tanto a tantos a mansalva que no cabe el perdón y menos el olvido; él cambió la manera de mirarnos los unos a los otros y tanto así que casi ya ni eso. El inventó una alucinación hoy marchita en el seno de tantos que ahora son más pobres y están más desamparados y desesperados que antes y no solo de lo básico sino también de lo sublime.

Para colmo de males, no contento con irse, allí nos tiró ese fardo que nos deja tan lejos del presente y tan aislados de lo promisorio. Constituye todo ello, supongo, razón válida para que nos unamos los que militamos, con el perdón de las palabras, en la esperanza y no en el rencor o el odio, que serían, si te pones a ver, justificación para caer en la tentación de imitar lo que decimos aborrecer. Sería una trampa más de su torvo legado. Sería darles la razón, otra vez. Sería parecernos a él y a lo que representa.

Pero, aunque en lo personal no quiera ser ni títere de mi tiempo ni de mis circunstancias confieso, ya que andamos por estas sacristías que inducen a confesiones y limosnas del alma, que el diálogo me cuesta, Padre, lo confieso.

Es parte de su herencia, hijo. Un símbolo herrado en nuestro ángulo más noble. Una distancia insoportable. En todo caso una culpa histórica e interminable que su memoria y la de los suyos no podrán justificar. Cargaremos con eso y hay que aprender a manejarlo. Con esa trastada a cuestas tendremos que inventar algún recurso para poder dormir en paz. Esa necesidad de adiós que nos domina. Un eco inaguantable de ganas de hasta más nunca, comandante. Un mundo por fundar, otra vez, si te pones a ver el lado repetido de la historia.

MITOS, HÉROES Y CULPAS

Cada país posee un repertorio en el que se exhiben efemérides, héroes, fechas patrias, paisajes y personajes de todo pelo y alcurnia que conforman el representativo de identidad de esa nación. Así, seguro estoy de que Pelé estaría presente en el del Brasil, la Virgen de la Coromoto en el de Venezuela y Celia Cruz, quizás, en el cubano.

En el caso nuestro hay de entre estos ungidos representantes, cuatro que llaman mi atención y que vistos en su conjunto y a pesar de sus aparentes diferencias, que son de toda índole, permiten una elaboración caleidoscópica sobre el representativo social del venezolano y su furtiva imagen. Ellos son Simón Bolívar, el Padre de la Patria; María Lionza, diosa virgen; José Gregorio Hernández, el médico de los pobres; y Armando Reverón, el pintor de la luz. Relacionando estos cuatro personajes, exprimiéndolos si se pudiera en uno solo, pudiéramos percibir el sabor y el aroma de lo que hemos sido como pueblo; nuestro oscuro horizonte.

Para un joven de hoy estas figuras son poco familiares, es verdad, y no forman parte en apariencia de su radar informativo ni son parientes próximos de sus gustos y deseos, y menos aún de su sensibilidad. Pero a pesar de ello son los que sin saberlo les mueven el piso. El país en que viven, la realidad que soportan y con la que cada vez menos quieren sentirse vinculados, se encuentra permeada por la presencia fantasmagórica de esos mitos que, así como el de ser un país rico, se han convertido en leyendas que por más apolilladas que estén, siguen ejerciendo una inmensa influencia sobre nuestras maneras de vivir, que son el pensar, el sentir y el actuar. Son de tal peso sus influjos, que no hay gesto como forma de expresión corporal o palabra como manera del pensamiento o acción, que no estén determinados por su espectral presencia.

He dicho en otra parte y lo repito aquí que en este tremedal llamado Venezuela, sin distingos de raza, sexo o disgusto político, cargamos en nuestro relicario de penitencias, restos de esos náufragos con los que nos identificamos sin saberlo. Cada sociedad somatiza sus mitos, goces, derrotas, rencores y ausencias, y las hace propias. Los convertimos en materia y espíritu y traducimos en comportamientos automáticos, pues viven en nuestros tatuajes más profundos. Pobre de ellos. Somos las leyendas que nos nombran.

Bolívar, Hernández, María Lionza y Reverón, ¿qué tendrán en común? El ostracismo, su expulsión, su confinamiento, su expatriación, su desarraigo, su exilio, su condena, su muerte prematura. Todos ellos seres inacabados, inconclusos, derrotados, exaltados a conveniencia por la misericordia de unos cuantos.

Cada uno de nosotros está cargado de esa vibra que como hemos dicho se transfiere a través de múltiples e insospechados caminos al ser hereditario que somos a través del parto biológico, que es uno, y del parto social que es múltiple y constante y que valora lo que le rodea desde esos imanes, esas brújulas selectivas y atávicas.

Pensar en estos asuntos después de que salgamos de las caraotas y el arroz y las elecciones puede resultar importante.

EL EXILIO VENEZOLANO

Mala yerba esa la de asediar al otro. Peste humana con historial bíblico que es capaz de invadir por todos los resquicios a los que se van y a los que se quedan por igual. La mente, que a veces es esponja eficiente tiende a reaccionar, protegiéndonos, al destinar como radar a los sentidos.

Sombra que te acorrala esa la de los atropellos mientras tú empequeñeces de frustración, melancolía o rabia y te distancias de tu centro, de tu orgullo; de la savia que daba vida a lo que fuiste; del pezón originario, de tu pertenencia, tu reconocimiento y estima; tu memoria, tu espejo, tu destino en la tierra.

Las razones del éxodo son siempre invasivas, depredadoras y excluyentes. La persecución como arma política tiránica supone más de un rostro y miles de antifaces. Se teje y ejecuta a través de insospechados trámites siempre conexos a jaurías y a jaulas, a ejecutores y a ejecutados, al desprecio.

Para los venezolanos, el exilio es sinónimo de drama personal, familiar y social; presuntamente voluntario lo es más bien casi siempre forzado. Su especificidad reside en que en principio no es asunto de economías o dineros, aunque aquí el gobierno tenga confiscado, en la práctica, todo bien; no obedece en apariencia a guerra declarada, aunque claro que lo es; tampoco es exclusión de raza, religión, credo político, si bien es lo que más se le parece; no es el horror llevado al límite del campo de concentración lo que nos empuja a migrar, sino la necesidad y la pestilencia causada por tanta descomposición del espíritu que crea esa conmoción de zozobra, de náusea, de hartazgo, que induce a la reacción del que siente se ahoga en el desaliento de los días sin fecha y requiere desesperadamente de una bocanada de oxígeno.

Lo demencial del éxodo venezolano es el placer con el que se regodean sus causantes, porque en definitiva lo que quieren es un país sin gente, un lugar sin nadie donde hacer, aún más, lo que les viene en gana. Y de acuerdo a ese plan desfasado de isla que se repita, de auto bloqueo para delinquir más aún y a sus anchas, la vida se encoje mientras nos marginamos en nuestro caracol defensivo.

La particularidad de nuestra migración colectiva es que los que nos quedamos dentro padecemos de exilio interior que es el que ha echado raíz en nuestros corazones cotidianos, en los que la sensibilidad se ha aguzado para la protección y la agresión más que para la construcción y el diálogo. Compartir es verbo excluyente y exclusivo para con los más esenciales si acaso. Dialogar, un tesoro perdido. La incomprensión sobra porque el diccionario de nuestros comunes avatares flota en un charco de desencuentros y de adivinanzas y así no nos provoca el semejante que éramos. En estas condiciones hay transporte fijo para las despedidas.

Pero por más que escapes y lo logres, que busques y lo encuentres, te recojas o arropes de aquel frío, el país, tu país, ese que tanto amas y lamentas dejar, te persigue, imagina, acompaña y reclama como una puerta azotada en mitad de la noche. Te despierta para que veas y leas a través de la ventana de tus sueños, en la luz de neón que reverbera, que tu tierra, tuya de ti, te sigue abrazando desde lo queda de más íngrimo.

TRISTE PAÍS DESVENCIJADO EL MÍO

Triste este país desvencijado el mío al que han convertido en una ranchería destartalada y lúgubre. No he encontrado antónimo suficiente para "milagro", pero en estos días de loas a la invasión y al antiimperialismo, por lo que electoralmente pudieran tener de prósperas esas trincheras trasnochadas al acorralado gobierno, escuché avergonzado decir a un ciudadano en una interminable cola trashumante en busca de jabón, que se trataba de una "venezolanada" eso de convertir al abono en estiércol.

Y que Venezuela sea un país rico mientras crece como la verdolaga la pobreza, del espíritu incluido, es una mentira catedral, a pesar de que el régimen cacaree fanfarrón, para darse un tupé que lo descubre, en un exceso más con el que quiere cubrir su dictadora desnudez, que somos (sic) la nación con mayores reservas petrolíferas probadas del universo entero. ¿Y qué? Como si eso nos hiciera imprescindibles, poderosos o prósperos. Verborrea, desplante, buche y pluma no más.

La Venezuela de hoy es un lugar tan triste —y agrego peligroso— que ya ni desde lejos se le parece al del recuerdo aquel y vago del hasta ayer no más, que habría que pedir segundas opiniones, porque de enfermedad terminal se trata este abandono. Porque una nación supongo es un conjunto de prismas enaltecidos en un sentimiento en el que se multiplican en el tiempo; enfoques y diferencias, riquezas y necesidades. Eso fuimos o al menos lo creíamos. Ya no. Ahora lo de moda es la calcomanía de la lucha de clases.

Y agrego a esta penuria la secuestrada geografía que alejada y esquiva se oculta porque ya no somos libres para explorarla. Hoy andan las montañas, los ríos, las llanuras, las calles, cada vez más turbios, yermos, expropiados. Exfoliados por la ambición del poder eunuco que no provoca sino corrupción, que no siembra sino tempestades, que no levanta ni polvo, que no produce sino desasosiego, que llena su vacío regalando a raudales neveras y peroles.

Y añado además naturaleza, que es geografía humanizada, donde todo es cada día más jungla, más espacio adueñado de ponzoña, minado por bandas del invisible miedo que se ensañan a la vista de todos, esgrimiendo el coleto rojo de su impunidad acolitada y permisada desde las altas cumbres. Ya pocos la visitan de lo envenenada que la mantienen, ni tampoco se atreven los expedicionarios, ¡qué cuentos de Humboldt y Bonpland!

Todos andamos huyendo o rebotando y escondiéndonos de una realidad agresiva más profunda que la que se expresa en la estadística semanal de cadáveres y otros parientes, tantos que ya no asustan. ¿Nacerán alguna vez de nuestra indolencia instituciones a buscar a los culpables?

A todas éstas, la crianza de mascotas debe estar muy en boga, pero no vaya usted a creer que, como forma de sensibilidad o civilización, sino como escape de la soledad, del cobarde que somos, de la desconfianza, desencantados con nosotros mismos.

Aquí parece ya verdad que a mayor ingreso petrolero aumenta el índice de corrupción, de arbitrariedad y de sumisión ciudadana. A mayor obsesión de consumo, somos más huérfanos mentales, más dependientes, menesterosos y pedigüeños; mayor el número de pasajeros en tránsito del minero que somos y que necesitan de una tournée por un exilio dorado, o así nos lo creemos, para no volver más, para no regresar a nuestras fauces. Es increíble observar que a veces pareciera que vamos en un vagón al matadero y además aplaudiendo o haciéndonos los locos.

EL EMPOBRECIMIENTO DEL ESPÍRITU

Si la filosofía pudiera ser para pensar y comprender la vida de los hombres, la historia, su hija realenga, tendría al menos la obligación de enseñarnos los amores traicioneros de las sociedades y de los individuos, sus errores dominantes, así como también las causas evidentes u ocultas de sus triunfos. La novela, mirona de tantos avatares, las iluminaría narrando las peripecias imperceptibles entre "ser o no ser", dicotomía que la modernidad ha sacado de quicio copulativamente, porque ahora se puede "ser y no ser" sin escozor alguno de conciencia.

Viéndolo bien y metiendo la cuchara en donde no la llaman, la poesía tendría mayores posibilidades de éxito, aunque no así de público, en esas aventuras del espíritu, para iluminar sobre lo que nos pasa. El problema está en que ella enseña por encandilamientos, por terapia de choque. La poesía no educa, no es escolar, arrebata en el sentido de ataque de locura, aunque la verdad sea dicha, he conocido poetas y poesía cercanos tanto a la beatitud como a la inclemencia. La poesía no piensa ni se piensa en la ordinaria concepción que esas expresiones admiten en nuestro limitado entendimiento. No discurre dentro del cuadrilátero de lo establecido; ni siquiera su voz es la de las que se explaya en explicar. Engulle sí, a velocidad vertiginosa, realidad y ensueño y en el cosmos que cabe en un instante, sudoración e inspiración engendran a un enano gigante. Además, no pretende vencer o convencer, lee y se lee sin intenciones carismáticas, es tímido latido, aunque también sea cierto ayude a veces a despertar la voz aplazada que llevamos por dentro, que es la de un náufrago abrazado a su conciencia que se hunde en un mar de interrogaciones.

No deberíamos olvidar, a todas éstas, al arte de pintar, que me es tan esquivo en su ejercicio y pericia y tal vez sea por ello, amo tanto en mi trastabilleo de pinceles y aceites. Pintar es talismán de húmeda cercanía y no la seca, difícil y obstinante labor de urdir palabras que son, bajo la lupa, enemigas acérrimas, pero, sin duda, bisturí inseparable de los cambios históricos.

Y qué pronunciar sobre la música, la clásica, por ejemplo, aunque el mambo o el jazz no se queden atrás. De las artes nombradas es la más sutil y profunda de todas, la más compleja y abstracta, la que puede aterrizar en lo más profundo de nuestros espíritus y requiere de una sensibilidad digamos submarina. A la música clásica al menos, hay que oírla como existiendo debajo del agua. No sé, me atrevo a preguntar y casi que respondo lo tercero; cuál será la más difícil entre estas opciones: ¿interpretarla, sentirla o poseerla?

A estas alturas me examino, preocupado sobre la importancia o trascendencia de un alegato como el aquí fraguado para entender, vislumbrar o superar lo que podemos ser como país y como personas, más allá de lo que observamos a diario se traga el pozo sin fondo del presente.

Si soy sincero respondería sin duda que ninguna, y por ello es que me atrevo y obligo a plantearlo, a contracorriente, en el océano encrespado de nuestras dietas obligadas, a recalcarlo. A eso vinimos, porque si no qué es opinar sino mostrar que no son tan solo las noticias veloces o el momento fugaz que somos lo mejor que nos puede reflejar. Lo peor, eso sí, radica en el desterrado rincón de nuestras ilusiones, el acorralado horizonte que delata, el cencerro impuesto que alarma y se hace ominosa costumbre, la postergada sed de deseo creador, el empobrecimiento raudal de nuestros apetitos.

GOBIERNO CORRALERO

¡Cómo le encanta un corral a este gobierno! Desde que comenzaron a mandar no han hecho sino eso: acorralar, corromper, impartir órdenes cual si viviéramos en un cuartel.

Cómo le gusta imponer empalizadas, obstruir el tránsito, fastidiar a la gente, insultar. ¡Qué no se mueva nadie! ¡Cédula y contra la pared! Le tiene miedo al movimiento. Proclive a la lentitud, a la realidad en cámara lenta o retroceso, sigue los pasos hasta de sombras.

Le fascina además uniformar, el pensamiento único, que la gente cargue su carnet, su cachucha con el membrete del "minpopó" donde labura. Le arroba, asimismo, calcar la huella dactilar para perseguirnos como ganado que lleva un cencerro, pues así se podrá conocer su paradero para vigilarlo, imputarlo, castigarlo por fin si transgrede las leyes del corral.

Especial atención ha puesto por demás en desorientar, refundar mientan, truqueando íconos patrios, el nombre de la república, los símbolos monetarios y otros menos perecederos, husos horarios y demás membrecías sudadas y ganadas a lo largo del tiempo.

Es proclive, el gobierno decía, a las murallas chimbas, al bloqueo. "¿Hacia dónde se dirige usted, ciudadano?", que es para lo único que les suena y sirve el sustantivo éste que el funcionario usa para inculparte ya de una posible trasgresión. Ciudadano es, pues, y de por sí sinónimo de sospecha.

A tal efecto, es amante el que manda hoy aquí del derroche en salas situacionales y demás adminículos persecutorios que compra a precio de negocio inauditable por razones de Estado y corrupción. Por allí se recuerdan aún aquellos zepelines con los que el burgomaestre mayor aquel se inflaba más aún al ofrecer seguridad en las ciudades como si los pillos y demás alimañas circundantes no fueran sus mejores aliados. ¡La dialéctica, camarada, la dialéctica de las contradicciones!

Y para montar todo este entarimado, complejo si se quiere, aprendimos rápido y de lo lindo si te pones a ver. Cómo si no con maestros tan fulleros como los que nos gastamos. Porque eso de que a las sociedades hay que domeñarlas y convertirlas en puré de rebaño de ovejas mansas, no es concha de ajo. Hay que hacer un largo curso, al menos intensivo y *on-line* de maldad y desprecio por gusto, despecho, venganza, revanchismo o resentimiento, de resentido digo.

Y es por todo ello que a cualquier oxígeno se opone: a la educación, a la cultura y a la ciencia, porque sabe que allí reside el germen del peor de los males que lo agobian, que es el de la libertad ajena, su derrota. Le hipnotiza más bien el pomposo cabalgar de los héroes, militares sea dicho, aunque deje pasar con alas afeitadas y domados a algunos civiles estrellados que no entonan ni un "ñé" frente a sus tropelías y desmanes.

Mas ahora, que se siente tan cerca del abismo le ha dado, cómo no, por pasar a una nueva etapa y "superior" de su calle ciega, que es la de repartir persecución y acoso cual, si de cesta tickets se tratara, en un balanceo pendular y matemático, predecible, que administra según anden sus energías y defectos. O sea que a más errático, débil e incapaz, más corralero, fanático de las sardinas enlatadas en todas sus presentaciones.

Y aunque usted no lo crea, hay gente a la que le gusta ese pío pío de andar en recua llamando a la mamá gallina, que así se le hace la vida más fácil sin tener que pensar, hacer, trabajar de verdad, crecer, equivocarse. Poseen estos congéneres vocación de fila india, cola electro-domesticada, eso sí y por si acaso con una brazada de por medio, que puede ser de placer o de miedo, que en el fondo viene a medir lo mismo, es decir, kilómetros de humillación consentida y pagada a cambio de dólar "baratario" convertido en ganga con su ñapa incluida, por ejemplo.

Lo que da es pena o risa o ganas de llorar, porque vergüenza, ese sentimiento de culpa que pudiera llevar hasta el suicidio, posee una connotación de honor y señorío más bien aplicable a otros lares en donde hasta el Harakiri llegan. Pero como ninguna sociedad se suicida a sí misma, al decir del Marx siempre barbudo, en esta indigestión nombrada en tono de zarzuela "La pequeña Venecia" hemos preferido en cambio asumir nuestro destino siguiendo aquella frase magistral y propiciatoria de "como vaya viniendo vamos viendo".

Y todo sigue pasando y llega como en un paréntesis embustero un diciembre otra vez, sin olor a la pintura fresca de otros tiempos porque no se consigue; sin tampoco sabor a la eterna matrona, doña hallaca, que está muy cara y escasa de condimentos, encurtidos y pabilos. Y para completar, sin tan siquiera ya tucusito tucusito llévame a cortar las flores, porque los próceres dicen en gaceta oficial que lo han enjaulado por si acaso. Debe ser que están muy preocupados con los apremios dolarescos de estos tiempos y tienen que andar "mosca" para que no se les alebresten más aún las bestias del rebaño que están a punto de corear "hasta nunca comandante".

De ocurrir esto así, no habría que perder la oportunidad de hacerlos pasar por el juicio de la historia y de los tribunales, ¿cuáles?, ya que, si no lo hiciéramos, habría sido en balde toda esta lección de chiquero en que han convertido al país al que administran como el corral propicio de su herencia galáctica.

LA MOMIA DEMOCRÁTICA

A primera vista daría la impresión de estar viva, al menos eso se comenta en los pasillos. Se ha hecho de una existencia distante y presuntuosa. Nos mira desde su lejanía de sarcófago profanado y en su misterio mudo se comunica con nosotros a través de mensajes de telepatía encriptada que cada quien traduce a su manera. Parece aún respirar por el vaho que le inventamos a su silencio de urna y si uno se acerca al vidrioso cajón que nos separa diera la impresión, a la luz de sus linos roídos, dientes inmensos, mechones encrespados y uñas larguísimas, que come de más o mal, pues se la encuentra barrigona y propensa al bocio.

Reposa allí entre los muebles que la costumbre ha hecho propios y da órdenes, sin que nadie a ciencia cierta la oiga, sobre deberes, sumisiones y límites, no sólo para guardar las apariencias sino además para que nos mantengamos limpios ante tanta mundana ingratitud. Posee también el oculto poder de castigarnos si cometemos deslices que la conciencia reclama como culpa. Su nombre es casi ya nuestro tatuaje y apellido. Los perros del vecindario ya ni siquiera le ladran.

Cuando salimos a la calle oímos hablar de ella por doquier: que si la democracia esto, que si la democracia aquello. La leemos en los titulares de prensa, oímos de sus cuitas, de sus fastuosos y tanta veces engorrosos trámites electorales en cuanto rincón del mundo se permiten, porque también, hay que decirlo, vive evadiendo acérrimos enemigos que pretenden destruir su castillo de naipes encantados cuyos custodios no son más ni menos que emplumados ángeles cruzados que enarbolan ajedrezados estandartes en los que se representa la libertad, la justicia, la paz y demás virtudes teologales, frente a un mundo voraz y caribe de dardos y curares.

La democracia de hoy, y no solo en estos rincones aceitosos, se ha convertido en un cuento de hadas, cajita de música guardada en la memoria de la computadora con cuya melodía solemos arrullar a niños y ciudadanos llorones que despiertan a cada rato en busca de sustento y caricias. En esa cancioncilla dormilona se cuenta que la democracia es un unicornio azul, un obsequio de la casualidad afortunada de una rifa, una hamburguesa gratis en cajita feliz para merendar en nuestro ingrato y escaso mercadeo.

Como si ella fuera simplonamente un método de repartición de regalías, corrupción incluida, cesta ticket vacacional, y no la lucha cotidiana, la hemos dejado envilecer, envileciéndonos por falta de pasión y de fe; por ausencia, errores o traspiés, de acumuladores sociales de energía dispersa, líderes, agrupaciones, partidos políticos los llamábamos antes; por la dejadez que ha entregado a los otros —no los mejores por supuesto— se encarguen de lo que debería ser cuestión de dignidad, de honor personalísimo, hígado, corazón y pensamiento, que implican a cada quien antes que a nadie más, ya que el nosotros es un yo posterior, plural, multiplicado.

Creo entender en el mensaje recogido en el silencio petrificado de las momias que lo que no quieren es que las miren disecadas, lo que desean es vivir y por ello su sueño es despertar para morir de nuevo, si fuera el caso, por un ideal de carne y hueso.

No le demos más vueltas a la pirámide de nuestras cavilaciones intentando encontrar al culpable, pues aquí no hay más desperdicios que los propios. Desierto es lo que sobra y lo que falta es paso para hacer el camino que la democracia extravió sin los partidos, los políticos digo, que sin ser querubines de inocencia al menos ejercían y distribuían la ambición de poder con más equidad que los de ahora y nos daban sentido y pertenencia. Hoy lo que somos es selva que nos traga.

LA CLÁUSULA DEMOCRÁTICA

A democracias bobas, dictaduras caribes. Este es el título que me provoca y el sabor que me deja y así escribo, el nuevo libro del venezolano Emilio Nouel, *La cláusula democrática*, que ha sido publicado recientemente aquí en Caracas por el Instituto de Estudios Parlamentarios "Fermín Toro", con prólogo de Henrique Meier y bajo el cuidado editorial de Iván Márquez Negretti. Lleva un subtítulo: "La soberanía externa frente a los derechos fundamentales".

Es un libro de "escuela" en lo que el aula tiene de sagrado, con lo que quiero insinuar que es una obra para la formación del carácter ciudadano y no solamente para la descripción de coyunturas específicas. Es útil, pues, para pensar y también para construir haciendo política, que es más que levantarse un buen día, ir a votar, y mañana, otra vez a lo mismo de siempre.

También, cómo no, es una narración bien amarrada, en 158 páginas, en las que nos paseamos por los complicados caminos que han llevado al hombre a creer y practicar, frente a tantos esfuerzos en contrario, que la democracia es a pesar de sí misma muchas veces, la realidad tangible más parecida a la utopía que el hombre ha diseñado para vivir y convivir en este mundo siempre injusto y tan lleno de necesidades e insatisfacciones, al lado de tanta riqueza o mal habida o mal distribuida.

Además, el autor quiere ponernos a repensar, siempre es sano, sobre qué es la democracia, cuál ha sido su desarrollo histórico, cuánta su lucha contra las dictaduras, dónde su crisis de sentido y destino.

Pero como el precio de las cosas no se establece sino en comparación con otras, abre allí sus fauces la dictadura con todos sus desdenes de parentela, que ha tenido, como afirma el autor, "…una alta capacidad para mutar y propagarse", despilfarrando, corrompiendo, maniatando, asfixiando. Y hasta de demócratas han aprendido a disfrazarse y llaman a elecciones libres y participan en ellas o acuden a procesos de paz en los que no creen pero que aceptan por la única ambición que los despierta: el poder del poder.

Muchas tiranías de hoy navegan sobre la "legalidad burguesa" que tanto odian, para hacerse del control político y no querer soltarlo ya jamás. "La historia me absolverá", es una intención de eternidad confesa de un ego que ni Dios.

Las cosas así de fraudulentas y a la vista de todos han provocado una cierta, aunque tímida, reacción internacional a través por ejemplo de la llamada "cláusula democrática". Ella vendría a ser una especie de salvavidas ético que no pueden obviar los regímenes políticos por el sólo hecho de haber ganado unas elecciones presuntamente libres y transparentes, a partir de lo cual comienzan a enseñar, con sibilina astucia, su talante de todo lo contrario, con acciones y omisiones las menos democráticas del mundo, y además a quejarse inmediatamente, como dicta el manual, de ser "perseguidos políticos del imperio".

El libro de Nouel recorre y alumbra todos estos detalles, los pone en perspectiva, actualiza casos y bibliografía. Se nota que es producto del esfuerzo académico, la honestidad personal y la urgencia política. Libro para servir.

Te felicito Emilio; gente de uno, por si no lo sabían.

EL QUINTO PUNTO CARDINAL

No sé dónde queda el quinto punto cardinal, pero entiendo que debe estar hacia el centro de nuestra geografía humana hoy fragmentada. Además, calculo que no es sumatoria de partes ni realidad estadística. Es sí un imperativo de la conciencia, por lo que no se llega a él sino por el esfuerzo que impone la necesidad de encontrar un destino común hasta ahora esquivo.

Nunca me hablaron de él ni me dijeron en escuelas o en doctas academias. Me contaban de geografías, de viajes, de las grandes travesías humanas, de los tatuajes de la historia, de las empresas del espíritu y las del pensamiento que pasan por gemelas y no lo son. Me contaron de las grandes epopeyas del hombre y de los pueblos que tampoco tienen por qué ser idénticas. Quisieron decirme y yo sin entender que el microscopio y el telescopio, que el lápiz o la computadora no son más que extensiones de la inteligencia, extremidades refinadas del animal que somos y llevamos por dentro.

Hice cursos de todo y hasta me diplomaron y sigo sin saber, pero extrañando, dónde está la utopía. Llego a presuponer, a todas éstas, que ese quinto punto cardinal, vellocino de oro, no queda ya en la lejanía sino en el centro que puedo resumir en la unidad, que es concreción y síntesis, es decir, acumulación y superación de todas las fuerzas invertidas en el descubrimiento.

Y ese centro buscado, al ser irregular la superficie que medimos, e irregulares y distintos también los elementos que a ella la conforman, está en permanente equilibrio inestable de sus contradicciones, lo que viene a ser no más que redundancia, pues quién ha visto a equilibrista alguno que se sienta seguro y para siempre frente al vacío que se reta. El centro, al que llamo unidad otra vez, cómo no hacerlo, es difícil, poco llamativo y menos apetecible como destino, si se quiere. ¡Vayamos hacia el centro!, es consigna sin norte, sin sur, sin este, sin oeste. Es medio sonsa ella como grito de guerra o como imán de pasiones. No es nombre de película. Pero si te pones a contar, en el centro está el corazón y quedan el ombligo y el sexo, y los ojos, y la boca, y la nariz, los oídos, el cerebro. Porque el centro como intención política no es un lugar preciso sino un desplazamiento, una energía dispersa que se tensa, una fuerza, un cuenco, un contenido de la acción que, al embalsarse, se convierte en forma compuesta por orillas, que a ello eluden los límites, porque en definitiva soy dentro de las fronteras que me dibujan.

El centro es la unidad, repito, de una visión del mundo. El centro debe ser nuestra próxima parada como país; el centro, la unidad, está en nosotros, y el desplazamiento es una virtud de la conciencia, una lucha contra la dispersión que hizo posible llegar al llegadero que llegamos, donde estamos ahora. Y es sobre ese centro donde debemos levantarnos con los pies en la tierra.

Eso de la unidad que tanto repetimos los que deseamos ver otro horizonte no es cuento de camino, es una necesidad de la lucha política que debe estar por encima, más allá, de rostros y de ombligos.

SE ROBARON EL ÁVILA

Imaginemos que una mañana nos despertamos sin el Ávila en su sitio. Qué reacciones habría, qué de sorpresas. Ya muchos de rutina ni cuenta se darían mientras otros de boquiabiertos parecerían pescados atascados en los trenzados balcones de su propiedad horizontal. Los incrédulos no se detendrían a discutir su fe, al tiempo que demás miopes esculcarían la prensa para constatar si el desaparecido es de verdad-verdad. En fin, que la ciudad respiraría aire molusco, tendría un horizonte incrédulo y una hora de pájaros cambiada; papagayo sin cola. Sonarían teléfonos en los que se acumularían mensajes balbuceantes que casi en clave Morse. ¿Cambiarían las novias la fecha de su boda?

Mientras, el soberano asombro se iría convirtiendo en estupefacción, sospecha, paranoia, fin de mundo, y fila de caraqueños, ora mirándose a los ojos, ora conversos en la unidad del miedo, prorrumpirían corales: ¡Se lo trago la tierra, lo que nos faltaba, fin de mundo mijita, que lo desvalijaron pana! Toda rumores sería la ciudad, fotos de ya no está, que allí quedaba, allá subía yo de carajito, cerro el Ávila. Ahora que falta es que zozobra.

Digamos también que esa misma mañana nadie va a ninguna parte, todos con la mirada atónita puesta en eso que fue. ¿Nos vestimos de luto, dónde estamos, qué pasó? Tiempo de despedirnos por si acaso, de coches, dirán los españoles, dejados al garete en mitad del asombro; colegios sin muchachos, oficinas vacías, gobierno sin gobierno, menos mal. Porque es que una castración del paisaje no da como para chuparse los dedos de la mano amputada y menos al tratarse de un símbolo, de un espejo en común, la cobija de todos, qué vaina hermano.

Lo cierto es que la cadera de la ciudad con la que nos desplazábamos de un lado para otro, que así éramos, se ha perdido como unicornio azul. Bisagra que fuimos, barco al revés, Tiranosaurio Rex momificado, símbolo de los eternos días, todos atónitos frente a lo insólito de lo verdadero, exceso de vacío, Pacheco extraviado, imagínate tú.

Nadie duerme de noche, santo rosario, la Sayona, todos en vela haciendo guardia para evitar la sorpresa que es muda, a ver si se aparece, quién quita. Acuérdate que aquí hay mucho mamador de gallo. A lo mejor es de una de esas vainas de la tecnología, o una performance de

Christo, el arquitecto sollado que vive de eso, o una nueva fase en la lucha del imperio contra nuestra soberanía agro-alimentaria que ya lo había vislumbrado aquel que te conté.

Qué sería de nosotros sin el Ávila, a qué correo escribiríamos, a qué ciudad si Caracas ya no. Seríamos, si te pones a ver, jungla de cemento y cabilla nada más con unas heliconias por aquí y por allá, estampillas flotando, valle en suspenso, tiempo perdido, ni memoria siquiera, libro sin páginas, caratula, boca sin lengua, gente con menos horizonte hacia lo alto. No tendríamos mentiras para sostenernos, distracción para casi ni vernos, puerto constante. Esa fue la noticia: se robaron el Ávila, ¿también?

SOBRE ESPEJOS Y BRÚJULAS

Si algún tesoro hemos perdido los venezolanos en estos últimos tiempos es el de aquel espejo donde, por borroso que fuera, se reflejaba nuestra siempre escurridiza identidad. Y no ha sido casual, porque a propósito, con la intención perversa de dominarnos, de hegemonizarnos, han mutilado nuestros signos, símbolos y mitos de orientación cultural, trastocando las raíces de las que nos nutrimos como nación y árbol social. Y sin estos imanes de sosiego orientador y ciudadano, cualquiera es presa fácil de ambiciones malevas.

Una sociedad sin esa brújula primera pierde tres dimensiones de la realidad que la debilitan como madre acogedora y orientadora de pueblo y sustentadora de pertenencia patria. Me refiero a ser, espacio y tiempo. Andamos sin saber quiénes somos, dónde estamos y en qué tiempo transcurrimos. Una nación así carece de alternativas que no sean las de consumir el presente para, tragándolo, evadirlo o regocijarse en un pasado nostálgico de aventuras románticas. En esas circunstancias nadie es libre de planear su futuro, ya que es prisionero de las veleidades de los que se engolosinaron con el poder.

Las repercusiones de este envenenamiento calculado sobre las vidas personales son letales. El sentido de pertenencia se desarticula, la autoestima se fractura, el autocontrol pierde la noción de límite, el otro se convierte en enemigo o cómplice, la confianza no existe, y la energía individual y social se invierte en protección o aislamiento. Todas las posibilidades de obra se dirigen a la construcción de un muro para dilatar el peligro y el miedo que son dos fieras alternas que se complementan. La desconfianza es ahora la ley de la selva.

A ese desdén nos ha traído un proyecto político militar y golpista que encontró vara alta en una sociedad bonchona y mal tejida, y en unas élites incorrectas que convirtieron complejos y envidias de los suyos en inmolación a favor de los enemigos de la democracia. Ojalá me equivoque, pero será difícil superar esta trampa babosa en la que resbalamos a través de óperas dialogadas a menos que otras circunstancias, internas y externas, converjan y conviertan fuerzas y errores de las partes en cambio político determinante.

Los enfrentamientos y luchas que ahora y antes andan por el país y de su cuenta a veces, son expresión de la esperanza que persiste en los que creemos que no todo se ha perdido, aunque quede mucho por hacer. Los avances han sido significativos hasta en las propias contradicciones y pugilatos dentro de la oposición, ya que ellas caracterizan parte fundamental y provisoria de nuestra visión inexperta, vertiginosa y petrolera de la realidad y de la historia, del ser, del espacio y del tiempo.

Pero por ahí andamos, construyendo una brújula para darle sentido común a la dispersión que nos identifica como pueblo y como continente. Esto no es nuevo y ya tuvieron que lidiar con esa incomprensión los que nos antecedieron en esta odisea por civilizar la barbarie, por erradicar la malaria, construir puentes y caminos, educar a la gente, dar de comer al hambriento, dar de beber al sediento, lograr la libertad, dejar de ser esclavos, casa donde encontrar cobijo, amar al prójimo como a ti mismo. Lo básico, hermano, lo básico.

VIACRUCIS CIUDADANO

Cuando observo el interminable menú de problemas y retos que tenemos por delante para construir un país decente y viable, no dejo de aterrarme. Porque en Venezuela es cada día más difícil respirar, vivir y convivir. El simple hecho de llegar a la casa de regreso es privilegio que muchos no alcanzan a compartir. La tragedia cotidiana se ensancha y profundiza, y el margen ciudadano se aproxima a la orilla del abismo, frente al empuje atorrante de la dictadura. La indiferencia ante estas realidades es terreno propiciador de venganzas revanchistas.

Porque entre otras cosas, una sociedad que no valora la vida tiene que ser transformada; un gobierno que no protege a su ciudadanía no debe ser respetado; un Estado cuyo comportamiento impune se sostiene en la sibilina expresión del monopolio legítimo de la violencia, trastabilla apolillado; un Estado, otra vez, cuyas instituciones están al servicio de un proyecto humillante de dominación, requiere ser demolido; unas fuerzas armadas complacientes y cómplices, que asesinan ciudadanos para defender al régimen impuesto, merecen desaparecer luego de ser enjuiciadas por sus atrocidades y vejámenes; una policía que no se distingue de ladrones y criminales o de colectivos a sueldo, más que por el disfraz, requiere también de penas ejemplarizantes.

Un país regalado a otros, requiere levantarse para encontrar oxígeno de dignidad. Una nación cuya soberanía depende de los designios del torvo ajedrez de terceros, está a punto de desaparecer. Un pueblo que subsiste de lo que le regala el amo que se dice gobierno da lástima, vergüenza, ya que todo asistencialismo no es más que dominación consentida. Un ciudadano que se conforma con votar cada tanto, como si eso le diera pasaporte de honradez y paz interna, no sabe lo que la democracia implica. Unos medios de comunicación que se hacen de la vista gorda frente a los desmanes que ocurren a palmo de sus narices, de sus cámaras, son un insulto y verdadero escándalo por su silencio encubridor. La justicia que no reacciona frente a la corrupción de los que mandan es comprada. Unos estudiantes que no se lanzan a la calle, a buscar el futuro que les castra el poder, no se respetan a sí mismos.

Un escritor que no afila la pluma del alma para ir al fondo de este torbellino, mejor y se ahogue en sus tintas. Una iglesia que no entienda su púlpito como un lugar sagrado pero comprometido para transmitir fe, esperanza y caridad a la feligresía, abona su quinta paila. Una dirigencia política que habla desde su ombligo como centro del mundo perdió la perspectiva y no merece que la oigan. Un demócrata sumiso juega a la inversa. El diálogo, por cierto, es un lugar resbaladizo, para el cual deben tenerse los frenos preparados. Los diálogos que no sean los platónicos, no se ventilan entre ángeles sino entre demonios que llamamos humanos y que pretenden engatusarte con patrañas. Pero lo cierto es que estamos aquí y no podemos escapar de nuestra sombra. Mejor es dar la cara que la espalda.

LA POLÍTICA Y LOS ELEFANTES

La política es ciencia imperfecta porque es la pasión más humana de todas; tan tenaz como el sexo. Su verdadero drama no reside en el convulso mar de las estadísticas. Se ha dicho que es un arte tal vez por protegerla, y coincido sea así en la medida en que requiere de pulsión, creatividad, sudor y a veces lágrimas. No es deporte tampoco, aunque involucre de gimnasia constante; caer y levantarse. Aquellos que la asumen como forma de vida suelen ser obsesivos y a veces su necesaria determinación y empuje los hace difíciles de comprender, por lo rayano en terquedad, porfía y casi testarudez.

La política es también la actividad social más hermosa inventada hasta ahora por el hombre, sin la cual, fuego, rueda, electricidad o la computadora, no tendrían el esplendor y la magnitud que tanto se merecen. Pudiéramos compararla también con el amor, el arte o el deporte, en lo que están emparentadas y tienen en común, que es no esperar nada a cambio más que alcanzar la gloria que es ilusión desmedida y fugaz al mismo tiempo.

La política pretende la superación de la guerra por otros medios. Lo militar, lo jurídico y lo religioso son tres muletas con las que se ayuda para atravesar el torbellino inestable de la realidad. La diplomacia, ella, es su soporte más sutil, culto y civilizado. La política es actividad noble que deben llevar a cabo los ciudadanos a través de partidos políticos y de otras organizaciones intermedias, a pesar de que los primeros no existan o estén en bancarrota pasajera. Pero ni los militares ni las iglesias, que tienen ya sus territorios y actividades bien establecidas, deben intervenir en esta empresa tan solo ciudadana. La presencia desmedida de esos fueros en funciones ajenas a su naturaleza y competencias, más enturbia que aclara. Así fue en el pasado y lo es ahora, y esta imprecisión en los espacios, con sus consabidas ambiciones a invadir territorios ajenos, es típico del subdesarrollo de algunas mentes y naciones.

El éxito político es efímero y cruel si se mide tan sólo por el hecho de ganar elecciones u obtener el afecto del público, ave también pasajera y rapaz. Allí no reside finalmente la médula de la ambición política, que supera triunfos o derrotas. La política, en fin, es unidad vital entre lo que se quiere y lo que se puede, la posibilidad de que sea y se realice lo que debemos ser y hacer. Los políticos son los actores, frágiles y principales, designados por una magia inescrutable para encontrar y orientarnos hacia eso que decidimos lograr. Los políticos no están siempre de acuerdo entre ellos mismos y eso es bueno hasta el límite de imponer, por encima de los intereses comunes, los de su obsesión inconclusa. A todas éstas, lo que está en juego es la inestable tensión entre el bien y el mal, entre la democracia y la dictadura; la carrera contra el reloj que recorren los elefantes contra la adversidad de los obstáculos. El difícil apremio de no perder la libertad que hoy está en vilo.

VENEZUELA, POLÍGONO DE TIRO

Aunque me quede corto en este cuadrilátero de tiza o me salga de él, me siento obligado a gritar más que a opinar sobre la tragedia que hoy vivimos, y eso desde la orilla de lo más profundo del destino que somos, es decir Venezuela. No es entonces, mi elusivo lector, que lógico quiera parecer, y no pido perdón porque sé que usted también padece y pretende horizontes, pero la noche es vertical hoy más que nunca, y las luces se apagan.

Reitero que la lógica en estas circunstancias estorba mis sentidos, conque haciendo uso de mis limitaciones expresivas prefiero citar, si mi memoria alcanza, a las cuatro paredes albicantes que sin remedio dan al mismo número que Vallejo escribió, Poemas Humanos, estando injustamente preso de soledad inválida del hombre.

Porque como de cuerda templada del corazón se trata, a punto de reviento, al ver en el zigzag tantos caídos, en el no sé de mi país al límite, no puedo sino avergonzarme de lo que soy con otros y defenderme con la coraza impenetrable de la fuerza que desde la poesía emana y en la que el hombre permanece amparado y cobra fe y respiro. Porque es que el horror que oxidan mis entrañas al ver a los hijos todos de la patria, "polillas fascistas" los apunta el poder, tapiados por nubes negras de gases lacrimógenos, balas de odio y muertos subsiguientes, no es para ser narrado sino con las letras que dicta el escalofrío que deja la lectura numérica de esos epitafios insomnes y de estas madres huérfanas de hijo. Porque el oprobio, la maldad subsidiada, brotó de los que debían más bien protegernos, pero no, dictaminaron desde sus cuarteles computarizados que les importa un bledo que se sepa de sus asesinatos con tanto cómplice suelto que qué más da, ¡total!

Así que en escribiendo, ya lo dije que no quiero gramática frente a tanta tragedia, me estrello con lo dicho por el querido Gerbasi, nuestro Vicente, cuando escribe que "de la noche venimos y hacia la noche vamos", en su potente libro *Mi padre el emigrante*, en el que hablaba de su experiencia, sin saber, tal vez, que dibujaba el futuro que somos y que "padre emigrante" pudiéramos ser, tú-yo-vosotros, en el ghetto que estamos o en la huida.

Pero no quiero odiar a los que tanto daño hacen. Odio odiar, me degrada, me convierte en el que me odia, me transfiere, me secuestra. Por ello es que me siento representado en los que aman, en los que andan y desandan la calle hirviente de nuestros desamparos, pidiendo país, patria, bandera, diciendo, demostrando, arriesgando el pellejo, porque aquí el mal no tiene coordenadas y trabaja al amparo del poder, disparando, violando, agrediendo todos y cada uno de nuestros derechos humanos.

Así que, aunque me quedé corto, usando todos los medios que se ofrezcan en el mercado de la dignidad que, ay, escasea, podremos combatir y salir de este polígono de tiro, carne de cañón, como entienden la patria estos rufianes petroleros que gobiernan y ensucian nuestros nombres. ¡Ya pagarán!

NUNCA MÁS

Frente al decidido empuje de los estudiantes, acompañados por la sociedad que los respalda y apoyados por una plural dirección política, una de las estratagemas del imperio militar que hoy sofoca a Venezuela es la de imputar de anárquica la protesta civil que hay en las calles para justificar así las brutalidades del fingido estado de derecho. Y para ello recurre el gobierno al gastado libreto de la culpabilización del enemigo y a la victimización propia con el objetivo de manipular a la opinión pública nacional y extranjera. "Están paralizando al país con sus marchas en conjura con el imperio y sus títeres internacionales", repiten hasta la saciedad como si no se lo creyeran ni ellos mismos o por consejos goebbelsianos de ultratumba que usan orondos sus asesores castristas. Bajo ese manto de caga lástimas tiran a la calle a cuanto bicho de uña armado poseen en nómina y cuya taxidermia daría para un buen rato. Comenzando por los militares con cesta tickets, pasando por encapuchados, paramilitares, infiltrados, tupamaros, hampones y demás alimañas, que cobran aparte pero que aspiran también a los beneficios sociales como corresponde a cualquier empleado de la administración pública, que así también se creen ¡Faltaba más!

Entonces, a punta de esa pandilla es que asesinan, violan, allanan, torturan, gasean, vejan, secuestran, con el artero complot de sus "comunicadores sociales", repetidores de mentiras o de equilibristas ni-ni basados en dizque la "neutralidad de la información" que ni la vergüenza alcanza para no taparse la nariz. Todo este Frankenstein va recargado de infinitas consignas cuarteleras, chancletas boquiabiertas, que van desde "regresen a sus hogares que sus padres los esperan", hasta la menos gentil que debiera entenderse como "si no regresan a sus casas los desaparecemos" Podrían completar sus consejas, y para que no quede la menor duda de su calaña, regalándonos "en cadena" un escalofriante documental sobre la caída de Allende y el ascenso de Pinochet al poder o también, por qué no, sobre el exterminio del pueblo judío, con lo cual se confesaría finalmente el macabro talante de este prójimo.

Para colmo, envueltos en ese velo de beatitud, reciben de sus compinches internacionales vítores y aplausos, mientras que silenciosos unos o cabrones otros, presuntamente democráticos todos, hacen exquisitos y burocráticos llamados al fin de la violencia sin nombre ni apellido, huérfana de responsables, como si no se tratara más bien y por todo el cañón de la denuncia de la violación de los derechos humanos de civiles desarmados frente al aparato represivo del todopoderoso Estado petrolero venezolano.

Aquí la crisis se enseñó al mayor y al detal, desde la legitimidad de origen, pasando por la del ejercicio, hasta llegar a la de propósito, que sería, ésta última, la que tiene que ver con el valor que se debe dar al ciudadano, al respeto a la vida, a la protección de toda la nación y no exclusivamente a la camarilla que son y a los viandantes, pensionistas y becarios que los adulan y enternecen.

La conclusión es que el gobierno se acabó, aunque siga mandando; es historia, a pesar de que continúe apareciendo en los periódicos que no existen. Ya no es sino molusco en botella de formol. Entró en barrena, ya no tiene retroceso ni transición ni nada que decir, hacer, reconstruir o rasgarse las vestiduras u otras traperías. Lo que queda para nosotros los demócratas es que cada quien asuma su responsabilidad frente a lo que ya parece inexorable: que los que gobiernan se tienen que ir, sin chance de impunidad, sin transacción alguna. No podemos convertir en omisión tanta aberración de estos magnates del oprobio. Más bien, otorguémosles sus nombres a lo indeseable para que no dejemos así de vomitar nuestra vergüenza. Olvido nunca, perdón jamás.

EL ESTADO MISIONAL EN VENEZUELA

Con un régimen así de anacrónico, todos los días sorprendido in fraganti en tropelías, desmanes y escándalos, sin que nada ocurra mientras todo esto pasa; que se amuralla en la impunidad que le otorgan los poderes impúblicos; que posee un expediente mafioso en conteo de votos y manejo de la res publica concebida en traducción equivocada a su favor como carne ofrecida a la parrilla, y que administra la escasez de los demás justificándola en una supuesta, otra vez, guerra económica, qué se puede esperar. Súmese a ello la inconclusa y pendiente nacionalidad del que dice llamarse Presidente Constitucional de la República Bolivariana de Venezuela y encontraremos un panorama desolador.

Sumado a lo anterior encontramos la actividad hamponil que se ha convertido en el pan y plan nuestro y maestro de cada día, sea por el éxito malandro que se ve apenas reflejado en muerte y desolación en la prensa que queda y que está en vías de extinción o bien por el semblante que se enseña en el rostro de todo aquel que sigue vivo y que debe enfrentar la penuria de existir secuestrado por una realidad impuesta. Pero el asunto va más allá. El concubinato legitimado entre poder político, hampa común, poder judicial, policía, fuerzas armadas y demás, no es misterio ni secreto a voces. Es un plan convertido en acción permanente.

Toda esta lumpen realidad se recuesta, cobra fuerza y brío, en un discurso violento, sostenido, público y notorio, desde todos los púlpitos del poder, en una sociedad empobrecida, ensombrecida, embrutecida, menesterosa, desorientada y cada día más bloqueada. El "boqueo" es el pan nuestro de cada día y así lo es en todas las manifestaciones de nuestra vida: desde la biológica y elemental hasta la espiritual y quizás más compleja, pasando por todos y cada uno de los eslabones intermedios que pudiéramos sintetizar en la expresión de "vida cotidiana"

Vivimos, pues, "boqueando" y de paso corrompiéndonos por las condiciones impuestas por y desde el poder que nos obligan a vivir como "lateros", "balseros", "abasteros" mejor dicho, que al estar "pelando" por lo que buscamos y no encontramos, tenemos que andar en gerundio, ladrando, mamando, haciendo cola, bajándonos de la mula, haciéndonos los bolsas o locos, llevándonos de caleta algo, caribeando o de chupa medias, pagando peaje, tracaleando, empujándonos los unos contra los otros, en suma, degradándonos, envileciéndonos, para satisfacer nuestras necesidades básicas de consumo. Es asfixia gradual y calculada, material y moral. Desde el papel toilette hasta la honestidad. ¡Pero tenemos Patria! Faltan el orgullo, la dignidad, el respeto, el amor a uno mismo.

Esto se explica en gran medida por el talante invasivo del Estado venezolano en cada una de las esferas de nuestras humildes y humilladas existencias. En el fondo el Estado Invasor padece de excesiva inseguridad que intenta remediar con su avidez por el inmovilismo individual y colectivo. ¡Que nadie se mueva, todos contra la pared que esto es, aunque no parezca, un atraco! Esa codicia, que tiene un plan, antes y ante el fracaso en la implantación del "Estado Comunal", ha encontrado aplicación a través del "Estado Misional", compuesto por las "Misiones Bolivarianas" o "Misiones Cristo", que nadie nombra porque no existe formalmente y que en el caso venezolano goza de todos los recursos y privilegios a través de la fuente inagotable del petróleo. Un barco fantasma y corrompido

En principio le denominación "Estado Misional" es propia del Derecho de Indias y tiene su principal razón y aplicación en la evangelización, pero la utilizamos aquí por la existencia y significación de múltiples y variados tipos de "Misiones" como actores colectivos no formales de política pública que manejan un oscuro e inmenso mar de recursos. Sin pretender ser exhaustivos, nombremos algunas de ellas:

Misión Robinson, Ribas, Sucre, Barrio Adentro, Bolívar 2000, Hábitat, Gran Misión Vivienda Venezuela, Mercal, Guaicaipuro, Identidad, Agro Venezuela, Amor Mayor, A toda Vida, Canaima, Barrio Adentro Deportivo, Cultura Corazón Adentro, Alma Máter, Asfalto, Niño Jesús, Madres del Barrio, Niños y Niñas del Barrio, Alimentación. Milagro, Sonrisa, Ciencia, Música, José Gregorio Hernández, Árbol, Revolución Energética, Trece de Abril, Negra Hipólita, Vuelvan Caras, Zamora, Villanueva, Ché Guevara, Amor Mayor, Saber y Trabajo, Eficiencia o Nada, Nevado, etcétera, etcétera.

Por Estado Misional, espécimen no incluido aún en las tipologías de la Ciencia Política, entendemos aquí aquel Estado que haciendo uso de sus recursos materiales y simbólicos le impone a la sociedad, por fuerza u operación de compra-venta o combinación de ambas, un esquema de disminución, de minusvalía consentida, en sus capacidades y potencialidades de crecimiento a cambio de sumisión. Se lanza sobre ella también amparado en la institucionalidad cómplice. Se encarama sobre ella en su ayer, hoy y mañana, amaestrándola con la dieta diaria cuyo menú depende del gusto del gobernante. Confisca, privatiza, invade, expropia, conculca, controla, asfixia, acoquina hasta decir basta, poniendo en evidencia lo frágil del concepto de propiedad privada, creando así miedo, emigración, desinversión, fuga de capitales. Y aunque usted no lo crea esas son metas o simples desplantes o locura u obscura necesidad de auto bloqueo como forma de amurallarse para obtener inmunidad e impunidad para sus tropelías, frente a la mirada de una época que no los reconoce sino como entes del pasado, objeto de museo o de laboratorio, insectos atrapados en el ámbar del tiempo; fracaso, derrota.

Es además producto de un plan por acabar con la Democracia, de la que no queda, hoy por hoy, sino un barniz electoral, una escasa película, e implantar un sistema comunista que, con la indicación y planificación cubana, pueda irradiarse por Centro, Suramérica y el Caribe. Ese es el plan, ya viejo por lo demás; lo otro es coyuntura, trampa o estratagema. Pero además de ello reemplaza, sustituye, borra al Estado formal que todos suponemos existe. El Estado real no es el que parece sino el que no es. El que dicta pero que no escribe, el que ordena firmar los cheques, pero no deja rastros, aunque la verdad sea dicha ya se soltó las mechas y le importa un comino el juicio de la historia porque la historia no absuelve, sino que absorbe, y a esa gente qué le importan el olvido o la vergüenza. Es una dictadura, ya casi en su totalidad desvestida de todo camisón democrático, tropicaloide y zamarra, que da gusto a algunos cagatintas frustrados del viejo continente tan extraviados ya de todo contenido, y no se diga por aquí en estos confines tan llenos de viajeros revolucionarios frecuentes instalados en primera clase.

El consumo por su parte, en un país que no produce nada, viene determinado por la oferta restringida de quien monopoliza, petroliza, en todos los sentidos, los productos de la cesta de las mercancías de consumo social entre los que destacan el trabajo, la salud, la educación, la vivienda, etc. Populismo, demagogia, asistencialismo, plebeyismo, "peronismo", cultura de la sumisión, degradación de la civilidad, desesperanza aprehendida, envilecimiento, etc., son expresiones, realidades, cercanas a la idea del Estado Misional. Persigue destruir al Estado burgués, extinguirlo, creando uno nuevo en consonancia con el modelaje comunista de larga y sangrienta trayectoria teórica y de fracaso reiterado. Marxismo de libreto acompasado a los nuevos tiempos y circunstancias de salón. La forma es importante, aunque nada tenga que ver con el fondo.

El Estado Misional es un tipo de Estado socialista, nada que ver con el Social de Derecho, en paralelo, ni siquiera parásito, aunque viviendo entreverado al formal con la intención de acabarlo o mejor, de extinguirlo. El gobierno crea "Misiones" a su antojo que son estructuras burocráticas y funcionales *sui generis* y permanentes, con un control jurisdiccional inexistente y que actúa con base en los intereses de dominio. Además, si el gobernante se encuentra por encima del bien y del mal, como es el caso venezolano, nadie es capaz de controlar sus veleidades y apetitos. En ese sentido el Estado es un apéndice del gobernante que es el repartidor interesado de los bienes de toda la sociedad y que invierte a su gusto, entre otras bagatelas, en compra de conciencias y voluntades de acólitos y novicios aspirantes. Por su naturaleza, todo Estado Misional es un Estado Depredador sin comillas. Vive de la pobreza, la estimula, la paga, organiza, la convierte en ejercito informal y también paralelo. El gobierno y su partido los tiene censados, chequeados, uniformados de banderas, consignas y miedos. Localizados, inscritos, con carnet, lo que quiere decir que fotografiados, listos para la dádiva, la culpa, castigos y perdones.

Hay otra característica del Estado Misional no menos importante y es la de que al sentirse dueños de la verdad, poseedores del fuego originario, desarrollan una actividad de expansión del modelo de creencias y valores que conformando actitudes desencadenen comportamientos. Adopta entonces la forma de Estado Misionero. De allí que tantos catecismos, predicadores, formulas, catequesis rumiante. De allí que tantos micrófonos, antenas repetidoras, multiplicadores de consignas, milagreros, organizadores de resentidos, gerentes de la miseria humana no para salir de ella, superándola, sino para multiplicarla en epidemia. Y esta cruzada no se limita a la esfera de lo nacional, sino que siguiendo con los principios de la "revolución permanente" y el "internacionalismo proletario" entre otros, tiene la obligación y cobra fuerza, el establecimiento de aliados complementarios, ya no por condicionantes económicas de existencia simplemente, sino como socios ideológicos y militares si fuera el caso.

Por allí, pienso, se pueden mirar algunas características del intento de la implantación del comunismo en Venezuela y las trasformaciones y crisis que dentro de él ocurren sin dejar de lado, por supuesto, las reacciones que en todo sentido puedan derivarse de este nefasto proyecto y que incluyen, por la importancia geo estratégica de Venezuela, todas las posibilidades imaginables incluyendo propias, extranjeras y hasta extrañas por inéditas o extravagantes. Lo único que queda a la vista es la unidad como necesidad vital, condición existencial de las fuerzas democráticas. La política, otra vez y como nunca, es el barco de nuestro destino.

LAS CUENTAS DEL 4-F

Desde la llegada de Chávez al poder, una de sus misiones prioritarias fue la de pulverizar las supuestas cadenas de infamia que nos impedían alcanzar nuestro destino manifiesto. Era su concepción que el cordón umbilical de hazañas y de glorias heroicas había sido amputado por tres enemigos evidentes, a saber: Cristóbal Colón, quien trastocó nuestros orígenes indígenas; Páez, quien traicionó los sueños de Bolívar; y la democracia de partidos políticos −"cúpulas podridas"− que desnaturalizó al pueblo y al ejército, convirtiéndolos en pilares apolillados de nuestra identidad y soberanía. Los tres con rostro de águila soberbia.

Era la oportunidad, con epopeya golpista triunfante, de retomar aquel hilo conductor desbrozando el camino de malas hierbas acumuladas, mitos y símbolos proclives al imperio. Y así se dedicó y logró imponer una Constitución, cambió el nombre del país, el escudo nacional, terminó de sepultar a los partidos políticos, ofició el réquiem de las élites, dispuso de las instituciones del Estado a su gusto, se hizo de una agenda de amigos y enemigos, dividió al país, acabó con la industria, con la imagen idealizada del Libertador, impuso colores, estética de rojo, encadenó a los medios de comunicación y demás libertades cívicas, puso a la gente, al país, a bailar su joropo y regaló alpargatas, arpa, cuatro, maracas y botó a manos llenas, trago y rancho, él, mandamás, a gente desorientada y lambucia de líder. Militarizó nuestras vidas.

Había nacido, pues, una revolución millonaria y dispendiosa que a punta de petróleo permitió repartir a diestra y siniestra su decálogo atrabiliario y de segunda mano: el Socialismo del Siglo XXI. Escogió a Cuba como continente de su contenido, sendero luminoso, y tanto aprendió de ellos que dejó en sus manos el manejo de Venezuela. La era estaba entonces y por fin pariendo un corazón con la ayuda de una chequera interminable y ajena. En ese líquido amniótico del mar de la felicidad se reconstituía el horizonte extraviado. Hizo y deshizo en existencia corta, si te pones a ver, las tasas actuales de esperanza de vida. Intensa y violenta la forma en que se hizo del poder y manejó a mansalva. Intensa y enferma, además, por invasiva.

Ahora, después de tanto resumen de veintitantos años, quedan extremaunción, crisis de legitimidad y representación, expresadas en el plebeyismo impuesto por Chávez, que no es sino el establecimiento de una sociedad bloqueada, de minusválidos y pordioseros, asistidos por un patrón que dice liberarlos, esclavizándolos. Porque todo asistencialismo es una forma camuflada de dominación, que castra al individuo al hipotecarle un "yo" a través de un Estado Misionero o Misional, en donde la pobreza es comprada y pagada para que siga siendo. Eso dejó como legado: demagogia, pobreza y servilismo. Sus herederos de ahora lo celebran, sembrando su derrota. Quedamos también, los que queremos salir de eso. A estas horas no sé dónde reside la verdad; pero siento el volumen de la maldad y de la farsa.

LA CULTURA POLÍTICA MENDICANTE

No nos pongamos exquisitos porque el tiempo no está para mangos bajitos. Es como estar hablando de políticas públicas cuando todavía estamos comiendo con las manos. Humildad conciudadanos, unidad. A propósito, miremos hacia arriba.

La cultura política no es un termómetro para entender o descifrar cuán cultos son o han sido los pueblos, sino para saber cuán alto han llegado a escalar la montaña interminable y resbaladiza de la defensa de la libertad, el respeto y la justicia. Permite, más aún, apreciar la funcionalidad de los sistemas políticos democráticos, expresada en la calidad y transparencia para producir las mejores decisiones políticas posibles. Porque los gobiernos no están hechos para pasar por encima de los ciudadanos sino para respetar y obedecer, a través del control constitucional, la voluntad de las mayorías y mire usted que de las minorías también.

En los períodos electorales, elementos de la sociedad, partidos los llamábamos aquí en Venezuela, proponen ofertas al electorado relacionadas con las necesidades y calidad de vida de los pobladores de la nación, del estado, municipio o alcaldía. Esta oferta, orientada por la demanda pública, se convierte en la letra menuda de un contrato, llamémoslo social, que se constituye cuando el que convida recibe apoyo ciudadano en forma de voto anónimo. Cómo si no, el que vende está en la obligación moral de cumplir con lo previsto. La Política vendría a ser entonces el instrumento para realizar en la práctica ese contrato que no es de arrendamiento o de alquiler, como lo entiende el clientelismo político que, en la Quinta República, este ditirambo, ha cobrado dimensiones inéditas y vergonzantes.

Pero populismo, clientelismo y demagogia son tres patas de una mesa inestable cuyo equilibrio es inexplicable sin una cuarta: la de la cultura política mendicante, una manera de ser que eso que llaman Socialismo, ("sociolismo"), ha perfeccionado hasta el extremo de repartir no importa qué con tal de recibir sí importa cuánto.

"Efecto domesticación" la ha llamado alguien por estos lares. Ese mercado, el de la cultura política mendicante, da para más que una guía telefónica en donde pudiera orientarse al interesado sobre qué se regala, dónde se encuentra, cómo se mendiga, a través de quién, cómo me enchufo, qué piden a cambio, con quién me pongo en contacto, con qué les pago, a cambio de qué moneda o sumisión, para recibir cuál guilindajo.

La cultura política de los venezolanos es la típica de un país de pedigüeños en el cual, desde los más pobres hasta los más caraduras, nacionales e internacionales, se sientan o arrodillan a pedir y obtener. Desvergonzadamente el que ofrece lo hace, o hacía, a manos llenas y sin ningún tapujo, porque le sobra o sobraba, y no tiene quién le diga ¡Basta!

¿Qué magia habría que inventarse para cambiar esa visión sumiso-dominante que nos caracteriza y que no nos permite el honor de sentirnos ciudadanos con mayúscula? Porque si bien es verdad que transformar al país pasa necesariamente por salir política y democráticamente de la situación actual, eso no cambia la película porque guion y elenco (pueblo-gobierno-oposición) siguen siendo los mismos de siempre. Salir del chavismo no es una propuesta realista de país. Salir de la oposición tampoco. La política no es taquilla de apuesta y cobro ni muro de fusilamiento ¿Cómo torcerle el cuello a esa realidad en un país petrolero? No sé. ¿Quién sabe?

LA POLITIZACIÓN DEL RESENTIMIENTO

El resentimiento es asunto complejo y perverso. Difícil para ser tratado en pocas líneas. A él se han dedicado bibliotecas enteras desde que la humanidad comenzó a expresar sus pensamientos en palabras, silencios y otras formas de decir. Propiedad de quien lo padece, tiende o puede ser contagioso. Peor aún, cuando se convierte en plan de acción premeditado para inocular a otros de los desengaños ficticios o reales de los que se sufre, porque es en principio una enfermedad individualizada que puede convertirse en forma alterada de convencimiento, en discurso político y acción virulenta.

Hay quienes afirman que el resentimiento está en el origen del hombre y por razones hereditarias o sociales acompaña la actividad humana desde siempre, convirtiéndose en productor de hechos individuales o colectivos de menor o mayor significación. Por lo tanto, su estudio y el de quien lo padece, es de necesidad innegable pues permite explicar no solamente el acontecer cotidiano sino además los hechos históricos. Al mismo tiempo, facilita la predicción de conductas y, en lo posible, las evita, las combate o las atenúa.

Por otra parte, están los que de forma tácita o expresa otorgan al resentimiento una connotación más bien positiva al razonar que esa enfermedad, especie de odio que persiste, es motor de la historia y productor de cambios. La percepción del mundo a partir de esa premisa es justificadora y alentadora de conflictos, guerras, invasiones y otras formas agresivas de la conducta humana. Según esta visión, la envidia, el rencor, el desprecio, la venganza y otros, serían energía positiva en los seres humanos que, al darle sentido colectivo, "conciencia de clase", permitiría la unidad de los que no tienen nada que perder más que sus cadenas. En una sociedad de privilegios, de injusticia, el resentimiento cobra forma de arma política.

La democracia, hasta ahora, como arquitectura de existencia plural, es el sistema que engendra el menor conflicto posible al ser una forma de vida que persigue el equilibrio social a través de la movilización, la permeabilidad y el ascenso, que son los mecanismos inclusivos que miti-gan, gradualmente, la escasez de lo posible y encuentran alternativas para la solución de problemas, haciendo viable el principio de la igualdad de oportunidades para todos los miembros de la sociedad.

En Venezuela el tema ha sido abordado por los que nos ocupamos de la actividad política y de la preocupación histórica. Últimamente se ha convertido en bandera proselitista. Hay una evidente manipulación de esas fuerzas oscuras que se esconden y enseñan en el perifoneo nacional parapetadas al cobijo del poder, que al sentirse débiles más uso hacen de la arenga incendiaria, del manejo del miedo y de la invasión del otro, que es tan profunda y peligrosa como la de los espacios físicos. Cuando se politiza el resentimiento se comete un acto de irresponsabilidad mayús-cula. Se crea un huracán que conoce a los que lo crearon y sin distingo nos pasa a todos por encima. Miremos la historia que está llena de esa experiencia traumática que es la de despertar odiando a los demás sin saber por qué. A eso es a lo que no podemos llegar por obra y desgracia de la irresponsabilidad del poder.

EL PAÍS QUE QUEREMOS

No hablemos de perfecciones que no estamos para exquisiteces. Nada es eterno. Dios, las barberías, plazas y heladerías tal vez, pero lo demás es semáforo; incluso y sobre todo, los gobiernos. Menos mal que gozamos de tal precariedad. Allí pienso, radica nuestra ilusión de felicidad y calidad de vida. Eso es la libertad: autoridad, capacidad y suerte para construir un camino a voluntad. Pero la libertad no es fácil, no sólo por el peso de responsabilidad que ella ejerce sino también porque entre lo individual y lo colectivo existe una tensión que hace que a veces se contraríen lo público con lo privado pues el logro de lo uno reposa en la invasión del otro. Y para bien o para mal uno no vive en soledad sino en sociedad, aunque a veces se parezcan tanto.

Para colmo, agreguemos al Estado, al gobierno, a las instituciones, al derecho, a la economía, y tendremos un coctel complejo de elementos que las más de las veces provocan un malestar generalizado en sociedades e individuos, que no sabemos ni queremos, pero tenemos que ingerir como cicuta.

Porque con el transcurrir de la Señora Historia se han producido una serie de eventos que han trastocado la lógica del supuesto deber ser convertido en bochornosa realidad. Individuos solitarios y pragmatizados, sociedades incómodas y en tensión, Estados poderosos y excesivos, gobiernos pretensiosos y guapetones, riqueza bofetada y lejana, corrupción, por lo tanto; el cuarto poder de minifalda en medio de una larga autopista. Y así.

Por ello es importante ubicar al país en el que nos ha tocado vivir dentro de un plano comprensivo. Pienso que existen tres tipos distintos de sociedades: las propositivas, las incómodas y las excluyentes, a ellas se corresponden formas de gobierno: el justo, el democrático y el totalitario. También tres tipos de instituciones: las independientes, las ineficaces y las controladas. Sugiero además tres maneras de comportamiento individual: proactivo, manso y sumiso, y tres maneras de funcionamiento de la economía: prósperas, controladas y deprimidas.

Las que ocupan la primera fila, es decir, sociedades propositivas, con gobiernos justos, instituciones independientes, individuos proactivos y economías prósperas, corresponden a las sociedades con mayor calidad de vida, no siempre las más cultas, sensibles y felices, pero en todo caso sí, en las que hay mayores posibilidades de ascenso y desarrollo social. Las que ocupan la segunda fila, a saber, las incómodas, pseudo democráticas, ineficaces y mansas, representan la gran mayoría de las sociedades actuales. Su destino depende más de sus gobiernos que de la voluntad de los individuos y la integridad de las instituciones. La tercera fila está conformada por aquel grupo de naciones con sociedades paradójicamente excluidas y excluyentes al mismo tiempo, gobiernos totalitarios, instituciones controladas, individuos sumisos y economías deprimidas. Este último es el caso de Venezuela. Decida usted por el país en el que quiere vivir.

UNIVERSIDAD Y DICTADURA

Me declaro convicto y confeso de un amor impagable por la Universidad Central de Venezuela, que convive con lo que más atesoro de mi vida. Y es que le debo tanto que me siento culpable y exigido a la vez por el mal que le hacen los que se creen victoriosos al quemar un pupitre o pisotear con desmanes de pandilla uno de los pocos baluartes que aún quedan de nuestra vitalidad democrática que se erige esquiva frente a las ambiciones del pensamiento único y del control militar de todo lo civil civilizado.

Corresponde esta tropelía a un torvo plan fraguado desde el gobierno que antes de gatear ya se había propuesto invadir y arrasar con los símbolos más profundos y prósperos del quehacer ciudadano para así cercenar nuestra memoria colectiva mientras levantaban el pudridero en el que se ha convertido la nación. Lo peor es que los ejecutores de esas acciones "revolucionarias" no han sido importados de otras latitudes. En su gran mayoría son, estoy seguro, malos hijos de ese vientre que es la universidad, en donde aprendieron a escribir y leer, y ahora cobran quince y último o son sus becarios repitientes, y de donde reciben seguro para hijos y padres enfermos. Tal desvergüenza se arropa en otra que es que, a los autores materiales y archiconocidos de esos eventos, se los convierte en héroes del padre mayor cuando los muestra en público, alabados y pagados en su cobardía ante los indefensos pero sumisos frente a los poderosos, o dejando en el limbo, arteramente, a través de los poderes públicos genuflexos, decisiones tomadas por el Consejo Universitario, legítimo, pleno y soberano.

Pero hasta ahora no han podido, aunque vayan por más; a qué dudarlo. Porque mientras avanzan y no pueden, ya que la gran mayoría los rechaza democráticamente, más se arrecian sus frustraciones en la cuneta de la que no pueden salir porque no tienen fuerza argumental, ideas, ni nociones siquiera. Son tan solo una bocanada de azufre. Entidades lacrimógenas, saboteadores, asustadores de oficio y paga, que encontraron camino para sentirse guapos y apoyados en el poder. Ya es tanto que ni capucha usan. Puede que se conviertan en ministros como los de ahora.

No es suficiente comprender esta barbarie. Hay que pasar a más. No es solo la declaración y el volante a lo que los acontecimientos obligan. Es que debemos despertar de este bostezo y canalizar en acciones una emoción efectiva, que anda desparramada por la patria, que reúna en un río de fuerza contundente ese amor por la UCV; y que haga sentir que sus autoridades no están solas; los profesores, estudiantes, empleados, obreros, ella tampoco, y sus principios éticos menos. Tanto hemos vivido y aprendido en ese seno maternal que apoyar la majestad del recinto universitario no es sino un acto de justicia, dignidad íntima, orgullo ciudadano, sobre todo hoy en un país en donde casi todo, se ha convertido en botín y servidumbre. No la dejemos sola. No la perdamos íngrima. Demos todo por ella.

CIVIL Y CIUDADANO

De tanto pasado y charretera macha o de proyectos posmodernos tipo satélite "Simón Bolívar", por supuesto, se nos ha ido cansando el caballo con el que pretendemos atravesar la distancia que borrosa nos separa de ese paradigma que llamamos deseo, progreso, democracia. Mientras, Rocinante espanta moscas y observa que su jinete se refresca con el sombrero cual abanico sabanero frente al río en cuyas mismas aguas nunca se bañará dos veces y que corre hacia su destino que es siempre el de una ilusión que flota.

En esta tierra de gracia, por mirar el futuro con el fardo del pasado, nos hemos ido convirtiendo en esperanza que no concluye. ¿Pero por fin, quiénes somos? ¡Qué fastidio! Singular y plural respuesta entreverada como el tejido del chinchorro donde se mece el espacio que soñamos ser y está vacío. Esta imagen hecha de color, espacio y tiempo, que la cinética tan criolla y culta ella, pero tan fuera de contexto, como si de nieve se tratara en Maracaibo, destapa cual una realidad-irrealidad ya anunciada por Ramos Sucre y Armando Reverón, que es paralela y subyace en la cotidianidad. Que está más allá pero que vive al mismo tiempo en nuestras maneras de no pensar y de no actuar.

El centro, meollo de nuestro desarrollo humano como nación, ha sido el que se esconde bajo el concepto de "liberación nacional". Primero del Imperio Español, luego de los intereses foráneos que en conjunción con los nativos han sido causa para que se haya formado una sociedad como la que cargamos encima. Ahora la narrativa mitológica afirma que la "nueva liberación" debe hacerse del neoimperialismo representado esta vez por los Estados Unidos, la cultura occidental en general, y sus aliados criollos.

En este despilfarro de proyecto histórico, hemos perdido lo que debe ser el centro de nuestra atención. Ya ha habido demasiado norte, sur, este y oeste, y más que la unidad, más allá de ella, sigue pendiente una aspiración de síntesis, que implica una fuerza central, civilizada, no de gendarme necesario, que le dé sentido a este alboroto, a esta bulla que no dejamos de ser.

Lo planteo, quién no lo ha hecho, lo reitero pues no como una ilusión que pueda realizarse de inmediato sino como un proyecto vital, de abecedario, para lo que pueda venir. Cualquier proceso de transición política democrática debe poner el mayor de los esfuerzos en la búsqueda de esa síntesis que habría que imaginar, definir, ir construyendo, y que debe ser implementada por todos los medios, sobre todo el de la educación, para que todos sepamos, quiero decir cada uno, hasta dónde llegan nuestros derechos y hacia dónde se dirigen nuestros deberes. Allí, en ese esfuerzo, espero, aparecerá un territorio donde construir un país con los pies sobre la tierra.

SEMBRAR LA POLÍTICA

Venezuela es un espejo roto que se esparce sobre una geografía inconclusa. Sobre ella pastamos sin sentido de pertenencia u orientación. No existe destino colectivo a la vista; norte mínimo común. Hay reflejos que se asoman por aquí o por allá; estímulos y respuestas que se producen bajo la dieta de un exiguo mercado espiritual que obliga simplemente a sobrevivir. Así, sin ruta común, deambulamos por la cuneta de una autopista inexistente. Cada quien, a su forma, satisface los más íntimos apremios sin vocación expresa en un silencio de desesperanza. Mas en el fondo bulle una voz que aún no encuentra horizonte. Es un rumor casi sordo, pertinaz y creciente, que todavía balbucea sin convertirse en torrente de voz. Así andamos, en íntimo ladrido, aullándole a la luna.

Y no es que seamos así por fuerza del destino. Está visto que un solo hombre que no encuentra quien le diga que no, es capaz de cualquier tropelía. Un solo dedo, de ese solo hombre, puede pulsar el botón capaz de acabar con la faz de la tierra. Sin freno, desbocado como un potro sin bridas, puede convertir en infierno la vida diaria de cada quien. Y esto no es cuento chino, a las pruebas cercanas me consigno.

Esta impresión que tengo ha sido posible en nuestro caso por la conjunción especialísima de múltiples circunstancias. Primero que nada, porque somos un territorio sin ciudadanos, sin instituciones y sin derecho. ¿Alguna vez lo anduvimos? Y si lo fuimos, qué pronto dejamos de serlo. Porque no puede ser que, por las buenas, así no más y de la noche a la mañana, hayamos echado por la borda lo que tanto nos costó, suponíamos, construir. ¿Era no más un friso entonces, la mano de pintura decembrina, un encuadernamiento, carpeta en la cual se escondía esto que volvemos a ser, es decir incultos, sumisos y desorientados?

Pero no es ese el país que escogí ser. ¡Qué vaina! Ese no es el destino que me debo, que requiero para los míos y para los demás, vidriero roto flotando sobre un mar de petróleo. Este es no es el límite perentorio que insisten en imponer los que se pillaron el país como si de caja registradora que no emite recibos se tratara. Estamos apremiados de horizonte común, de camino, de compartir las cargas que dejará este crimen que ya dura tantos años y que deben ser contados por la memoria de nuestra historia, segundo a segundo, para que no se olviden.

A pesar, en lo que no debemos desfallecer es en comunicar la ilusión que nos queda en la política. Que es a través de ella, con ella, por ella, que podemos cambiar la realidad. Que la política no es vara mágica pero sí punto de apoyo para mover el mundo, abrir una ruta, sudar una esperanza. Por eso Venezuela requiere de mujeres y hombres que sean país; líderes, ciudadanos, amas de casa, gente con alma constructora, luchadores de barrio, jugadores de trompo o de chapita, que en cada rincón de esta locura siembren un corazón más que petróleo. De eso se trata, de educar para el alma que es un horizonte desmedido.

ENTRE LA TRASCENDENCIA Y LA REVOLUCIÓN

Afirmar que existe la eternidad o que todo se transforma es una fórmula insuficiente, banal, para iluminar el mundo de lo temporal en el que estamos inmersos en cada segundo que transcurre. Evasiones más bien. Tanto en los ámbitos de la acción humana como en los procesos de la naturaleza, aunque biología e historia tal vez ni se conozcan, la realidad es elusiva, inmediata, fugaz y única.

Los mitos, los símbolos y las deidades han sido las únicas elaboraciones del pensamiento con pretensión de infinito, y por encima de los bamboleos de lo cotidiano quieren establecerse, con fijeza y seguridad, ante el imperio inasible de lo vulgar, ¿mediocre, glorioso?, más allá de la misericordia que los ha creado, extrañándola. Ni siquiera la Teoría del Caos logra deshacerse de su efímera trascendencia. Un mundo regido por el desorden, sinónimo envenenado del término revolución, no logra atemorizar ni a los profetas más festivos del desastre. Lacónico y tal vez triste, pero más efectivo, es quien vende las mercaderías de la seguridad, del éxito, la longevidad, la vida plena, a cambio de largas cuotas de sumisión, letra menuda y precios cómodos. ¿Qué más podemos hacer los que podemos?

Pero el Big-Bang mejor es que no se repita, y si no que lo digan las criaturas del precámbrico, que ya son seres domesticados por el miedo al terror que sentimos frente a la gran explosión; núcleo que desbarata y aniquila las posibilidades de futuro. Ese principio y ese fin, el de lo permanente, ese neutro perpetuo, propio de teorías políticas y religiosas, a veces enhebradas entre sí, se fue deshilachando a lo largo del tiempo como las catedrales góticas o las pirámides, no solo las de Egipto, con ciertas búsquedas, encuentros y desencuentros del conocimiento: la rueda, por ejemplo, la tierra redonda, "pienso luego existo", Darwin, Marx, pero sobre él Lenin con el flamígero aporte de la revolución y del partido proletario, la teoría de la relatividad de Einstein y otros detalles posteriores.

Ya desde entonces no fue así repetido que el hombre constituía, era, un títere de fuerzas exteriores, sino que él era capaz, solo de soledad, pero a través de su voluntad y en lucha con sus fantasmas, entre ellos el de la razón, si no miremos a cierto Goya, crear el mundo. Sin dejar de ser *Homo sapiens* devino en *Homo faber*. Y no fue poco, sino crucial, este descubrimiento. La aparición de la libertad, esa pesadilla inconclusa, surgió maravillosamente de entre estas murallas de hueso y carne que somos. Llegar a la luna ha sido una simpleza al lado de aquél hecho: ¡Podemos hacer, decidir, escoger, equivocarnos, empezar de nuevo, pecar y redimirnos, aunque al final muramos!

A todas éstas, quedó algo en el tintero insatisfecho de lo obvio: el análisis del transcurrir; tema al que se le ha prestado poca atención a no ser por iniciados, o sensibles, o locos. Pienso, en principio, que el interés teórico por entender lo cotidiano, lo repetido, proviene, paradójicamente, del marxismo y de quienes desde la cárcel de allá adentro descubrieron, ¡qué osadía!, que además de la historia, con hache de herradura, con sus leyes, su implacable precisión y sus intrincados y asexuados logaritmos, se encontraba la vida que Freud sintetizó en los sueños.

Quisieron también hacer marchar a la humanidad toda, de manera desigual y combinada, pero a toda, a punta de leyes en la historia: del sistema esclavista al feudalismo luego al capitalismo y, posteriormente, así se anunciaba con bombos y platillos, al socialismo, para, en definitiva, reposar, anclar, ¿fin de la historia?, en el puerto plácido del comunismo en el que seríamos felices, es decir inhumanos. Algunos rebeldes se dieron cuenta de que existía la vida de todos los días, la cual también podía ser entendida desde su implacable precisión, que la tiene, pero nunca a contrapelo con lo que ocurría en el inevitable camino de la historia. La una, la minúscula, era reflejo de la otra, la glotona mayor.

Pero en el fondo el marxismo real, mucho en el más allá y poco del más acá, no ha estado interesado por esas trivialidades. Qué interés puede tener el abominable y estorboso ser humano y sus detalles contaminados de "pequeño-minúsculo-burgués" para la construcción del "hombre nue-vo" que, por otra parte, de tanto redimirlo, caducó. Siempre ha preferi-do el encanto por lo violento disfrazado de glorioso, (la violencia como partera de la historia, el asalto, la ruptura, la guerra de guerrillas, infiltrar al enemigo, el ataque por sorpresa -no necesariamente por la espalda-, el golpe, la revolución en suma), que no es más que el síntoma externo de una alergia o desprecio por lo que ocurre y nos rodea; un desgano y desencanto por el mundo tal y como es de miserable y de misericordioso, en donde "lo normal" no es el salto, sino, casi siempre, la transformación lenta, percibida de forma acelerada a veces, pero a fin de cuentas incre-mentalmente en ocurrencia de los seres que atraviesan largos y dificilísi-mos períodos de transición y adiestramiento para lograr la adaptación a los cambios externos y también internos, que no son más que una forma sublimada de conocimiento; descubrir, entender y cambiar hacia adentro.

Lo cierto es que, entre estos dos polos de esa tensión, la trascenden-cia y la revolución, se han ido no sólo 2011 años (d. c.), sino muchos más de preocupación filosófica y política entre la avaricia por la inmortalidad y el desencanto por lo cotidiano De ello nos han quedado una profunda decepción y frustración existencial. Hemos dejado de lado y al garete, y por inexcusables razones —al menos dentro de las ciencias sociales en general pero en la ciencia política más todavía— el tratamiento del tema de la transformación, del tránsito, y de lo que más me interesa subrayar aquí, la transición como problema, centro y meollo de la política, cuyo objetivo ya no debe ser ni el Príncipe, ni el Estado, ni el Derecho, ni el Poder en frío y con mayúscula, sino el poder de todos y de cada uno en el sentido de fuerza constructiva a favor de los demás que somos todos .

Tres detallitos. En el *Diccionario de la Ciencia Política* de Bobbio, N. y Matteucci, N, (Siglo XXV, ed. 1982), que consta de 1.751 páginas y en el que intervienen un número significativo de autores italianos, valga de-cirlo, no existe ni una entrada específica al tema de la transición política democrática. Vengo y me digo que ese diccionario es del año 1976 en su edición original en italiano, que ya tiene 35 años, y entonces voy y busco en Internet y encuentro que, en Wikipedia, por ejemplo, me dicen que no hay información sobre este tópico. Cito: "Wikipedia no tiene una página con el nombre exacto de transición política". Y sigue diciendo: "transición a la democracia puede significar varias etapas en la historia de países que terminan un régimen militar y empiezan un régimen democrático". Entre las que existen se enumeran allí: la transición chilena, la española, la portuguesa; la transición al capitalismo, la demográfica y finalmente algo que se denomina "comunidad de transición", que es según allí se dice, "un proyecto para afrontar el doble desafío del cambio climático y del pico de producción del petróleo". Seguidamente busco en los artículos de fondo y no hay suficientes, la verdad sea dicha, en la proporción que pienso debería haberlos.

En las escuelas de ciencia política, pero también en las de sociología, economía, historia, derecho, filosofía, estudios internacionales y otras afines, deberían crearse áreas de estudio, especialistas y especializaciones, sobre este aspecto vital de la vida política y social no sólo en democracia, puesto que la transición no sólo refleja, y en exclusividad, el frágil puente que se atraviesa entre un régimen militar, autoritario y dictatorial, en todos sus bemoles, y la democracia, en todos sus sostenidos, puesto que puede haber también una transición a la inversa, en retroceso; de un régimen democrático a uno menos democrático o de una dictadura hacia el tribalismo o el fundamentalismo islámico, que es una de las opciones presentes en la realidad actual del mundo árabe.

Y no hay que olvidar jamás que la vida, y también la política lo es, requiere mucho más que de sangre o lágrimas sino además de sudor, persistencia y desvelo hasta para aquellos que no la practican o desprecian.

AUXILIO FREUD

Son la violencia, la incapacidad del gobierno y el menosprecio por todos, platos obligados del menú cotidiano de los venezolanos. Agréguele usted a ello de postre la limosna entregada a compatriotas que disfrazan con cachucha y franela, transmitida en cadenas de TV, o el descaro de la corrupción que muchos saben, dejan hacer y callan como eventual chantaje o prontuario para aquél que se resbale en el camino. Y ya el país lleva tantos años con ese fardo al hombro del espíritu. Más de la quinta parte de mi vida.

Ahí, y sobre esas extremidades, se encarama sin careta ni cortafuego una forma de ejercer el poder, ¡exprópiese!, que se ha convertido en prototipo para la exportación a países cercanos.

Dicho sea de paso, este maniquí robotizado cuenta con el beneplácito de buena parte de la ciudadanía, o mejor sería decir de la población, pues si de ciudadanía se tratase, digo de hombres libres, críticos, emprendedores y dignos de respeto por sí mismos y por los demás, no sería sino a través de la fuerza más bruta que se podría ejercer dominio como el de hoy.

Aquí vivimos como si de botín se tratara, y además por vía constitucional y falsamente democrática. Más aún, con el visto bueno y proactivo de las instituciones del Estado para mayor preocupación y quizás de lección. Porque desde su corazón, sus genes, pareciera, les brota una sed de venganza, espuma por la boca, ¡auxilio, Freud!, que uno no sabe si es que les debe una cuenta o hizo algo indebido. Y no es que sea incomprensible si tomamos por verídico que humanos somos porque animal es mucho decir. Pero eso de estar martillando a cada rato y desde antes por el "golpe interruptus" de 2002, conocido como el "carmonazo", es de psiquiátrico. Es de un desprecio que uno no sabe dónde se lo ganó ni cuándo. Lo cierto es que no hay trabajo desde el gobierno que usted pueda entender como a favor de alguien, sino al revés, en contra, o en todo caso como gestión de cambalache.

A partir de ese talante resentido tomaron el poder, en plural, pues no fue solito el Comandante Presidente Etcétera el que llegó a llegar, sino que se empinó en los hombros y patrocinio de tantos, que aquí hubo de todo, que miraron para otro lado mientras se ejecutaba la operación golpista. También había civiles que lo excitaban, calentaban la oreja y pretendían usar cual monigote, para satisfacer sus frustraciones libidinosas con el poder. Aunque si te pones a ver no se comprende, porque no fue que ellos anduviesen enconchados en los cuarenta años de experimentación democrática y de cúpulas podridas, ¡joder!, sino que antes bien no habían dejado ubre sana del tesoro público, en conchupancia con sus responsables políticos.

Ya es tarde para rebobinar la historia y reescribirla desde el capítulo en que empieza el bochorno de lo que somos hoy. Se trata ahora de intentar una ambición política distinta que desean muchos y que cada vez más nos visita por el camino como un fantasma que se aparece y nos despierta en mitad de la noche.

EL ESTADO TÓXICO

Un sentimiento de desquite y revancha se asienta en el corazón de los venezolanos. Confieso temor al destapar esa olla hirviente, pero a cada rato se tropieza conmigo y bombea la sangre y me asusto al sentir cómo crece un rencor que hoy es disfraz pero que en verdad ansía el tóstoro para convertirse en dinamita. Y es que no es para menos, pero ni así se justifica. Infinitos años ya de cargar este fardo de refugiados, perseguidos, alambrados, talados los símbolos, fusilados, descalzos por la autopista de la oscuridad, violados, enjutos, polvorosos, desalumbrados, dramáticos. Oigo pedir venganza, saldar afrentas, odiar contra odiar, escupir frente a vómito. Y lo veo venir, pasar e irse, como un silbido de santo y seña, como un rumor maligno que no se oye, sino que bulle. Y me angustia, porque no lo deseo ni para los míos ni para los demás. Lo expreso y subrayo con la intención de exorcizarlo, para que no ocurra, mas la gente me voltea la cara o me saca el cuerpo, insinuándome, siento yo, que estoy loco, meando fuera del perol. "¿Que qué?" Pero transpira el antifaz, se mira el dobladillo, las ganas de caída y mesa limpia, y entre este miedo, ese rencor y tal disimulo respiramos lo que nos queda, la lengua se distrae en la carie, el saborcillo por el zarpazo que suponemos vendrá, "a todo cochino le llega su sábado, sabes" A ese callejón malevo nos empujan y ese es el espanto que resume a todos mis fantasmas.

Porque es que no tenemos instituciones dignas, no tenemos siquiera instituciones, no tenemos, no. Y decir institucionalidad es señalar certezas, seguridades. Leyes mayores hay, sí, cómo no, tal la Constitución Nacional y otras normas, tantas tintas tontas, que supongo y atiendo. ¿Acaso no somos ciudadanos dignos? Porque el poder judicial en Venezuela se describe con minúscula. Dirigido y controlado por leguleyos, que ojala fueran tan sólo eso, dan pena propia y ajena y producen un mal dolor de tal profundidad, moral y humana, que nunca podrán ya esconderse ni de ellos mismos, aunque a lo mejor ni lo intentan, ya que han anestesiado conciencia y honor al barato precio de unos cobres al cambio oficial de legitimar, sin ni siquiera rezongues, más bien fruición, el poder desmedido y sin freno, "ratificado electoralmente", de un hombre que dijo llamarse comandante presidente que no aspiró al bien o a la justicia del país sino al desprecio de los que considera, adentro y afuera, ajenos y enemigos suyos de él propios.

Esta situación reseñada hasta el cansancio, el de la injusticia, aquí se llama desconfianza. No se ve, no se cuenta, pero se respira y envenena espíritus y cuerpos. Engendrada en y desde el poder, no respeta colores de piel, banderías políticas, lugar o fecha de nacimiento o zona de residencia. Está encendida una alarma roja en cada uno de nosotros, pero no así en quienes tenían, pretérito, la obligación de velar por lo justo y detener la impunidad del que transgrede.

No se halla foro, lugar, casa, cuerpo, biología o sueño de noche, en donde no se presente esa tensión impuesta desde los laboratorios del poder político y sus aliados. Se ha conformado en Venezuela un Estado Tóxico, que se vanagloria con cinismo de sus desmanes sin prever, o tal vez calculándolo, una reacción colectiva que, al no poder drenarse por vías democráticas, tiende a calcificarse para devenir en razón justificativa del ajuste social o práctica de justicia por mano propia o fórmula de aquello que "lo que es igual no es trampa" y así hasta quién sabe dónde. Pero seguir esa lógica sería coquetearle al juego de los que lo desean invertir en guerra civil anunciada y fomentada a cada rato en cada rincón de la nación, a través de la violencia descarnada o encubierta, el menosprecio por lo ajeno, el insulto, la invasión sostenida de todos los espacios de una sociedad que está al límite de la crispación.

Hablémosle al país viéndolo a la cara sin distracciones. El poder necesita de público y muchas veces lo encuentra o llama su atención al replicarlo desde el lado de acá en los términos impuestos desde el lado de allá. Ese montón político, que intenta decretar un régimen totalitario en el país, está caído, ya no dice nada, pasó a la historia, es ya no más que un objeto de estudio; carpeta, folio, laberinto judicial, expediente número tal, reja y castigo. No es liderazgo, es taquilla, caja registradora, porque reparte, compra y vende, pero ya no engaña a nadie, no se sostiene, perdió sinceridad, no mueve, no crece, excomulga, desmejora y pudre a su paso. Expira. Boquea.

La venganza no es respuesta de lucha civilizada y democrática. En otros países en donde coexistieron tantas o más razones que aquí, lo dudo, se ha sabido salir de coyunturas peores. España, Chile, Suráfrica, por no más decir.

Políticos líderes para la transición deben proliferar en Venezuela, que para la pelea en todos los terrenos ya tenemos y de los buenos. Quizás sean estos gallos rudos y curtidos los más apropiados para el momento actual y para el desempeño histórico. Pero sabiendo, a conciencia y antemano, que se requerirán largas y tensas horas de acrobacia, guáramo y reciedumbre política frente y junto a un adversario, que no enemigo, que es el colectivo chavista, que posee una realidad matemática, pero no representa el espíritu del país. Entre todos, así nos cueste tragar, así no lo queramos, por el peso de las circunstancias políticas, debemos reparar el rumbo del porvenir concediéndole máxima prioridad a la constitución de una ciudadanía sensible y preparada, noble, critica y ambiciosa de respeto y prosperidad, donde los poderes y gobernantes demuestren vocación de servicio y mística, majestad temporal durante su legado pasajero e impagable, más allá del honor que esa dignidad comporta y amerita.

PAÍS PORTÁTIL

Cuál sombra pegachenta nos persigue el anatema del bendito "país portátil". A veces sin querer una ocurrencia puede concluir en pesadilla. No es que fuera esa, creo, la intención del escritor venezolano Adriano González León (1931-2008), que en su novela homónima publicada en 1968 contextualizaba la crisis venezolana. Era más bien su intento ofrecer, desde la literatura, una mirada de país. No pretendía convertir su visión en hipérbole definitoria de lo que tendríamos que ser inexorablemente. Era lo suyo un bisturí, no una sutura. Presumo.

Curioseando en ese valle de su Trujillo natal encontré que esa noción de lo portátil y transitorio aparecía ya desde los tiempos de José Oviedo y Baños en su "Historia de la conquista y población de la provincia de Venezuela" (1723): "Sin hallar sus pobladores lugar que les agradase para su existencia anduvo muchos años como ciudad portátil, experimentando mil mudanzas". Otra vez, en 1810, Andrés Bello en su "Resumen de la Historia de Venezuela" reitera: "Trujillo… anduvo vagando convertida en ciudad portátil hasta que en 1570 pudo fijarse en el sitio que ocupa actualmente". Pero hay más. En 1939 Américo Briceño Valero publicaba "La Ciudad Portátil", y allí confirmaba: "Era ya una especie de vicio eso de estarse mudando" Para más vainas, hace poco vengo en el carro oyendo la radio y anuncian "País Portátil", canción de Rubén Blades, de la cual extraigo párrafos que me convienen: "Se vende un país portátil, es un lugar sin memoria donde ya nada sorprende, ni ver crimen indultado o un charlatán presidente". ¡Cómo anillo al dedo!

Me interesa además resaltar del libro de González León, la primera oración: "La escalera cubre la cola del pájaro pintado". En interpretación pretenciosa se pudiera leer que el autor establece una relación entre dos sujetos de naturaleza distinta, chocantes y contradictorios. Lo permanente de la naturaleza y lo pasajero e incierto de la escalera por donde uno sospecha bajan y suben seres humanos, pero que allí no existen. No hay propósito de continuidad, de destino preciso, es surrealista, fotográfica, ¿cinética? Pura avaricia de la imagen. Atasco, "lucidez demorada" al decir de Alberto Cousté.

Y la idea de lo transitorio-portátil-pasajero ha echado raíz en nuestras maneras de ser y de actuar, así como de ser percibidos por los otros. El "por ahora" de Chávez no es más que la expresión brutal más cercana en el tiempo a esta consideración. Un hito para el análisis político de la Venezuela contemporánea más atrasada. "Como somos portátiles y petroleros, mañana puede que se abra otra historia. Pero mientras tanto, instalemos allí un gendarme necesario, caudillo corregidor, que ponga orden en el caos". De esa jungla no hemos salido ni siquiera con los paréntesis democráticos de nuestra larga vida cuartelaria. En el caso venezolano la constante ha sido la dictadura y lo efímero la democracia. Las ventoleras, no las instituciones. Los paracaidistas, no la constancia.

PERESTROIKA A LA CUBANA

Pater familiae

Fidel Castro parece haberle dicho adiós a la vida, pero no al poder. Esa es una primera impresión que se tiene al observar su larga despedida, televisada, además, como para que todos estemos presentes en el velorio. Muy a la cubana, ¿verdad? Como en el "Derecho de Nacer" de Félix B. Cagnet. Porque actores no han faltado y espectadores menos. Más de uno ha enjugado ya una lágrima al ver a aquél "Caballo de Troya" convertido en un anciano hospitalario recibiendo las visitas de enfermo en traje deportivo. ¡Tan poco militar! Ha sido un adiós entre comillas, con puntos suspensivos. Una larga agonía tratando de dejar todo en orden, como lo exige el honor de un Pater familiae.

En plano aparte del escenario susurran otras voces. Los hijos legítimos o no, mueven sus cartas. Fidel Castro ya no posee el control de la cotidianidad, pero se sabe de una fuerza superior en la que se combinan miedo y respeto. El temor a la orfandad se mezcla con el justo precio ganado en mil batallas, no todas honrosas, celebradas con la fruición del que sabe o supone luchar por "causas nobles", ligadas a títulos honoríficos como libertad, dignidad, soberanía, pueblo, justicia, patria. Palabras claves, pronunciadas a su medida, para dar una lucha contra el imperialismo, la barbarie, la muerte.

El enemigo

Miro a Fidel con afecto en las fotos que Raúl Corral (Corrales) tomara en los días de "Playa Girón" y recuerdo a lo lejos sus palabras frente a aquella multitudinaria concentración en la Plaza de la Revolución: "…porque lo que no pueden perdonarnos los imperialistas es que estemos aquí, lo que no pueden perdonarnos los imperialistas es la dignidad, la entereza, el valor, la firmeza ideológica, el espíritu de sacrificio y el espíritu revolucionario del pueblo de Cuba". Y no se lo perdonarían.

En castigo cometieron cientos de errores y tropelías políticas, contra Fidel, Cuba y su pueblo. En lo que a ataques personales se refiere nos cuenta el historiador Paul Johnson en sus *Tiempos modernos:* "…en diferentes ocasiones hubo planes en el sentido de utilizar a pistoleros para atacar a funcionarios cubanos, difundir el rumor de que Castro era el Anticristo y que el Segundo Advenimiento resultaba inminente, enviar un submarino para bombardear la costa, atacar a los trabajadores del azúcar con productos químicos no letales y utilizar sales de Talio para provocar la caída de la barba de Castro, mezclar sus cigarrillos con productos químicos destinados a confundirle la mente o impregnarlo con el letal bacilo botulínico, suministrar a su amante, Marie Lorenz, cápsulas de veneno, utilizar pistoleros cubano-americanos para asesinarlo por contrato, regalarle un equipo de natación submarina impregnado con un bacilo de la tuberculosis y un hongo que atacaba la piel…" (pp. 627 y 628).

En lo político, las decisiones erráticas por parte de los Estados Unidos y otros países u organizaciones internacionales como la OEA que el 31-01-62, en la Octava Reunión de Consulta de ministros de Relaciones Exteriores celebrada en Punta del Este, Uruguay, con el voto salvado de Argentina, Bolivia, Brasil, Chile, Ecuador y México, decidieron expulsar a Cuba del Sistema Interamericano. En octubre de ese mismo año se producen los eventos que dan que hablar de la tensión nuclear más peligrosa que ha vivido la humanidad al descubrirse que la Unión Soviética había instalado armas nucleares en Cuba y que ya se encontraban operativas. El ataque nuclear en masa, la invasión o el bloqueo, son algunas de las alternativas que reposan sobre la mesa del presidente Kennedy. Se decide por el bloqueo que, a pesar del clamor internacional, aún persiste.

Y no se lo perdonarían, decía. Y lo convirtieron en isla, más aislado que nunca hicieron de él un héroe, un villano, un archienemigo, una figura histórica, que lo es. Lo pusieron contra la pared, como él puso a muchos en el paredón, y lo satanizaron de tal manera, que todo el socialismo, el comunismo, el antinorteamericanismo, lograron justificación política y psicológica en un ser excluido. "La historia me absolverá", respondió.

Cuba dejó de ser el burdel de los Estados Unidos para convertirse en el aliado de los soviéticos y ejemplo parasitario para América Latina. Se produjo una ola de despertar en la izquierda latinoamericana y los movimientos guerrilleros. Si la Guerra Civil Española es un hito para comprender el presente, la Revolución Cubana y la brutalidad internacional también lo son.

¿Dónde estamos?

El Muro de Berlín fue derrumbado en noviembre de 1989, pero esa elusiva línea divisoria que separa a Cuba de buena parte del resto del planeta aún persiste. Castro sabe que su muerte puede ayudar a cierta reconciliación y que en vida es muy difícil hacerlo, pues el pasado limita el presente. Se asoman las palabras de Simón Bolívar: "Si mi muerte contribuye a que cesen los partidos y se consolide la unión, yo bajaré tranquilo al sepulcro".

Y resulta que en Cuba se están mostrando unas alternativas para la apertura, pequeños pasos, detalles, gestos que en diplomacia valen oro, que acompañan a la caída física de Castro. ¿Preparando la transición? ¿Hacia dónde? ¿Con quiénes?

El 19 de febrero de 2008 el diario oficial *Granma* publicó una carta de Fidel, donde desiste, de cara a las próximas elecciones, de ser Jefe de Gobierno. Igualmente renuncia a ser el Presidente y Comandante en Jefe. Acompasa su caída con la renovación. Hay en el fondo y en la forma ritmo y melodía. Como en la música cubana. Aparecen tres caras. Raúl su hermano, nacido el 3 de junio de 1931, que cuenta con el apoyo de las Fuerzas Armadas y del Partido Comunista; Carlos Lage Dávila, nacido el 15 de octubre de 1951, vicepresidente de la República, médico como el Che y licenciado en ciencias sociales; también suena Felipe Pérez Roque, nacido el 28 de marzo de 1965, ministro de Relaciones Exteriores, quien ha realizado una estupenda labor.

En todo caso, lo que pase está, en buena medida, en manos de Fidel. Su poder, a diferencia de su estado físico, no ha cambiado. Al contrario, en horas de despedida debe ser mayor. ¿Una Perestroika a la cubana ronda su mente?

La otra herencia

El presidente de Venezuela ha sido el mejor aliado no solo de Cuba, sino sobre todo de Fidel. Tener un hijo a los ochenta años no es poco, y si es rico, mejor. Pero además de los petrodólares, existe una relación afectiva que no se puede ocultar. Que ellos mismos han mostrado, con orgullo, al mundo. Hay un enamoramiento paterno-filial evidente. "Fidel, padre nuestro que estás en la tierra" ha dicho Chávez. Pero Hugo Rafael además de eso calcula y escucha que él puede ser el heredero, como en la "Canción del Elegido" de Silvio Rodríguez: "Siempre que se hace una historia, se habla de un viejo, de un niño o de sí…". Y a Chávez le gusta esa opción del "sí". Está hecho para esos escenarios dramáticos, militares, llenos de sangre y fuego, que es como la búsqueda de un destino trágico, aunque al final, tal vez, muera como Fidel, en una cama de hospital. Castro cavila.

¿Pero será que a los cubanos les interesa esa salida? Parece que no está claro, ni siquiera para Fidel. Todo depende de planes, circunstancias y actores. Porque Brasil y Lula da Silva son otra alternativa, que según algunos cubanos abre las puertas de un destino más claro y sólido. Brasil puede entrar a la Casa Blanca y al mundo occidental. Chávez no. Brasil posee una economía más sólida. No habla español, pero tiene menos enemigos. Venezuela es volátil, caudillista, petrolera y enemistada ¿A quién preferir? El imperio puede ser un aliado. Nada es eterno. Todo fluye. Solo los dinosaurios continúan allí.

LA PONCHERA DE FIDEL

Sentado a la orilla de su isla personal, de espaldas al bullicio y a la gente, mirando el mar profundo y tan lejano, no deja de jugar con sus pies escamosos dentro del agua tibia y medicada, acopiada en ponchera de las de antes por uno de los enfermeros guardaespaldas que con ganas íntimas de Mayami lo protegen como a un bebé barbudo.

Otrora atracción de circo, ya a su edad no es más que un espejismo, objeto raro abandonado en el rincón de su decrepitud, un radio viejo que cantó e hizo bailar a más de uno, pero que ahora solo tartamudea baboso, en ropa deportiva, aquellas canciones marineras de cuando Batista era el Sultán de aquel tibiri tábara. "Cambalache" era ya un tango famoso.

Reposan mientras tanto sobre una mesa pesada de marfil como elefante genuflexo, convenientemente acomodada debajo de un almendrón rozagante, sostenidos del capricho del viento por blancas piedras y gigantes moluscos, libros, revistas, informes técnicos con propuestas que nunca se llevarán a cabo, cartas, salutaciones, periódicos, una libreta intacta para sus notas y mensajes cifrados que ya ni escribe por rubor, sospecha o desengaño, y unas fotos de borrosos recuerdos y rostros ojerosos que a veces le hacen dar un suspiro danzón cuando nadie lo mira, para que no sepan que es humano.

Una idea está fija en su pensamiento y es la muerte que ya se le ha asomado varias veces. Sí, la pelona, la suya, la de él. Con su cruz de lagañas a cuestas, hijos, traidores y demás desaparecidos, murmullan desde el olvido, y la arena cercana, móvil y polvorosa, lo descubre en su poquedad, multiplicado en un espejo microscópico e interminable. "Nada es para siempre, sólo lo es la revolución", se ampara, defiende de sí mismo y de lo que lo rodea y sigue abstraído en el mar cuya espuma lo lleva sin querer al sonsonete inconveniente aquél de "Maringá, Maringá": "...que después que tú partiste todo el mundo quedó triste porque amaba tú bondad". ¿Se pondrá Leo Marini de moda nuevamente?

En esas tribulaciones, después de alcabalas, requisas y permisos, se le acerca un lleva y trae de anteojitos, calvito prematuro, con ilusiones de canciller, embajador al menos, vestido de guayabera manga larga, creyendo ganar puntos con un informe recién salido del horno, de su puño, letra y trasnocho, sobre las laberínticas conversaciones de paz que en tierra de Martí llevan hoy adelante o atrás o en neutro o en suma de todo lo contrario, el gobierno de Colombia y la guerrilla de las FARC, ejército del pueblo para más apellidos rimbombantes.

"¿Y qué se dice?" —refunfuña mirándose los pies en tanto que el fulano miope ya le extiende la carpeta de rigor sin que el anciano dé muestras de aceptarla; símbolos del poder. 'Jefe', lo llama, aunque después recule y carraspee, y afirme 'comandante' casi que con K. El "Mi" posesivo al revés, entregativo pues, vendría a continuación: "la cosa está trancada, pero poco a poco".

"Ni que fueran estíticos, carajo". "Es que así son estas cosas, y ahora sí y por fin y abierto, 'Mi Comandante', de tira y encoge, y la estrategia no es la de ganar-ganar como dicen en Cambridge, sino de dilatar y apurar al mismo tiempo para que parezca se está, sin estar de verdad".

"¿Pero cómo es esa vaina, Ramoncito?", y por primera vez lo llama por su nombre de pila igual al de su padre y el interfecto que casi de vahído. "Ya yo le he dicho a los compañeritos de las FARC que las condiciones están dadas para la toma del poder; sobre todo las subjetivas. Que se olviden de montañas, de muertos, de secuestros, de barbas, de banderas coloradas, que dejen la imitación, que a ese tiempo se lo tragó la historia. No ven a Venezuela, a Nicaragua, Ecuador, Bolivia, a Brasil, Argentina, Chile, Uruguay, cada quien, con su tumbao, o es que están ciegos. ¡Tráiganme un vaso de agua sin veneno, que esta maldad que siento en el cuerpo no puede ser otra cosa que muerte lenta!"

"Yo se los dije: Fidel, el Ché, Sandino, Gaitán, el cura Camilo Torres, Tiro Fijo, todos esos son muertos, menos yo que ya casi, y hay que terminarlos de enterrar. La revolución de hoy es por las buenas y con salivita. Poder electoral, encuestas, diálogo, marketing, todo ese cachivachero burgués ahora está a nuestro favor y hay que explotarlo, para que quede claro".

"Yo se los afirmé, ¿se dice así?, por la mitad del medio del centro en el Aula Magna de la Universidad Central de Venezuela, en 1999, con

Chávez ya de presidente electo y constitucional, que la revolución de ahora no necesita ni de sangre ni de héroes, es, debe ser, una revolución tan civilizada como la de los Estados Unidos y así no nos metemos con el imperialismo. ¿Para qué buscarse enemistades? ¿Para hacernos fuertes, eternos? Mírame yo. Ayer no es hoy.

"Dije, pues, en Caracas: Les voy a decir algo más, ustedes no pueden hacer lo que hicimos en 1959. Ustedes tendrán que tener mucha más paciencia que nosotros y me estoy refiriendo a aquella parte de la población que esté deseosa de cambios sociales y económicos radicales inmediatos en el país. Si la revolución cubana hubiese triunfado en un momento como este, no habría podido sostenerse". "¿Te lo explico mejor, Ramón?"

"O es que no saben estos tarados que la Guerra Fría terminó y hay que aprovechar antes que vuelva a empezar, porque lo de Putin va por esos caminos.

"Ahorita, hoy, ya, la pobreza está de nuestro lado, la falta de educación, el imperio del 'bobismo', que es como ponerse en cuatro patas a favor del que venga con unos periquitos embusteros a criticar la democracia que ya se bajó los pantalones, se corrompió hasta los tuétanos; anda balsera. ¡Qué clase dominante ni qué ocho cuartos! Esa entelequia no existe; burguesía, lucha de clases, élites, empiriocriticismo; palabrejas de diccionarios democráticos y marxistas que ya no sirven ni para limpiarse el rabo de apolillados que andan, los libros, digo. Todo ese chiste del subdesarrollo, de las élites en América Latina, no me jodan, salieron corriendo a comprarse baratijas por el mundo.

"Aprovechemos que la niña está sola, sin dictaduras a lo clásico, sin militares golpistas por ahora, con crisis inmensa de partidos políticos, con lumpen como arroz. No hay necesidad de invadirla, ni expropiarla, no es negocio. No tiene quien la cuide, ni quien la llore. Eso que tú llamas las élites en el cartapacio ese que me trajiste y que no voy a leer como imaginas, se chuparon todo lo que pudieron. Y se fueron "pal" carajo a vivir bien, a jugar golfito, sin mosquitos, sin militares, sin pueblo, sin estiércol que los vaya persiguiendo a donde vayan. No se exiliaron, se esfumaron más bien. Este mundo frondoso, diluviano, corrompido de tanta podredumbre y caribe además les quedó grande, de otra talla, en sus endulzados saberes europeos. A tus élites les dio el alzhéimer tropical, ya no se acuerdan de esto o nunca lo tuvieron en mente como destino, como tumba. Le huyeron a la mortandad de peces en la orilla, a las aguas negras, al dengue, a los carajitos con los mocos afuera, a la chikungunya africana, ¡qué vaina!, al mierdero que somos. ¡Viva la democracia, camarada!

"Así, sin enemigos y con eso que ustedes siguen llamando las condiciones objetivas, como que si no hubiera pasado nada en cien años, ¡qué montaña ni qué montaña!, elecciones carajo, modernos por fin, actuales, democráticos mi sangre. La era está pariendo un corazón, pero de votos, carajito.

"Diles a los compañeritos de las FARC que yo lo que les mando a decir es que le digan que 'sí' a todo. Mañana serán gobierno y mandarán al Estado al mismísimo sacramento del carajo; ya haremos entonces las cosas a nuestra manera. ¿No y que somos caribes? Seámoslo pues, que quiero verlo en vida. Y ese mandado es rápido, que para ayer es tarde.

"Muévete que me estoy muriendo del cansancio de oírme y de esperar que te vayas. Acuérdate de la embajada, aunque con esos lentes que tienes te pareces más bien a un tercer secretario. Anda y caliéntame el agua de la ponchera que esto se está poniendo frío y gánate unos puntos con la historia. Saludos por allá".

TIEMPOS Y PERSPECTIVAS DE LA RELACIÓN COLOMBO-VENEZOLANA

(Intervención en la Escuela de Gobierno Alberto Lleras Camargo, Universidad de los Andes, Bogotá, 07-06-2017)

Escribe García Márquez en su prólogo a las "Memorias" de Alberto Lleras Camargo "… que era un gran escritor que fue dos veces presidente de la República. Se le consideró también como el mejor locutor del país, y tal vez lo fuera por su voz diáfana y su dicción perfecta, pero de las muchas y grandes palabras que se le oyeron en su vida pública, fueron muy pocas las que no escribió antes de decirlas". Rindamos honor a su nombre y obra en estos espacios tan suyos y hagamos caso escolar a sus acciones y consejas.

Leo entonces, como él hacía, lo que escribí, con el perdón de lo que se espera del que hoy les habla, que no puede ni debe ni quiere ser experto ni objetivo sino antes más bien, inexperto, subjetivo y comprometido hasta más no poder, cómo no serlo, con lo que ocurre en mi país, Venezuela, que es de una crueldad tan inverosímil y sorpresiva, tan distante a lo que éramos o suponíamos ser, que nunca se pareció ni en la más terrorífica de las pesadillas a los escenarios posibles que elaborábamos cándidos en nuestros juegos de ficción académica o diplomática; no sé si militar. Políticos, sociólogos, economistas y demás, todos quedaron, quedamos, cortos en el argumento, precisión y alcance de nuestras predicciones. Veamos, pues, primero el bosque de la relación colombo-venezolana, para luego adentrarnos en las intrincadas veredas de nuestras realidades y sospechas presentes.

Los seres humanos recurrimos a fechas para ordenar el transcurrir de nuestras existencias. Con los países ocurre lo mismo y lo que nos instala en nuestra relación con otras naciones suele ser también el signo de una fecha y su discutible significado.

En el contacto entre Colombia y Venezuela es así, y nuestra historia en común ha sido tradicionalmente estudiada y narrada a partir de fechas, efemérides trascendentes en su controvertida heroicidad, así como también por su importante y nerviosa significación a la hora de presentar exámenes en la escuela. Para la vida real en verdad que significa poca cosa. Fiestas patrias. Días libres. Asueto. Los lunes de Emiliani, por ejemplo.

Hay quienes más bien prefieren y se orientan para ubicar nuestras vecindades en la geografía de ríos, valles y montañas.

Hay los que eligen la brumosa exactitud matemática de las coordenadas, los kilómetros, el teodolito, los hitos fronterizos, las rectas geodésicas de una supuesta línea fronteriza que no es sino un trazo imaginario que separa lo inseparable. 2.219 km se dice. Y de lo impreciso de estas supuestas puntualidades conocen las cambiantes corrientes de los ríos, los incendios, las epidemias, los mosquitos incluso, la educación que nos falta, la salud que se nos muere en la frontera común que no conoce de dolientes, y la maldad sin límites.

Otros almidonados hablan de la hermandad eterna y suspiran melifluos, madre y padre comunes, sangre vertida juntos por alcanzar un sueño.

Además, andan por ahí los fanáticos de los héroes, las batallas, las banderas flameando frente al enemigo. Otros aluden al enredo de nuestros orígenes que cual pecado original proviene del mestizaje o de la religión impuesta por los conquistadores o a la pretendida traición del "Hombre de la Leyes", Francisco de Paula Santander, al "Libertador" Simón Bolívar.

Otros apuntan hacia temas del supuesto despojo territorial, "herida abierta" al decir de Don Miguel Antonio Caro, como el que se asestó a través del Laudo Español de 1891, se concretó con el Laudo Suizo de 1922, y se formalizó con el Tratado de Límites de 1941.

Asimismo, encontramos a los que se embelesan con las estadísticas económicas y comerciales, la balanza de pagos, el PTB, el PIB, las exportaciones, las aduanas (incluya usted al contrabando), la vialidad para "la frontera más viva de América Latina", los cerrados puentes fronterizos, como si eso explicara algo de la pobreza y orfandad de ambos y si no preguntémosle a la etnia Wayúu.

Los hay sofisticados que incluyen expresiones como "cultura, sociedad, tejido social" y otros primores sociológicos y politológicos que darían para más en el largo obituario de nuestras frustraciones. Sorprenden al público también los lingüistas cuando exclaman, con razón, que Colombia es el único vecino continental de Venezuela con quien se comunica en español. ¿Será por eso mismo que desconfía tanto el uno del otro?

Pero lo cierto es que a todas éstas aún andamos en pañales en lo que se refiere a desatar el ovillo de nuestros desencuentros. ¿Tendrá algún sentido práctico hacerlo?

Aunque la verdad sea dicha: nunca hemos llegado a la guerra, librado un real enfrentamiento bélico, casi, aunque no esté de más recordemos el incidente del ARC-Caldas, en aguas del Golfo de Venezuela, en agosto de 1987.

Pero mire usted y no nos distraigamos que hay quienes lo han querido, el conflicto, buscado y preparado. Y si no pregúntele a nuestras tan queridas Fuerzas Armadas, de aquí y de allá, a algunos radicales de aquí y de allá y a otros vendedores de armas, "perros de la guerra", guerrilla inclusive, y por supuesto narcotraficantes y demás intereses parientes que no importa de dónde han pensado que sus negocios ideológicos, materiales, espirituales o geoestratégicos, han estado —¿lo están?— a punto de caramelo por estas tierras del Arauca vibrador. Hace tan solo un mes de una provocadora camorra parecida se planteó para más pruebas y temores.

Más cerca residen también los que prefieren el periódico, la radio, la televisión, el ruido barato y expedito del presente, la noticia, las interminables redes sociales donde se anuncia que si el relanzamiento de las relaciones, que la luz se volvió a hacer, que ahora sí, que la deuda se va a pagar, que "el pueblo unido jamás será vencido", que la paz en Colombia se la deben al ex Presidente Chávez, aquel llamado "mi nuevo mejor amigo".

De esos humores, resquemores, rumores y relanzamientos permanentes no hemos salido aún y mire usted el agua interminable que ha pasado debajo de los puentes que tanto faltan por estos tremedales. Como la luz, vuelvo a decir, que viene y que se va.

No agreguemos al menú los temas del narcotráfico, las migraciones, los desplazados, de aquí para allá, de allá para acá, las conversaciones de paz, el contrabando, el hampa común, el fracturado medio ambiente, el caradurismo del siglo XXI, y ese excesivo etcétera que lo acompaña, en el que se debe incluir como el que más al desarrollo fronterizo, para su gente, digo, lo cual habla de lo ambicioso que tendría que ser un proyecto de vida en común; mire usted todo lo que anda en juego en nuestra contra. Al menos para Venezuela con Colombia no hay temas de política exterior, todos son de política interna. Vecinos interiores, ni más ni menos.

Que no se nos olviden, a todas estas, nuestras cancillerías y sus funcionarios, la diplomacia; la lenta, la expedita, la olvidadiza, la eficiente y eficaz, la del micrófono altisonante, la huidiza, la de los intercambios más parecidos a chantajes o insultos o mentiras de frente que a otras cosas. También podría estar la útil, la que falta, la que pudiera ser, la que nos merecemos y esperamos con ansias, la noble, la que no necesita de mayúsculas para hacer su trabajo de hormiguita.

¿Porque es que a todas estas me pregunto delante de ustedes: ¿en dónde quedaron los principios? ¿Será que, de eso, de la ética, ya ni se habla?

La de los gobernantes, capítulo aparte, la dejaré para que cada quien de rienda suelta a sus gustos y respetables preferencias y evitar así me retiren el pasaporte por mi actitud "Injerencista".

Regresando disperso al tema de "los tiempos", en lo que a mí respecta y para evadirme de alguna forma de las fechas, diría que prefiero hablar de "tiempos de la relación", lo que tiene la ventaja de ser voz más amplia que "fecha", "momento" o "hecho". En todo caso menos memorístico para el que estudia o se acerca a la comprensión de las relaciones entre países.

En tal sentido, la categoría de "tiempo" se encuentra a caballo entre los principios de "historia" y "coyuntura" lo que le da una cierta amplitud, elasticidad y capacidad comprensiva intermedia. Los "tiempos" están compuestos por fechas, personajes, lugares: son incluyentes, misceláneos, contenidos en otro continente mayor que es la Historia. Lo fundamental entonces no es la fecha sino el momento en el cual se insertan los acontecimientos tanto como lo pueden ser texto y contexto. Miremos pues ahora los árboles ya que nos asomamos al tupido bosque del nosotros.

Los tiempos de la relación colombo-venezolana vendrían a ser entonces los siguientes:

1. El tiempo idílico.
2. El tiempo del Descubrimiento.
3. El tiempo de la Conquista y la Colonización.
4. El tiempo de la Independencia.
5. El tiempo de la unidad.
6. El tiempo del divorcio.
7. El tiempo de la separación de bienes (1891-1941).
8. El tiempo de la cooperación y el conflicto (1942-1964).
9. El tiempo de la golfización (1964-1989).
10. El tiempo de la desgolfización y la globalidad (1989-2000).
11. El tiempo de la "FARC-ización". (Uribe-Chávez).
12. El tiempo de los "mejores amigos" (Santos-Chávez).
13. El tiempo de los herederos (Santos-Maduro).
14. El tiempo presente: ¿El tiempo de los peores enemigos? El tiempo del quién sabe. (Duque-Maduro).
15. El tiempo que vendrá: el de las interrogantes, los retos y las decisiones.

Ahora bien, dentro de estos parámetros de temporalidad, en y desde el presente observo, en ejercicio de la imaginación, las siguientes probabilidades de ocurrencia de eventos, sin darle prioridad a ninguna de ellas. Utilizando términos del hipismo podría decir que en esta carrera no hay favoritos y puede que hasta nos sorprendan situaciones, salidas, que no aparecían en el libreto de las probabilidades.

Escenarios Internos posibles (Venezuela):

- **Observación metodológica:** La oposición no es un solo y monolítico actor político, es múltiple, así como también el gobierno lo es.
- **Diálogo:** Aceptación de la intermediación por parte de "todos" los actores en conflicto (Primera fase del diálogo); Estrategias múltiples de negociación: con cada actor, en paralelo, todas a la vez y simultáneamente.
- No aceptación del diálogo directo ni de la intermediación (continuación del conflicto; guerra de posiciones y de desgaste frente al oponente o enemigo más bien y sin tapujos frente a la opinión pública internacional).
- Mantenimiento sine die del conflicto.
- El tema de la Asamblea Nacional Constituyente Comunal: ¿Desesperación, error político, cálculo estratégico, declaración de guerra? ¿Podrá el gobierno dar marcha atrás?
- Implosión del gobierno.
- Implosión de la oposición.
- Implosión de ambos.
- Aparición de actores intermedios e intermediarios; ¿los ni-ni de otrora?
- Las mercancías geopolíticas:
  a) Los presos políticos .
  b) La ayuda humanitaria (alimentos, medicinas).
  c) Los derechos humanos.
  d) Respeto a la Asamblea Nacional y sus decisiones.
  e) Abandono de la conflictividad en la calle.
  f) Ejecución de un cronograma electoral que incluya elecciones para gobernadores y alcaldes; elecciones presidenciales.
  g) Se retira la opción de la constituyente.
  h) La oposición acuerda interceder a favor del gobierno para que baje la presión internacional con el riesgo de convertirse en cómplice; ¿quién asumiría esos costos políticos?
  i) ¿Justicia transicional, perdón?
  j) Desaparición del país.

Escenarios Internacionales posibles:

- No injerencia, neutralidad afectiva" ("…deseamos la paz, pero son los venezolanos quienes deben encontrar solución propia, desde adentro, a sus conflictos")
- Combinación de múltiples actores tradicionales para lograr, por medios pacíficos, la paz en Venezuela. (Organismos internacionales, grupo de países amigos, presidentes, etc.)
- Diálogos en La Habana o en otro sitio, (tipo diálogos de paz), con el apoyo de terceros inclusive las FARC, El Vaticano, Colombia, Rusia, E.E.U.U, China, etc.
- Presiones políticas, económicas y diplomáticas, especie de bloqueo
- Intervención armada (Conjunta, internacional).

Escenarios Binacionales posibles (Colombia-Venezuela):

- Congelamiento (No hay interacción, tensa paz)
- El mantenimiento del status quo (Ni avance ni retroceso)
- Agriamiento de la agenda (Crece la conflictividad)
- Rompimiento de relaciones;
- Cierre de fronteras, expulsión de colombianos de territorio venezolano y viceversa expropiación de capitales, empresas, propiedades.
- Guerra.

Conclusiones o desenlaces posibles:

- No hay conclusión a la vista; ojalá no se produzcan desenlaces sinónimos de guerra, dolor y muerte. En todo caso pudieran ser sorpresivos, impredecible, insólitos, abruptos, graduales. En Venezuela, cualquier cosa puede ocurrir, hasta seguir como estamos, en tal desastre, por tiempo indefinido.
- Hay demasiadas probabilidades sobre el tablero, que tampoco es uno solo, y ninguna más certera que la anterior. Pudiéramos escribir con lujo de detalles los 20 tomos iniciales sobre el conflicto venezolano, pero no el resumen final, la conclusión;
- La teoría política para este y otros temas está por escribirse, así como su diccionario de términos;
- Las brújulas orientadoras de antes, el lenguaje, el sentido de pertenencia e identidad de banderías políticas, por ejemplo, no sirven pues

ahora hay más de cuatro puntos cardinales y los de antes no llevan a puerto conocido alguno. ¿Qué son ahora la paz, la democracia, la libertad, la justicia, el honor, la dignidad? La Venezuela del pasado, la petrolera entre otras, ya no existe, pero no aparece aun la que la sustituirá más allá de la que se presiente en la lucha de todos los días en las calles por la libertad. Por allí andan además los que se protegen, esconden o camuflan en los rincones del poder, recibiendo regalos, dádivas y prebendas o seguridad y resguardo ante el miedo a la venganza, que lamentablemente flota en el ambiente, o al cerco de la justicia internacional que ya se les asoma puntualmente.

- Existen además variados capitanes de barco más allá de la Unidad de la oposición al gobierno, MUD, o del supuesto búnker del PSUV o del chavismo. Ya no hay destino común a la vista que no sea por un lado salir de Maduro o, por el otro, conservar el poder.

- ¿Dictadura o democracia?, es la interrogante que pudiera orientar el debate. Pero: ¿es importante esta dicotomía ética para la discusión política en la actualidad? ¿Sigue teniendo la misma significación que otrora?

- ¿La Venezuela del futuro incluirá al chavismo? ¿A cuál?

- ¿Serán posibles las democracias militarizadas, más allá de las tuteladas? ¿Volverán los militares a sus cuarteles, los curas a sus misas y los políticos a las calles?

- ¿En la Venezuela del futuro quedara excluida, reprimida y perseguida la oposición todavía más que hoy? ¿Ocurrirá lo mismo con los "traidores" al chavismo?

- ¿Aparecerán nuevos factores y actores de poder político?

- ¿Venezuela se asoma a un período de guerra civil, guerra de guerrillas, de terrorismo o de guerras vecinales?

- En estas circunstancias de crisis y debilidades, más que estructurales diríamos que existenciales: ¿Resurgirán los diferendos o contenciosos territoriales con Colombia y Guyana? ¿Creados desde dentro; programados desde afuera? ¿Como expresión de fuerza o como resultado de sus debilidades? ¿Cómo recurso o cómo ADN de todo gobierno militar?

- ¿Cómo afecta la situación de Venezuela a la región?

- ¿Será posible o viable la "República de Marulandia" o el triángulo estratégico "Colombia-Cuba-Venezuela" y sus apéndices caribeños, centro americanos y sur americanos, apoyados además de toda la parafernalia internacional, la izquierda europea, por ejemplo, ¿que los acompaña ciegamente?
- ¿Será que con Argentina y Brasil y otros que por ahí se asoman se inicia un periodo de cambios en los sistemas políticos en América Latina y sus liderazgos?
- ¿Estaremos entrando a una etapa del "caudillismo empresarial", forma que asume el poder de la antipolítica en América Latina?

Eso que llamamos vagamente, exploratoriamente, "caudillismo empresarial" sería el resultado posible de la sumatoria de los siguientes elementos en contradicción y pugna: El colonialismo clásico fracasó; los imperialismos andan aún por allí en el exuberante y rico trópico y se acerca el ruso y el chino a falta del gringo ocupado en otros menesteres, los suyos y de él, ya ni siquiera nuestros; la democracia ya no enamora como antes; las dictaduras militares de perseguidoras terminarán, imagino, en perseguidas o se esconderán detrás de civiles para ejercer indirectamente el poder como ahora en Venezuela; el socialismo se deshidrata lentamente en su isla de óxido, muy lentamente para algunos, y sus hijos continentales que un día se sostienen, al otro se caen, mutan, permutan, negocian con sus ex archi enemigos mientras pierden aquel glamour heroico, ¡Patria o muerte: Venceremos!, convertidos ahora en tufo de burócratas del poder, funcionarios millonarios de regímenes "revolucionarios" más bien apolillados e impopulares. Ante el fracaso de socialismos, dictaduras y democracia aparece el "caudillismo empresarial" como una opción política, electoral y afectiva de cara a las masas descontentas, empobrecidas, sin esperanzas ni futuro.

Además agreguemos que los pobres son cada día más pobres y se multiplican, las clases medias andan en vías de desaparición, las élites económicas son cada vez más dependientes del Estado y por ello, entre otros detalles, se esfuman o migran, mutan, permutan, perdieron privilegios sociales, ya no andan cómodas en un mundo cada día más cuartomundista en donde la bonhomía de gentes, climas y paisajes ya no compensa los riesgos, excesos, los controles de una geografía política enrarecida, con índices de inseguridad espeluznantes, donde ya no dan ganas de invertir o ni siquiera de practicar el fraude.

El "caudillo empresarial" es quijotismo calculado en tiempos de devaluación de la política tradicional al mayor y al detal, del todo en general y de cada cosa en particular. Pudiera tener éxito, si no preguntémosle a Donald Trump, por ejemplo.

Por otra parte:

- ¿Está el modelo o experimento, ya gastado y fracasado en verdad, del Socialismo del Siglo XXI, "sociolismo", como lo llaman desde el sarcasmo algunos de sus críticos, en franca crisis ya sin su muleta ideológica principal, los precios del petróleo, de su parte y en baja?
- ¿Y qué pasa si suben abruptamente los precios del petróleo? No sería la primera vez.
- Supongo que imitadores de Fidel y Chávez, a quienes la realidad convirtió en piezas de museo, ya no encajan en este torbellino. ¿Habrán pasado totalmente de moda?
- Y a todas estas: ¿Qué es de la vida de Doña Democracia que ya no sé si escribirla con mayúscula?
- ¿Cuál será el papel de las grandes potencias?
- ¿Cuál nuestra función como miembros de la comunidad académica y ciudadana?

Preguntas sin respuesta inmediata y de decisiones urgentes. Toda una desazón de incertidumbre para el prójimo ciudadano. Perplejidad, frustración, preocupación, descoyuntara del presente, caos, territorio propicio para las dictaduras que se alimentan del hambre, de la falta de solidaridad debida, de las injusticias provocadas por la indiferencia y por la incomprensión. Tiempo propicio también, y lamentablemente, para los aventureros que quieren pescar en río revuelto como el que se asoma a nuestra realidad colombo-venezolana cada una en su soberanía, con sus peculiaridades y laberintos.

Pero tiempo también, así deseo, para la ciudadanía, para los políticos y para los académicos y otras gentes de bien que alguna vez deberíamos andar juntos de la mano sinceramente y sin prejuicios, que para eso tendríamos que servir crítica y constructivamente las escuelas de Ciencia Política y de Gobierno como ésta donde hoy dialogamos con fervor.

Por allí anda, además, frente a nosotros, que no se olvide, la gente que sufre el peso de estos días tan oscuros, tan llenos de exceso de preguntas ensordecedoras y escases de respuestas suficientes como el que hoy aquí siente, les escribe, les lee y comparte subjetivo, inexperto, inseguro y en voz alta, sus angustias.

PAÍS TELEGRAMA

Venezuela quiere dar a luz, pero no está embarazada. Se cree rica, pero padece como pobre. Quiere un poder electoral limpio, pero no tiene candidatos que se decidan a serlo. Creció de una manera y ahora, de golpe, la quieren poner a gatear de otra. Bailó la libertad y sueña alpargatada. Vistió de fiesta y mientras esconde los ajuares. Invierte y despilfarra tanto, que no encuentra dónde vivir. El país es como un viernes de quincena, cobrado y derrochado. Las plazas ya no son públicas sino invadidas. Las calles no dan para los carros. Los animales no viven bien ni en la naturaleza ni en los zoológicos. La belleza está contaminada de ciudad y la democracia confinada en sombra.

Los militares andan alzados en los centros comerciales, los políticos predican en quincallas, los maestros enseñan al Che, los curas meditan y meditan, el Congreso unipolar se lanza a la calle a buscar lo perdido. Lo feo está de moda, lo peor manda, lo cursi domina, ser poeta es una raya, tomar avión una proeza, los puentes se desinflan, los periódicos de ayer son de mañana, los puertos se hunden, los millonarios aparecen y crecen cual verdolaga, los pobres aumentan al ritmo del petróleo, los políticos venden periódicos, y la prensa enseña la tarea, la corrupción se reacomoda, los músicos callan y los televisores cantan, la sardina escasea, los hospitales apestan, las cárceles aúllan.

La imposición y la oposición hacen pleito de títeres y desgañitan como si fueran el país todo. Los vecinos nos miran de reojo. Venezuela queda más cerca de Teherán que de La Guaira. La Unión Europea nos entiende mirando para arriba, el Dalai Lama nos recibe meditando en su miopía. Hemos llegado a todas partes que es tan lejos como utopía al revés. Somos bujía enchumbada que no enciende sino una duda áspera.

El ciudadano se esconde mientras los asaltantes enseñan sus hierros. Qué mayor invasión que la de las ausencias. Los códigos dan risa, la policía miedo. Los semáforos son un carnaval. El pasado se impone como catedral muda y sorda mientras el presente se esfuma y el futuro se pierde. Nada se transforma, todo se derrite, aplasta, empicha, corrompe. Quién sabe si para bien.

El limosnero de cada esquina me dice: "¿Un día más qué es sino el voraz acopio de ayunos vanos, el festín de una espada doblemente pesada con su cuenta de cuerpos a su contorno yertos?" No lo entiendo desde mi cuclilla filosofal. Le replico que no, que entonces para qué pide si no es por ganas de vivir, que deje el pesimismo, se desvista, entremos a la Iglesia, se persigne y salgamos a la calle que es solitariamente nuestra y no solidaria, que es el embuste con que la quieren invadida.

Así vamos soñando que pisamos la calle que nos vio nacer, crecer y padecer el goce de ser venezolanos. En eso vienen más, ninguno va arengando. La plaza se llena sin consignas ni colores ni cancioncitas fúnebres. Allí encuentro a mis muertos, a los amigos de antes, a los que no conozco, pero ya están conmigo en esa desteñida identidad, al menos parecida a las cosas de ayer que amamos entre todos. La razón y la fe andan de fiesta.

Entonces me despierto y llega a mí el pregón del titular de turno donde dan la primicia en letras de neón: "Venezuela quiere dar a luz, pero no está embarazada".

CHAMO, AQUÍ LATE UNA SOCIOLOGÍA

"Nací rodando", dice Gerundio. Su mamá marabina lo bautizó con ese nombre. Somos amigos desde que nos conocimos muchachos en el año 1956 y éramos vecinos en el bloque 19 de la populosa barriada caraqueña 2 de Diciembre, en la zona de Monte Piedad. El barrio tenía ese nombre porque Marcos Evangelista Pérez Jiménez lo bautizó así para recordar la fecha de su ascenso a presidente provisional de la República de Venezuela. Ahora se llama 23 de Enero, otra efeméride en la que fue derrocado el dictador por el pueblo, organizaciones políticas y Fuerzas Armadas, en nuestro repetido acervo caudillero nacional.

Dije compañeros de toda la vida y nos da por hacer excursiones a lugares donde fuimos dichosos pasando por alto la conseja que reza: "Nunca regreses al lugar en el que alguna vez fuiste feliz". Así y todo, emprendimos viaje hacia el centro de Caracas donde ramonea nuestra identidad. Abordamos el metro en la estación de Chacaíto y a los pocos segundos de haber subido, exclama Gerundio: "Chamo, aquí late una sociología". Pudiera ser un descubrimiento, quién quita y da. Y explica que el experimento tendría por objeto identificar quiénes somos los venezolanos a partir del muestreo casual que ofrece el vagón del metro y que, al repetir el ensayo, en diferentes horarios y rutas, podríamos inferir hipótesis sólidas, contrastables, y refutables, sobre quiénes somos.

Al salir convenimos en que los olores van y vienen en almizcle de perfumes y sudores. En todo caso mayor es la preocupación por la limpieza personal que el asomo de otros demonios de la carne. Las miradas que ocurren en ese espacio cerrado, son esquivas. Hay desconfianza. Los pasajeros van uniformados con la moda impuesta por la buhonería. Franelas, blue jeans y zapatos de imitación de marca acordes en todo caso con las posibilidades económicas de los viajantes, en su mayoría estudiantes, amas de casa y funcionarios públicos que destacan por sus corbatas o chaquetas de cuero de donde, a veces, asoma pistola, revólver o empanada. ¡Qué sé yo!

La palabra es tímida. El espacio que queda vacío entre techo y cráneos mide alturas y genética. Se ven más negros que blancos, más bajos que altos, no más gordos que flacos, menos belleza que caras serias. La distancia entre los pasajeros depende del número de ellos, pero en todo caso hay respeto a pesar de las excepciones. No es común la gentileza de hombres o mujeres jóvenes por ofrecer el asiento a señoras o señores de edad o a damas solas o acompañadas por niños pequeños o en los brazos.

Salimos en bandada y encontramos un río loco de gente que en la calle se desplaza como puede por ese mercado persa. Lo conforman capitalistas en ascenso que son los buhoneros. Y entonces me pregunta Gerundio como para terminar una tarea: "¿Qué te pareció la experiencia, Leíto?". Le digo que única, que mi vida se divide en dos partes, antes y después de ese viaje, y él sonríe cómplice.

Nos sentamos por ahí a tomar café y Gerundio dicta inspirado: "El metro es un milímetro remoto que anda cargado de elementos que no van en la misma dirección ni a idéntico destino. No hay estación "País". En gerundio, valga la redundancia, escapamos del presente, esperando un vagón impuntual. Somos así. Lo que no llegamos a ser.

GEOGRAFÍA, CAUDILLISMO Y PETRÓLEO

Una somera revisión de lo que somos como nación pondría en evidencia tres costuras de nuestra historicidad. Geografía, caudillismo y petróleo, son los hilos para desalambrar el entuerto. Porque al preguntarnos y proponer respuestas sobre lo que es Venezuela tenemos que hacer referencia obligada a esos elementos centrales que constituyen el nudo de nuestra identidad como nación y vocación colectiva. Lo demás es accesorio. Viruta.

Hay, no lo eludo, una recurrencia enfermiza por encontrarnos y explicarnos permanentemente. Es como si no supiéramos, estuviésemos desorientados o simplemente extraviados. La persistencia reside en el desvelo. Vigilia por develar el misterio, las razones por las cuales no hemos podido llegar a ser lo que aspiramos. Y así pensamos y actuamos como si fuéramos no siéndolo. Como si las condiciones reales de la existencia y las artificiales no encajaran. Como si estuviéramos en presencia de dos realidades distanciadas y enfrentadas entre lo que es y lo que parece ser, y entre ambos se estableciera un recurso discursivo que permite, engañando, vivir como teatro lo que ocurre en la realidad.

De la geografía ni que decir. Vendemos al país como entidad turística. No por el lujo de los hoteles ni la calidad de los servicios. No por los paraísos históricos ni por la riqueza de la producción artesanal, sino por la exuberancia del paisaje, lo intrincado de selvas, la altura de picos y saltos, la inmensidad de llanuras, la soberbia de los ríos, las cuevas laberínticas, playas, sol, y mujeres bellas que parecieran ser parte del plan vacacional.

El caudillismo es otra expresión y explicación de nuestro ser colectivo. Enfermedad típica de pueblos sumisos e incultos, falsos de libertad y de otros valores, que impedirían, si existiesen, el surgimiento de esa forma específica de populismo que es la estética común del ejercicio del poder, en todas sus versiones, en Venezuela.

El petróleo por su parte es la mina de oro que no se agota y ha permitido, en conjunción con los elementos anteriores, la formación de una sociedad pulverizada por la ambición del éxito individual, mediatizada por la velocidad de los logros y auto engañada en el mito, llámese El Dorado, la Gran Venezuela o la Revolución Bonita.

Como puede inferirse, cualquier idea de pueblo o formación social está mediatizada por esos tres factores que en principio son externos, pero se han convertido en mentalidad y forma de ser. Las excepciones que confirman la regla se encuentran encapsuladas en individualidades o en logros sectoriales o regionales geográficos, pero en general nuestra brújula vital vive imantada, invadida, por esa constelación móvil de factores aquí señalados que se complementan y retroalimentan. ¿Cambiar al Gobierno o a la oposición? Lo complejo es construir un país coherente.

El resto ha sido a contracorriente. Modernizar, democratizar, industrializar, socializar, humanizar, se enfrentan a ese conjuro de fondo en el que no es necesario pagar para ver lo invisible. Ni mucho menos y a pesar de lo evidente hemos sido pesimistas. Títeres de lo circunstancial sí, que no es idéntico. El reto está en valorar toda esa riqueza y darle sentido cierto.

EL PAÍS QUE SE ASOMA

En los últimos años hemos cambiado mucho. Abruptamente, pero creo para nuestro bien, aunque cueste reconocerlo y más aún darles crédito a sus autores. No sé si la afirmación es válida para el conjunto de la sociedad, sus instituciones y otras aldeas colectivas, pero estimo que sí para cada quien. Así debía al menos serlo y si de hecho no ha sido de tal forma, estamos a tiempo de subir al ascensor de la conciencia.

Porque de ello se trata. Pese a ser sin nuestro consentimiento, acorralado por las circunstancias, el país vomitó. Era un hueso atorado en la garganta que fue necesario expulsar para seguir respirando. Que los métodos hayan sido perversos, es verdad, mas era urgente salir de esa astilla en la tráquea y en tales circunstancias, el cuerpo social no encontró otra vía que la que conocemos. La de un ensayo político que no es ruptura ni revolución sino etapa específica de la terapia intensiva en la que nos encontramos. Segmento de la crisis política y social de la Venezuela del siglo XXI. Fase agónica de la democracia que se instauró en 1958 y sucumbe en los errores y óxido del tiempo.

¿Hacia dónde nos dirigimos? Aquí y ahora no hay más que epílogo del ayer y esfuerzo compulsivo por disfrazar de protagónico un futuro que no es sino prólogo del pasado. Ojalá el Gobierno tuviera perspectiva de su papel histórico. Ojalá que a lo que llaman oposición también. Pero esto debe transcurrir así y no por determinismos o visión pesimista, sino porque las circunstancias no dan para más. El drama es el que estamos viviendo como tragedia. ¿Por cuánto tiempo? Quién sabe.

Mientras debemos enseñar el país que aspiramos construir. Si ha servido de algo la lección es para no repetir lo que vemos y es reflejo implacable de nosotros mismos. Oportunidad única para flexionar y discutir el porvenir. Providencia terrenal de hacerlo desde todos los ángulos ya que el Gobierno impone una agenda y la oposición no tiene programa conocido. Paralelamente la sociedad construye lo suyo. No me pregunten dónde, cómo o cuándo. En todas partes, de inimaginables maneras posibles, a cada instante. Los partidos políticos del pasado, que el chavismo imita irremediablemente, no tienen capacidad de convocatoria. Perdieron tenerla. Fueron el espinazo que el país rechazó y continúa repudiando, con la particularidad de que ahora incluye al chavismo. Pregunten si no a las encuestas. El presente es periódico de ayer.

Uno de los imperativos que tenemos es el de romper el cerco que también ha impuesto el lenguaje. La democracia tiene un diccionario, la dictadura su cartilla. Chávez se expresó en narrativo, en tanto la vida política del futuro en Venezuela balbucea. Siente, pero no sabe decir. No tiene medios para explicarse. Se equivoca, tartamudea, murmura, repite, conspira, calla o llora por impotencia. Hay gestos, pero no hay todavía voz. Se sabe, pero no cómo decirlo. Es más que una intuición, aunque no se ha convertido en idioma. Pero para allá vamos, salgamos de la duda. Despertemos en el esfuerzo por crear ese lenguaje que es anterior a la realidad. Que la provoca, apura, inventa. Hagámoslo en el ejercicio cotidiano donde aprendemos las palabras con las cuales vamos a nombrar el país que llevamos por dentro y ya se asoma.

CORAZÓN DE MANGO

MENUDAS PALABRAS

Las letras son la versión desquiciada del número; las palabras, las locas gritonas de la casa, y el diccionario, el manicomio sin puertas ni ventanas donde la autoridad pretende controlarlas sin éxito. Porque siempre se escurren. Incluso hoy desde el pasado llegan órdenes; el presente es Torre de Babel y no se entiende; el futuro lejano y discontinuo. El poder ambiciona que los vocablos guarden su compostura para deletrear el eco de su dominio. Es más, en un Proyecto de Dictadura Universal, se incluiría el silencio absoluto. Fórmulas para dar orden a la realidad, quinceañera voluble, que difícilmente acata en verdad órdenes ajenas a las de su propia ley, la de la naturaleza, subida sobre el jumento chueco de las mañas sociales.

La palabra es también una línea valorada. Con el tiempo fue adquiriendo sentido en su significado compartido en el diálogo, no exclusivamente de la mirada o del gesto, sino en la expresión de ideas y sentimientos. Así fueron cobrando peso los códigos de comprensión grupal, los alfabetos, las raíces para sembrar la trascendencia del hombre. Nada tan necesario para una cultura como su capacidad para absorber y comunicar realidad. Sentimiento con ánimo orientador, a través de la escritura y el lenguaje. Voz colectiva, la palabra lo sabe. Las pirámides de Egipto tendrán temporalidad y finitud mas la imagen que las nombra no.

Dijimos eran locas. Salen y entran vagabundas, de libros, diccionarios, grafitis, de los rincones de la calle, de aquí de allá, y viajan por mundos inauditos. Al regresar se encuentran rejuvenecidas o fatigadas. Ahora la vida no las entiende como antes, creando así un pandemónium en el sentido común. En esa selvática e inaudible vida, la del idioma, andamos boquiabiertos. Y lo cierto es que, en estos tiempos, la tecnología no llegó a ser la esponja artificial proclamada por el imperio de la síntesis; el demiurgo por el que todos podríamos hablar y todos nos comunicaríamos. No dio la talla. Cuántos quedaron embarcados. Sigue, sí, latente la guerra entre símbolos, poseedores de una fuerza primitiva mayor. Y tiene a la paz mundial en ascuas. Porque el hombre hace mucho dejó de oírse, de entender el mensaje proveniente desde lo más adentro, desde el panal social para compartir las dudas, aclarando caminos a pesar de distancias. Prevalecen aún las meras entelequias reprimidas por especialistas y letrados.

Ahora me detendré por un momento en el que pocos atienden, en la ilusión del diálogo político entre esos trozos de sociedad venezolana autodenominados "gobierno y oposición", o más aún, entre las partes integrantes componentes de cada segmento. No es pesimismo, pero cómo dejar de hallarlo en cada parada de autobús, en estas circunstancias políticas de concreto y cabilla. Hay es ausencia de palabras comunes, inexistencia de sentido del otro que pudiera tener la razón y hacerme cambiar honestamente. No hay vocación colectiva de pertenencia a país alguno. Por eso el vellocino de oro de la unidad es un desastre *ex ante*. Hay pigmentos, a veces segmentos, cada quien, adobando el caldo, promoviendo su mío o tuyo, nunca nuestro. Y así no hay destino sino abismo, lo que a veces termina siendo una solitaria palabra: derrota. Ojalá me equivoque. Apuesto mi silencio.

ARMANDO REVERÓN: TODO CON NADA

Fue Juan Manuel Bonet quien se atrevió a definir la obra de Armando Reverón (1889-1954) como "puro temblor al borde la nada". La Venezuela contemporánea tiene en este pintor caraqueño y universal a uno de sus padres fundadores. Y así como Bolívar siembra una mitología de gestor heroico, el Pintor de Macuto, el de "Las Quince Letras" que son quince, enseña lo que tenemos de cultura febril y fugaz. María Lionza, mitad mujer y mitad danta, vendría a completar este magnífico tríptico mural, envidia temática de Orozco, Rivera y Siqueiros. Tras esos mitos, emblemas esquivos que nuestra jauría colectiva persigue, corremos hasta convertirlos en piezas de museo, aunque a pesar de sus abotonados centinelas, abandonen cadáveres y obras para dormir plácidamente en nuestras pesadillas.

Todos los que hoy vivimos en este tremedal nombrado Venezuela, sin distingos de raza, sexo, religión —y habría que agregar de disgusto político— cargamos en nuestro relicario restos de esos náufragos con los que nos identificamos sin saberlo. Cada sociedad somatiza sus mitos, goces, rencores y ausencias. Los convertimos en carne y hueso y traducimos en comportamientos automáticos pues viven en nuestros tatuajes más profundos. Somos los mitos que nos nombran cual ancla en el vacío.

Se decidió a huir, valiente o loco, qué importa, hacia su destino. ¿Y qué es La Guaira sino un boquerón de luz en el que se asombran, bajo almendrones floridos, cuerpos meciéndose en chinchorros cinéticos viendo reverberar el mar hecho de luz? Allí, en Macuto, construyó su rancho acastillado hasta que la naturaleza y la desidia humana decidieron. Construyó un mundo de miseria sublime donde ocupaban puesto raigal, tierra, coleto, momo cual hijo, jaula vacía, muñecas aterradoras, Juanita a secas sin el Mora que era su apellido de veraz, la Maja Criolla, mujer, modelo y madre. En ese ambiente goyesco, ora cómico, ora trágico, ora festivo, entre 1920 y 1953, la edad de Cristo, realizó, afirmación de Juan Calzadilla que comparto, "la obra más importante de pintor venezolano alguno".

A ese rincón del mundo fuimos a verlo muchos, más que a comprar o a engañar, que no faltaban, íbamos a retratarnos a nosotros mismos o a un mono sobre un hombro cual King Kong del litoral. Llegaron también al espectáculo, menos mal, gentes con cámaras de filmación, sin olvidar las fotos de Victorino Ríos, como la Benacerraf, Anzola, y ahora Rísquez, aunque ya sin Reverón ni El Castillete vivos. Armando, perdonen la confianza, actúa frente a nosotros como le gusta hacer. Burlase del mundo o no, quién lo sabe, enseña su pena, ríe de nosotros o de él.

Lo que se ha recogido de su vida en sobre todo el elogio de la locura, la pobreza del "buen salvaje", el chamán, el náufrago, el exiliado, el doliente que vive dentro de la "cultura del calor", la zona tórrida, el desamparo desnudo a pie descalzo frente al océano infinito. Lo que se atesora de su obra es su "generoso exceso" como anota Luis Pérez Oramas en un ensayo iluminado que se inicia con el siguiente epígrafe de Murillo Méndez: "Para venir a serlo todo, es preciso ser nada". Armando Reverón se pasea por nuestras horas con su vaho cavernícola y sabio. Cuando voy al espejo me lo encuentro y me asusta.

VINCENT VAN GOGH EN CARACAS

En recuerdo que guarda la memoria, uno de esos barberos de ocasión con que nos tropezamos en la vida, me había insinuado de pasada que comenzara a rasurarme con los ojos cerrados; que navaja y pulso realizarían trabajo preciso y eficiente sin necesidad de mirar, como un pincel en manos de un artista. Razón tendría. Y si en principio no tenía que ver una cosa con la otra, llegó a Caracas Vincent Van Gogh invitado por una de esas cofradías que creen todo posible; y mire usted que lo lograron. Embasurados por otros asuntos del diario trajinar, la noticia pasó desapercibida.

Nos dimos cita en el centro de la ciudad para acceder a su deseo de visitar el casco histórico. Visto de cerca se parecía más a sus autorretratos que a las fotos que se conservan de él publicadas en libros. Llevaba barba, sombrero de paja y su tez parecía bronceada, "como todo holandés que se respete", agregó alguien. Mediría uno ochenta y pesaría setenta kilos. Su mirada era cítrica a pesar del azul de sus ojos profundos. No paseábamos a un turista cualquiera, sino a un ser especial que llamaba la atención, para embarazo nuestro, de transeúntes y vendedores ambulantes. "A que no te tomas una chicha, catire".

Su ley no era la charla, aunque mudo no fuese. Así, parte de sus 37 años de vida, la dedicó a la palabra dicha o escrita. No por casualidad fue predicador, aprendiz de santo entre mineros, vendedor de cuadros ajenos, escribidor de cartas que a su querido hermano Theo enviaba persistentemente, en un número no menor a las seiscientas, y que hoy se atesoran en entrañable libro.

Al rato de estar dando vueltas por Caracas nos pidió que fuéramos hacia las faldas del Ávila. Por allí, en plan de excursionistas postizos, seguimos la ruta de la Cota Mil. Después de un rato de camino, como si él fuera el guía del recorrido, nos invitó a sentar debajo de un tamarindo en el que pajareaban dos cristofués. Nos quedamos esperando sus comentarios que se resumieron en una sonrisa plácida, cómplice y agradecida. Mas la luz, la larga espera que irradiaba en rededor nuestro, y la ansiedad que demostrábamos por saber qué le había parecido el recorrido, lo invitaron a hacer lo que mejor sabía con su mayor lenguaje, y comenzó a dibujar al carboncillo unas líneas valoradas de matiz, un bosquejo sutil e iluminado.

Sin saber que es admirado, que sus cuadros alcanzan cifras astronó-
micas, y que hay hasta un grupo musical que lleva el capcioso nombre de
"La Oreja de Van Gogh", quiso morir un 27 de julio de 1890 por mano
propia y finalmente dejó de existir el 29 de julio de ese año. Mañana se
cumplen 116 años de ese despecho que todos llevamos dentro. Don
Mclean compuso una canción en homenaje a Vincent, que dice en una
de sus estrofas: "...y cuando no quedó esperanza alguna a la vista/ en
aquella estrellada, estrellada noche/ tú tomaste tu vida, como los aman-
tes hacen a menudo/ Pero yo habría podido decirte Vincent/ que este
mundo nunca fue hecho para alguien/ tan hermoso como tú".

Lo que no supo explicar aquel barbero es que ese aprendizaje sagrado, el de verse morir a uno mismo a través de la muerte de otro,
pudiera ser tan doloroso, tan humanamente inhumano, hasta dejarnos
íngrimos.

SABANEANDO CON RÓMULO GALLEGOS (1884-1969)

Hoy no vine a decir sino a sentir sin más, sin cortapisas, y escribirle
de cosas a Rómulo Gallegos, padre de huérfanos sin peros, que en estos
días de primeros de agosto estaría cumpliendo 130 años mientras que
ya llega a los 45 sin haberse fumado un cigarrillo.

Así que no quiero que me distraigan en este soliloquio que no exige
respuestas, relinchos de caballos de patas azarosas, pajaritos preñados o
relámpagos mudos. Y menos a mí que voy de a pie caminando distancias insalvables con un sentimiento en el alma y una idea en las palabras
azotadas por este horizonte desmedido.

No necesito de baquianos para destejer estos manglares frisados
con fango en sus raíces golosas. Lo que se enseña no es lo que parece y
yo lo que vine fue a escalar estas llanuras verticales. Y a qué quejarse si
no se trata de apagar candelas o decir misas ni rezar santos demagogos,
ni prender luceros, ni cantar el amor que no fue ni el que se ha ido o el
que no acaba de llegar por fin, o el que no amaina.

Yo vine a caminar el duelo que nos toca, ven tú que allá voy yo. ¡Pero
pareciera que mientras más te aproximas más me alejo! Y esa no es la
verdad, es tan solo la perspectiva de las sombras, la lectura equivocada

de nuestras circunstancias, así como la bocanada de humo que chupo del cachimbo y rebota en el cielo.

Lo que soy no vino a compartirse tampoco con saludos a quienes se ofrecen en mediante a pesar de no ser por costumbre hombre de soledades. Al contrario, pareciera que no. Mi plan es dedicarme, taita, a pisar tierra, pues las cosas no están para volar y gastar la poca fuerza en frutos altos. ¡Que llueva en lo que orino a ver si me doy cuenta! ¡Que broten frutos de mis ojos! Ya veré a mi regreso si es que vuelvo.

Y si donde debo llegar allí nadie me espera más que mi sombra escurridiza y torpe, no quede en vano mi esfuerzo de entender. No quiero que me hablen en sueños quienes sin buscar lo que yo, quieren tantear desde el pasado de mis gerundios insondables mi presente asombrado. Porque es que ya estoy resabiado para saberme de trucos y de ensalmes y de lunes de las ánimas del purgatorio.

Busco pues lo que no se me ha perdido, menos como aventura de corsario que como diabético insomne tras su dosis de azúcar. Pero es que en mi contextura está cansarme rápido. Genética, no sé; cultura del calor, tiempo, país, desilusión, quién sabe. Y así que siendo el que no puedo ser, pero insistiendo, no debo perder mis energías en zamurales ni ciencia en petroglifos.

Mientras tanto la araña teje y me desvelo por no convertirme en ella y caer en la trampa que no se hizo para mí. ¡Suéltenme las manos muchachas quinceañeras, déjenme los pies bachacos y curares! No pedí agua bendita pero tampoco es para tanta ponzoña. Solo aspiré jadear, alrededor del mediodía, con la frente en alto junto al Maestro Gallegos, ese padre que le inventó una luz a Venezuela que está por encontrarse y a veces nos deslumbra y se escapa, entre los tremedales.

GARCÍA MÁRQUEZ, VOZ DE RÍO

Hace tiempo ya que algún país ha debido tener la hidalguía de llamar a uno de sus ríos con el nombre del Gabo. "Vamos a bañarnos al Gabito", exclamarían los muchachos retozones del sitio sin saber en qué profundidades se bautizan. Porque de sacramento se trata y no es para menos en estos días en el que Gabriel García Márquez cumple 87 años, que para él sospecho no serán más que un ocho más siete que son quince. Veamos lo del río.

Cuando trato de apreciar el significado que para mí tiene el escritor de marras, no puedo relacionarlo sino con el agua. Nada de mineral, animal o vegetal lo define, sino materia líquida dentro de una madre. El río lo es, lugar de alumbramiento, territorio amniótico, cuenca hídrica. Nunca maciza, terminal, antes bien flexible, juguetona, ligera de bambú, la obra de García Márquez nos baña, absorbe, lava y mece. El ahogo emocionado que ella provoca no tañe lamentos y menos pesadumbres. Su obra es agua que pasa, brilla, transporta; lugar de sombras entretejidas y de asombros fugaces; geografía cercana al lugar donde se establecen y crecen los pueblos, los amores, los bichos y sus víctimas; las muertes pestilentes que flotan, sitio donde la gente lava hasta los intestinos; donde pesca, sancocha, fríe, canta, pelea también, inventa, escupe, orina y llora. Tornasol donde van a beber los pájaros y los venados, las mariposas y gente de burdeles, las anacondas y los circos, y huele a húmedo y profundo, y más oscuro aun cuando sobre lo mojado llueve y se borran las huellas, y el camino se encharca, que de ello trata también la literatura.

Ponerse en las manos del Gabo no da miedo, al contrario, se deja uno llevar, pues cuando nos abre las puertas de sus libros que son como sus casas íntimas, deja el lector de ser un nombre para convertirse en un personaje más de sus novelas o sus cuentos, porque héroes no hay, a pesar de Bolívar o de Aureliano Buendía; y allí todos somos mortales, más o menos simpáticos, entrañables o crueles. Hay en sus obras, siento, una posibilidad de desdoblamiento en el lector que quiere dejar de ser lo que es, o no lo intuye aún, y así mudar de piel, para por fin convertirse en su deseo y encontrar en esa dimensión el río que lo acompañará cambiando de por vida y que no pide a cambio sacrificios u ofrendas.

Se ha hablado tanto de él y de su obra, se ha dicho, escrito y más que martillado, que no oso repetirlo de tan trillado que es, magnifico, importante. Tan solo me conformo en jurungar el anatema que constituye lo del "realismo mágico", que en verdad lo es porque así existe en la implacable desmesura del paisaje, también en el narrar lo incomprensible que todos entendemos y de lo que nadie se ríe para no hacer por supuesto el ridículo, o en los apolillados personajes de almidón y tiovivo que distraen el calorón bajo las tejas o entre las redes de un chinchorro cinético. Todo en verdad verídico y fatídico, como un camello atravesando el ojo de una aguja.

Prefiero entonces referirme al don inescrutable, al privilegio, de ofrecer una mano que al abrirse inspira tal confianza y devoción en el que da la suya, que se deja llevar por esos rumbos culebreros, que el artista propone, provoca y enaltece, que son los de la emoción transferida, la ilusión comunicada y la iluminación auténtica.

A Gabriel lo hemos perseguido todos desde niños; nos ha dado de vivir cuando moríamos, enseñado a pecar sin sentir culpa, que allí estaban a la vera del río esas guayabas y su olor sacrosanto para perfumarnos de perdón y escondernos de Dios entre las ramas. Nos ha dado de comer pasando él hambre o en cambio prospero enseñado a mentir cuando la verdad era falsa o insuficiente, a morir de pie, aunque fuera descalzos, mandarle pan a quien le falten dientes, y dar las gracias ahora a quien merece tanto que un río es un regalo de ternura, cosecha de su lluvia en este mundo seco.

EL PAPA EN AMÉRICA LATINA

Yo pecador, debo confesar, y no es que me complazca, que no me siento ni representado ni satisfecho con el mensaje eminentemente político y politizado, que no de guía espiritual como esperaba, dejado por su Santidad el Papa Francisco en su más reciente *tournée* por Suramérica. El norte es el sur.

A lo mejor es que al escucharlo desde Venezuela lo considere y entienda, a pesar del tono apacible de Bergoglio el humano, excesivamente proselitista, populista y hasta emparentado con las peroratas del Socialismo del siglo XXI que, tanto en el fondo como en la forma, lo que ha producido no es más que división, pobreza, sumisión, resentimiento, desamparo y atraso. Jamás conciencia ni riqueza. Subdesarrollo en pleno. ¿No se habrán dado cuenta de ello en el Vaticano o es que es su propio caldo de cultivo?

Intuyo que antes que auxilio espiritual en la fe, la esperanza y la caridad, esta visita Papal ha provocado desconcierto entre la feligresía, no digamos en la chilena con aquello de la salida al mar, más bien ansiosa toda y por doquier de estímulos y orientación religiosa para el amor compañero y solidario, en un mundo cada día más convulso, egoísta, violento, lamentablemente caótico y con la Pachamama en peligro.

Y no es que me caiga mal el Papa que de eso no se trata, lejos de mí para con él una acción que no sea noble, al contrario, pero es que me parece extremadamente propenso y confeso a la familiaridad y cuchicheo con el marxismo y con estos gobiernos izquierdosos de por aquí, creando así antes que claridad y especificidad en la imagen de la iglesia de Cristo, disonancia espiritual en la feligresía a la cual pertenezco, sin que casi se note. Al callar les otorga ¿Qué pensará la oposición ecuatoriana de esta visita? ¿Serán Chávez o Fidel candidatos próximos a la santidad o a la beatificación a cuenta de dictadores populares? Raúl nos dice, guachamarón, que está por convertirse. "Con este Papa sí". Es que uno ya ni sabe qué pensar o en quién creer o confiar.

A propósito, "Quítense la sotana, funden un partido político", espetaba aquí el por ahora ya fallecido Comandante Supremo y Eterno, cuando nuestros curas se atrevían a plantársele enfrente ante tanto abuso o despropósito, que no ha sido el caso o ejemplo de Francisco, quien no ha osado oponerles ni un reparo siquiera a estos gobernantes llamados izquierdistas, ni ellos a él, que son, adhieren o se aprovechan de lo que se auto define como el Socialismo del siglo XXI, nomenclatura expresada en latín y cobrada en petróleo o en cielo, a pesar de sus escuálidos precios actuales.

Parece más bien venido a hacerles compañía, fiesta o carantoña, y no me extraña, pues como decía mi abuela, maña vieja no es resabio ¿En esto habrá caído también el gobierno de Obama? Santos, el presidente de Colombia, el que acuñó aquello de "Mi nuevo mejor amigo", lleva años en eso a cuenta del manguareo con la paz que no llega por fin. Y eso que tiene a la mesa del diálogo allá en La Habana. Viéndolo bien, Grecia debería hacer sus maletas y mudarse al Caribe, que aquí la vida es más sabrosa.

Lo cierto es que el padre Jorge Mario Bergoglio, argentino él, jesuita y representante de la Teología de la Liberación en su versión gaucha, la Teología del Pueblo, ha venido a ventilar y vendernos lo que es su ideología y de buena parte de la Iglesia a la que representa, que no es otra que la de una declaración de guerra santa a los valores del capitalismo salvaje, diríamos por aquí, la riqueza y el individualismo de los que, contradictoriamente, vive y se enriquece.

Dejemos lo del islam y lo de la guerra entre civilizaciones tranquilo y mientras tanto. Por igual, la perdida de seguidores cristianos en el mundo, producto de la "mundanidad", el crecimiento en paralelo de la indiferencia y de la competencia religiosa y por ende la imperiosa necesidad de demagogia discursiva para mantener el rebaño y hacerlo crecer. ¡Qué verdad tan inmensa aquella: su reino no era de este mundo!

Ese imaginario que él ofrece, el Papa digo, ese producto, no es más que una síntesis simbólica llena de significados y supuestas gratificaciones político-espirituales, que entretejen al marxismo con el cristianismo, donde Jesús y Marx se reencuentran a través de una visión y lectura del Evangelio comprometidas, hasta más no poder, con la pobreza y con los pobres, con el pueblo, hasta en las propias armas alzadas.

Por todo esto es que viéndolo bien no debe resultarnos sorpresivo, fuera de sitio, incongruente o rapaz, el gesto de Evo Morales, Presidente de Bolivia, quien aprovechando la oportunidad, no aprovechándose de ella, faltaba más, que no hacía falta, le pareció de lo más natural y fraterno obsequiarle al Papa el símbolo más representativo de esta unión: un Cristo acunado en la hoz y el martillo, tallado además por otro mártir de la Congregación de Jesús, el padre español Luis (Lucho) Espinal Camp, vilmente asesinado el 22 de marzo de 1980 por miserables y cobardes paramilitares en Bolivia durante la dictadura de Luis García Meza Tejada. ¿La Cancillería del Vaticano no sabía de antemano de esa talla? Lo dudo luego existo.

En esas militancias anda suelta y comprometida la Iglesia por lo menos desde aquellos tan viejos y tan próximos años 60, digamos que desde el Concilio II, para no retornar a la Edad Media, en los que cobra fuerza en su seno la lectura del Evangelio con y desde una narrativa preferencialmente a favor de los pobres, los hambrientos y desheredados de la tierra, que crecen como arroz por el mundo y no se diga aquí. ¡Y quién puede estar en desacuerdo con lo evidente!

Discípulos recientes de esa corriente de pensamiento y acción en nuestro vecindario, y para muestra un botón, lo han sido por ejemplo Camilo Torres, el cura colombiano guerrillero, miembro del Ejército de Liberación Nacional, ELN, muerto en combate en 1966; Ernesto

Cardenal, cura, poeta y revolucionario sandinista, miembro del gobierno de Daniel Ortega y ahora, vivo aún, su archienemigo confeso; el Siervo de Dios, el salvadoreño Obispo y Mártir Oscar Arnulfo Romero, asesinado por un francotirador mientras oficiaba una misa, el 24 de marzo de 1980, cantado y contado por el panameño Rubén Blades en su producción "Buscando América"; Fernando Lugo, Obispo y Presidente de Paraguay asediado por las pruebas de ADN, y ahora Jorge Mario Bergoglio, hoy Pontífice de la Iglesia Católica y Romana. ¿Obsesionados y todos en común por el poder o contra el poder? Congregación compleja, ambiciosa, perseguida y voluntariosa, ésta la de los discípulos de San Ignacio de Loyola: los Jesuitas.

Viéndolo bien, si me dan a escoger prefiero a aquel curita que después de oficiar la santa misa nos decía "sean justos" y le hacíamos caso.

POR AMOR A KARLHA MAGLIOCCO

No sé cómo decírtelo y más aún sin conocerte con las justas y sentidas palabras que requiero. Y es por eso que a falta de serenata compañera lo pronuncio en tono de declaración quinceañera practicada y aprendida de madrugada y memoria febril por quien de tan tímido costó tanto, y más siendo en público, expresar íntimos sentimientos y desvelos. Te anuncio de pasada que no necesito respuesta inmediata para esa sorpresa de amor impagable que me has dado en razón de tu actuación en los Juegos Olímpicos de Londres. ¡Pero es que no pude esperar más!

Y quiero serte sincero y a los ojos, por encima de banderías políticas que aquí estorban, pues la sinceridad es un deporte que no se ejerce a diario y lo que pueda decirte en estas líneas lo merece, pues no es un hecho cualquiera sino un lujo que me regalo al sentirte y saberte nuestra de todos como eres: de tan franca que nos hieres hasta las lágrimas; de tan humilde de verdad que das envidia; de tan tierna y fugaz que deslumbras desde la estrella que te habita; de tan aguerrida y persistente que nos abruma tu inocencia; de tan hermana predilecta que nos sublimas y muestras que podemos llegar a ser mejores deportistas, humanos, venezolanos.

Porque no es poco, Karlha, lo que tú has hechos por nosotros con tu vida y tesón; con esa temeridad de la espiga que frente al viento y la adversidad encuentra en la fragilidad su fuerza y reciedumbre de mujer-niña hecha de poco a poco, semilla casera, fogón y brasas persistentes.

Esta demostración tuya es la rendija por la que podemos ver, otra vez, que los venezolanos somos más huérfanos que pobres, mendigos enseñados a bozal de petróleo, hasta que descubramos, como tú, por fin y por principio, la íntima lucidez que es la de tomar nuestro destino desde lo más adentro de uno mismo. Y es tan así que cómo explicar sino entonces la reacción que provocas en todos, por encima otra vez de banderías políticas, que no es sino de ternura y regocijo por tus acciones en el ring que ha sido tu existencia. Cómo sino explicarle entonces a tu hija Naomi que su madre con 51 kilos apenas, nos ha guiado de orgullo por caminos por los que sin su ejemplo no nos atreveríamos a transitar. Mucha oscuridad se ha apagado contigo de compañera; se han aclarado dudas personales y colectivas; hemos llenado nuestro corazón de nuevas ilusiones y presagios. ¡Cómo pagarte, Karlha! Espero y no sea fácil.

Te digo, además, por si no te has dado cuenta todavía, que posees un don, eres guía, ejemplo de confianza, brújula noble con la que se puede orientar el desencanto de muchos de los que te rodeamos. Y es que tú posees una fuerza interior, mayor y carismática, que para crecer y expandirse requiere, hoy y aquí, de ejercicio en sombra colectiva. Y hay tanto qué hacer en el país, que pudieras dedicarte a cosechar esperanzas con la misma ilusión y a carajazo limpio que has dado y recibido en el boxeo.

Pero bueno, Karlha, me perdonas ya que tengo que despedirme de ti y apuradito que, si no me regañan, diciéndote que han sido muy importantes tus acciones, tus gestos, palabras y lágrimas, para un país tan íngrimo de afectos verdaderos y durables, pero capaz de hacer, si se propone, lo que tu ejemplo nos siembra en las entrañas.

¡Suerte, Karlha! Eres una heroína de la edad media librando una batalla de dignidad en tiempos tan mentirosos como cibernéticos. Venezuela te necesita y te deseamos lo mejor en la vida. Te lo mereces, te merecemos. Por favor no me olvides. ¿Me lo juras?

CARACAS CORAZÓN DE MANGO

Si alguien en Inglaterra fue nombrado "Corazón de León", con más razón Caracas merece llamarse "Corazón de Mango". Y geminiano él, además, pues mayo y junio son los meses dilectos para mostrarse a fruto pleno. ¡Qué iba a saber de eso Umberto Eco cuando escribió su *Historia de la belleza*! No incluyó sino obras de arte para repetir, tal vez proponiéndoselo, una forma escurridiza de comprender el mundo dividiéndolo entre lo privadamente humano y lo perteneciente a la naturaleza, como si fueran territorios distintos. Ya lo decía Oscar Wilde en *La decadencia de la mentira*: "...para nosotros es una suerte que la Naturaleza sea tan imperfecta porque si no fuera así, no tendríamos arte". Y remataba sin compasión que "nada más palpable que el odio de la Naturaleza a la mentira". Los gusanos lo saben de memoria.

Si en verdad hay cosas en la vida que están hechas para protegernos del miedo, el mango es una de ellas. Y no hablo sólo de su fruto, que de por sí es un portento de sabor, color y olor trementino, que logran confundirse en única y exquisita forma. Porque un mango cabe en cualquier parte, y aun teniendo el peso perfecto, es difícil de esconder por su expresividad congénita. Lo digo también por el árbol que lo arropa y mece. Debajo de una mata de mango muchos aprendimos a escuchar, a compartir con otros, sentados con los perros del vecindario, a mirar al mundo desde allí en una especie de oasis íntimo al que se entraba como Pedro por su casa y donde la mesa de ofrecer se encontraba repleta de manjares y avispas. Dispuestos para encaramarnos en él, no hacíamos sino escalar nuestro propio tamaño, fuerzas y carencias, comprender quiénes éramos, y saber lo lejos que estamos de nuestro pasado más cercano. Porque "monear" es el verbo con el que se define el arte de subir a esa dimensión de la vida en la que se descubre el mundo, como Cristóbal Colón en aquella frágil concha que navegaba por mares encrespados. Desde esa mirada aprendimos a convertir lo ajeno en propio, sin robarlo. Caer y levantarnos.

Así, cuando Dios tenga la educación y la bondad de preguntarme qué deseo llevar al otro mundo, incluiré con seguridad una mata de mango, para llevarme luz y sombra, siesta y pájaros, cielo, conversa, escampe, recuerdos, compañías y frutas, lugar para guarecerme del infinito que visto desde aquí, parece inhumano y terrible. Porque la eternidad debe ser pavorosa. El espacio del mango, que no se limita a su follaje, es parte clave de nuestra identidad. Tenía razón, para variar, Arturo Uslar Pietri, cuando afirmaba que, "Los que vivimos o pensamos en Caracas pertenecemos a la era del mango", pues no hay caraqueño raigal, con excepciones, que se aprecie de serlo que no haya compartido la mágica sensación de atravesar el tiempo en esa nave cósmica.

Pero más allá de todo, está la gratitud, no siempre retribuida, que debemos a esa compañía solidaria en cuyos colores se confunden, frente al Ávila en horas de la tarde, loros y guacamayas que vibran bajo el cielo azul de Caracas. Cuando te pregunten que quién eres, responde "caraqueño, corazón de mango". Así podremos recuperar lo que anduvimos e inventaremos un porvenir sin pedirle permiso a los que mandan. Así estaremos en paz mientras llueva el peligro.

LITERATURA COTIDIANA

"Tanta tinta tonta", decidirá el lector, pero lo mismo se nos ocurre pensar a los que intentamos escribir y asumimos el riesgo de hacerlo cuando nos interrogamos insistentemente sobre el sentido, estructura y forma que adquiere lo que pensamos. Construir una columna de opinión semanal, en un medio de comunicación social, implica una responsabilidad innegable. Imagino que todos los que firmamos dichas crónicas deseamos plasmarlas de la mejor manera pues es también un compromiso frente a uno mismo. Porque esto de concebir cartas abiertas tiene una intención comunicativa, llamativa que ni qué decir. Pretende a veces convencer, mover a la conciencia, terciar en el debate, poner en orden la casa mental de uno mismo, o lo que sea se busque, pero siempre habrá de tener un sentido.

Por ello es imprescindible detenerse a reflexionar sobre lo que uno hace. Lo cierto es que esto sucede cada vez que intento escoger un tema para esta columna que aspira a ser tan sólo palmera que da sombra donde el lector pueda acampar mientras el aluvión de la realidad obra lo suyo. Que se logre o no, casi nadie es perfecto, es harina de otro costal. Pero en eso consiste, creo, el juego. En dejar leer, proponer, en convocar la imaginación de la otra parte que con uno hace migas o discrepa. En todo caso se dialoga. Cada quien lee lo que quiere, hasta donde se le antoja, en el momento que puede. El mensaje se traduce dentro de quien lo descifra y el que ojea se convierte en escritor de su propia columna, que a veces nos hace llegar, dice al vernos, comenta con otros, o calla para siempre.

Todos escribimos para que nos lean y para que nos quieran; faltaba más. Y que no me vengan a decir, con el respeto de Cantinflas: "Sí, pero más bien talvez". Embuste, uno escribe para ser amado. Aunque mire que entre querer y poder hay un trecho que imponen las palabras, que han de ser sordas ante tanto aullido de quien las implora y no las halla. Porque las palabras son el instrumento para lograr ese amor codiciado y el escritor debe luchar, primero por alcanzar el querer del lenguaje para después acercarse al que nos toma en cuenta. Y las palabras son lejanas y categóricas; no son como el color; afiladas aristas disfrazadas, rudas como ellas solas, difíciles letras encadenadas que forman palabras y luego frases y después sentido aliñado con genio o ingenio porque, a veces, cuando no hay fuerza no es mala la maña. Lo escrito debe tener, como el cantar, "sentido, entendimiento y razón", aunque sea curvilíneo, directo, abstraído, o todos a la vez. Y "buena pronunciación", pues el que lee quiere oír, aspira saber, desea sentir, requiere, pretende.

A pesar de no ser santo de mi devoción eso de estar dando consejas, reitero respirar y preguntar sobre el estado de la cuestión en Venezuela. Al ojo por ciento, la suma de los artículos en las páginas de opinión tiene como centro de atención a la política criolla. Otros cultivan el mundo de lo internacional o de la economía y los demás ocupan el tercero y lejano lugar de "otros". Como sea, creo que la opinión debe ser reflexión y no redacción noticiosa o simple cronología de lo que hacen o dejan de hacer nuestros héroes de barro. Deberíamos más bien flechar al lector, elevar el debate, inventar literatura cotidiana.

RESUMEN CURRICULAR

Leandro Area Pereira
Caracas, Venezuela, 1950

Licenciado de la Escuela de Estudios Políticos y Administrativos en la Facultad de Ciencias Jurídicas y Políticas de la Universidad Central de Venezuela, "Primera Promoción". Ingresó en el escalafón universitario por concurso de oposición para desempeñarse como investigador y profesor de la misma escuela. Allí y en otros centros académicos ejerció durante 34 años. Ocupó la Jefatura de Cátedra y de Departamento de Teoría Política y fue subdirector del Instituto de Estudios Políticos. Actualmente jubilado.

En el Ministerio de Relaciones Exteriores de Venezuela ascendió al rango de Embajador en 1993 y ocupó los siguientes cargos: Director del Instituto de Altos Estudios Diplomáticos "Pedro Gual"; Comisionado Presidencial de Integración y Asuntos Fronterizos con Colombia (COPIAF); Secretario Ejecutivo de la Comisión Presidencial para la Delimitación de las Áreas Marinas y Submarinas con la República de Colombia y otros Temas (CONEG); Jefe de Proyectos en la Comisión para la Integración Colombo-Venezolana (COPAF); fundador de la "Unidad Especial Colombia" del M.R.E..

Además, miembro del Consejo Nacional de Fronteras y coordinador del Grupo "Desarrollo Fronterizo con Brasil". Profesor del Instituto de Altos Estudios de la Defensa Nacional; asesor del Consejo Nacional de Seguridad y Defensa (IAEDEN); y asesor de la Comisión Asesora de Relaciones Exteriores (CARE). Miembro de la Comisión de Asuntos Internacionales de Fedecámaras. Miembro de la Junta Directiva del Consejo Venezolano de Relaciones Internacionales (COVRI).

Tiene obra publicada sobre temas colombo-venezolanos, relaciones internacionales y teoría política. Además, ha publicado varios libros poesía. Articulista en medios venezolanos e internacionales.

PARTE II

OSCAR HERNÁNDEZ BERNALETTE

ASUNTOS ECONÓMICOS

MARINO GONZÁLEZ Y SU ALERTA

En un pequeño pendrive guarda información y angustias. Marino González alerta —en una profunda y comprensible presentación que es clave para estos tiempos— a los decisores económicos, políticos, incluidos muchos dirigentes opositores de visión corta, sobre lo que hay que entender de la verdadera dimensión de la crisis de Venezuela y las alternativas para darle viabilidad a esta deteriorada comarca tan agraviada, retrasada y que abandonan muchos de sus hijos buscando mejor calidad de vida.

En *Aportes para visualizar la transformación de Venezuela* acusa muchas realidades y advertencias. Este médico, profesor de la USB y especialista en políticas públicas nos sacude sobre el presente y el futuro. Lo más importante no es comprobar las estadísticas que demuestran un retroceso económico en los últimos años, sino la merma que afecta la capacidad de brindar a nuestra población conocimiento y nos sume en el rezago científico y tecnológico.

Nos advierte, con la sabiduría del estudioso, que los países con visión de futuro hoy se plantean para dónde van y cuáles son las adaptaciones y retos para imaginarse cómo serán en el futuro. Países tan disímiles como Noruega y Bangladesh ya se preparan sin complejos. Nos describe los cambios en la fuerza de trabajo y las nuevas profesiones que se requieren en la sociedad del conocimiento. China, por ejemplo, tendrá 50% de su fuerza de trabajo de hoy automatizada y se convertirá en la primera potencia del planeta.

Para el especialista, el modelo a seguir no es Chile o Costa Rica, como tantos creen, es Corea del Sur, que aumentó sus capacidades de producción y exportación. Es la segunda economía más compleja del mundo después de Japón. Venezuela, por ejemplo, tiene como patología de base la noción de creer que el Estado puede hacer todo. Allí está la clave de nuestro retroceso. Venezuela está en un escenario como el de

Nigeria, el país menos complejo del mundo, o sea, con menor diversidad económica; un país inviable. En otras palabras, lo que hay que trazar en estos tiempos es cómo insertar a Venezuela en el futuro que está llegando mientras nos estamos asfixiando.

LAS MIPYMES

Para nadie es un secreto la importancia que tienen las micro, pequeñas y medianas empresas en la generación de riqueza y valor agregado en las economías, y particularmente en la del mundo en desarrollo. Estas generan alrededor de 50% de los puestos de trabajo, representan más de 90% de las empresas y 28% del PIB regional. Sin duda, las mipymes promueven el trabajo decente y fomentan la innovación y la industria sostenible.

Fue precisamente en estos días cuando conocí a Nerio Rojas, un microempresario que lleva 25 años limpiando zapatos, con un modelo de franquicia de Chery, que le permite trabajar, mantener a su familia y cumplir sus obligaciones como empresario. Me contaba este venezolano trabajador que pagaba sus impuestos, el alquiler del espacio asignado, podían dar factura a los clientes y trabajar en un espacio cómodo y seguro.

Cuento esta historia porque precisamente allí encontramos uno de los retos que tenemos en nuestra región, que no es otro que el de desarrollar las políticas públicas y buenas prácticas requeridas para la formalización de las mipymes. Al igual que la historia de Nerio, son muchas las experiencias positivas en este sentido en la región, pero sin duda hay mucho aún que hacer. Convertir a cada trabajador informal en un verdadero agente económico que le garantice estabilidad y pueda también retribuir sus beneficios.

Me ha impactado ser testigo también de las dificultades que muchas de estas empresas tienen para formalizarse, especialmente por trabas burocráticas, falta de créditos, educación empresarial. De allí que los gobiernos deben hacer grandes esfuerzos en conocimiento de las ventajas comparativas y el aporte que estas hacen a la economía de la región, y trabajar por una legislación transparente que estimule la formalización, además de compartir las experiencias que en esta materia forman parte del acervo de la región.

En este sentido, hay que destacar el esfuerzo que, desde el SELA, Sistema Económico Latinoamericano y del Caribe, se está haciendo en el contexto del Programa Regional Latinoamericano y Caribeño para la Pequeña y Mediana Empresa, para desarrollar mecanismos formales, transparentes y permanentes para promover la formalización de este conjunto de asociaciones.

Sin duda, hay retos y desafíos por delante. En un mundo complejo, de nuevas iniciativas y fundamentalmente tecnológico, en donde muchos aspiran a ser empresarios y desarrollar sus propias capacidades; la posibilidad de que puedan ampliar sus pequeñas empresas sobre cimientos sólidos, formales, que cumplan con la progresión en esta materia, sobre todo en lo que se refiere a la jurisprudencia laboral y tributaria. Estamos entonces frente a una opción ganar + ganar, para los emprendedores, trabajadores y el Estado. Retos hay muchos por delante, pero sin duda con voluntad política y con la promoción de la importancia de superar obstáculos en esta materia nuestros países irán aprovechando el extraordinario potencial que nos brindan la empresa, la innovación y el emprendimiento en todas sus dimensiones.

LA ECONOMÍA DEL CONOCIMIENTO

Cuando los países concentran sus energías sociales, económicas y laborales en las mejores prácticas existentes, comprobadas a través de los años y con un rendimiento que se convierte en crecimiento y desarrollo sustentable, entonces podemos concluir que los países están recorriendo el camino de la prosperidad. Por el contrario, cuando una nación se enfrasca en la diatriba, en el conflicto, en el manejo de herramientas políticas que con el tiempo han demostrado rechazo, ineficacia y generación de pobreza, entonces estamos ante el retroceso, la desesperanza y la pérdida de oportunidades.

Esta antesala tiene como objetivo introducirme en un tema no tan trillado, pero ya suficientemente evaluado, como es el de la economía naranja. Genialmente, en contraposición a las manufacturas la denominan "mentefacturas". Esta no es otra que aquellas actividades que estimulan que las ideas, las iniciativas, los hallazgos y las observaciones en el marco del tiempo y del espacio se transformen en bienes y servicios culturales. En otras palabras, como diría Descartes "Pienso luego existo", aquí estamos ante la opción de piensa, crea una idea y estamos ante la creación y la generación de riqueza.

La reproducción de valor la define la propiedad intelectual. Los especialistas en industrias creativas afirman que "el valor de los bienes y servicios se fundamentan precisamente en la propiedad intelectual".

Muchos creadores, artistas, arquitectos, cineastas, diseñadores de moda y editores, así como la industria de juegos, moda, música, publicidad, software, TV y radio tienen poca conciencia de que pertenecen a la economía naranja y que su contribución al crecimiento económico es fundamental en estos tiempos. Sus antecedentes están en la "economía creativa" como la definió John Howkins en un famoso texto de principios del milenio sobre cómo se transforman las ideas en beneficios.

Tal como lo explica uno de los expertos en este tema, Felipe Buitrago, en una excelente presentación del BID, esta economía está compuesta tanto por la economía cultural, las industrias creativas y las áreas de soporte para la creatividad. Más de un lector se debe preguntar ¿por qué naranja? Pues el color que se asocia a la creatividad. Mediciones nos indican que, si esta economía del conocimiento fuera un país, sería la cuarta economía detrás de Estados Unidos, China y Japón; el noveno mayor exportador y la cuarta fuerza laboral con más de 144 millones de trabajadores. No es cualquier cosa.

No son pocas las buenas experiencias que se asocian a esta realidad. Modelos infinitos. En términos de generación de empleo son millones de personas en todo el mundo que se benefician. El Cirque du Soleil emplea más de 5.000 personas y reporta ventas que superan los 800 millones de dólares anuales. Netflix, el video club por correo físico y virtual, tiene más de 33 millones de suscriptores y comercializa anualmente 3.600 millones de dólares por año. El Festival Iberoamericano de Teatro de Bogotá, el Carnaval de Río son buenos ejemplos. Tal como lo indica el documento *La economía naranja. Una oportunidad infinita "más* de 100 horas de video son subidas cada minuto a YouTube. En agosto de 2013 acumuló 6.000 millones de horas de video visitadas por más de 1.000 millones de personas. Allí están otros retos para nuestra región".

LOS RETOS DE LA COOPERACIÓN SUR-SUR

La cooperación Sur-Sur estará en el centro de la agenda internacional en los próximos días. Efectivamente, se realiza en Buenos Aires la segunda conferencia de alto nivel en el marco de Naciones Unidas bajo la denominación de BAPA+40. Esta es una nueva oportunidad que se da en el marco del multilateralismo para evaluar el progreso en la cooperación desde el sur en el sistema de Naciones Unidas. Debemos entender que esta cooperación entre países y diferentes actores económicos y sociales, es la que se desarrolla entre naciones en desarrollo que quieren compartir sus experiencias hacia el desarrollo sostenible. Es una cooperación basada en conocimiento, en el comercio, en mejores prácticas internacionales para el manejo de los recursos disponibles, entre otros. Fundamentalmente, se basa en los principios de la solidaridad y la responsabilidad compartida.

Es diferente a la cooperación que otorgan los países desarrollados a los no desarrollados. Entendida como cooperación Norte-Sur. Muchos países dentro del Sur despliegan programas de cooperación con vecinos y economías menos avanzadas, mientras que aún están sujetos a la cooperación Norte-Sur, que es otra modalidad de cooperación. Un país en desarrollo puede ser oferente de cooperación, mientras que a su vez puede estar recibiendo cooperación de un país desarrollado (país dual). Es lo que se denomina países que permiten compartir conocimiento, capacidades y experiencias con otros países en la medida que también reciben cooperación de países desarrollados.

La OECD define la cooperación internacional como: "Intercambio de conocimientos y recursos en los ámbitos político, económico, social, cultural, medioambiental o técnico entre los países en desarrollo. Se puede dar a nivel bilateral, regional, subregional o entre regiones y puede involucrar a dos o más países en desarrollo".

En otras palabras, existe un amplio espacio de posibilidades para que estos países aprovechen sus ventajas comparativas en el conocimiento, buenas prácticas (conocimientos, habilidades), desarrollo científico o transferencia tecnológica. Estas sinergias además impulsan la posibilidad de nuevas corrientes de comercio, inversiones, intercambios académicos, movimiento de personas, entre otras formas de relacionamiento y aprovechamiento de experiencias que estos países han desarrollado a pesar de sus propias limitaciones.

A diferencia de años anteriores, la cooperación Sur-Sur tiene como principios contribuir a alcanzar objetivos de desarrollo acordados que incluyen la Agenda 2030 para el Desarrollo Sostenible. Por supuesto, también bajo principios de independencia y derecho a determinar sus prioridades de políticas públicas.

También existe otra modalidad igualmente importante, que es la cooperación triangular. Aunque no está internacionalmente definida, no es otra que la sinergia entre los países donantes tradicionales y las organizaciones multilaterales que facilitan las iniciativas Sur-Sur por medio de fondos, formación, gestión y sistemas tecnológicos, además de otras formas de apoyo. Podemos ilustrarlo de la siguiente manera: un gobierno de un país desarrollado o una organización multilateral contribuye al intercambio con sus propios conocimientos y recursos. Existe un buen inventario de esta práctica y particularmente en nuestra región. Los objetivos amplios de la cooperación entre países en desarrollo y menos desarrollados podemos resumirlos como la búsqueda de permitir a los países en desarrollo alcanzar un mayor grado de participación en las actividades económicas internacionales y ampliar la cooperación internacional en materia de desarrollo.

Esperamos que esta segunda conferencia de alto nivel pueda definir una nueva ruta para los próximos años y avance en la búsqueda de mayor cooperación para el desarrollo global, sobre premisas de beneficios compartidos y de beneficios mutuos para todos los países del mundo.

MALA JUGADA

El impacto de la pandemia es demoledor a nivel global. Ningún país estaba preparado para semejante sacudón. Menos preparados han estado los países en desarrollo para soportar la inclemencia de una realidad que nos hace retroceder en una época en la que la economía global estaba ya debilitada. Estamos prácticamente ante una década perdida. El nivel del PIB per cápita retrocederá en 10%, en América Latina, los niveles de pobreza aumentarán considerablemente. La pobreza, según fuentes de la

Cepal, alcanzará 231 millones y la pobreza extrema 96 millones de seres humanos. Las exportaciones caerán 23% y el desempleo por el orden de 44 millones, aumentará la informalidad, se cierran a ritmo vertiginosos muchas empresas formales, generadoras de empleo. Dramáticas las cifras en cuanto a excluidos de conexión por Internet, 40 millones y 32 m de niños sin acceso a la teleeducación.

Ante este cuadro, requerimos, por una parte, fortalecer el multilateralismo, ampliar la cooperación y que los gobiernos apliquen nuevas medidas integrales que contribuyan a un modelo desarrollo sostenible y más equitativo que podríamos denominar el "modelo de desarrollo pospandemia", por supuesto distinto al que hemos practicado en distintas modalidades y tonalidades en las últimas décadas. La nueva cooperación es una clave y debe estar basada en conocimiento, en el comercio, en mejores prácticas internacionales para el manejo de los recursos disponibles, entre otros. Fundamentalmente, construida sobre los principios de la solidaridad y la responsabilidad compartida.

Es diferente a la cooperación que otorgan los países desarrollados a los no desarrollados. Entendida como cooperación Norte-Sur. Muchos países dentro del sur despliegan programas de cooperación con vecinos y economías menos avanzadas, mientras que aún están sujetos a la cooperación Norte-Sur, que es otra modalidad de cooperación. Un país en desarrollo puede ser oferente de cooperación, mientras que a su vez puede estar recibiendo cooperación de un país desarrollado (país dual). Es lo que se denomina países que permiten compartir conocimiento, capacidades y experiencias con otros países en la medida que también reciben cooperación de países desarrollados.

"Intercambio de conocimientos y recursos en los ámbitos político, económico, social, cultural, medioambiental o técnico entre los países en desarrollo. Se puede dar a nivel bilateral, regional, subregional o entre regiones y puede involucrar a dos o más países en desarrollo", es la definición de cooperación internacional que da la OECD.

En otras palabras, existe un amplio espacio de posibilidades para que estos países aprovechen sus ventajas comparativas en el conocimiento, buenas prácticas (conocimientos, habilidades), desarrollo científico o transferencia tecnológica. Estas sinergias, además, impulsan la posibilidad de nuevas corrientes de comercio, inversiones, intercambios académicos, movimiento de personas, entre otras formas de relacionamiento y aprovechamiento de experiencias que estos países han desarrollado a pesar de sus propias limitaciones.

A diferencia de años anteriores, la cooperación Sur-Sur tiene como principios contribuir a alcanzar objetivos de desarrollo acordados que incluyen la Agenda 2030 para el Desarrollo Sostenible. Por supuesto, también bajo principios de independencia y derecho a determinar sus prioridades de políticas públicas.

También existe otra modalidad igualmente importante, que es la cooperación triangular, que es la sinergia entre los países donantes tradicionales y las organizaciones multilaterales que facilitan las iniciativas Sur-Sur por medio de fondos, formación, gestión y sistemas tecnológicos, además de otras formas de apoyo. Podemos ilustrarlo de la siguiente manera: un gobierno de un país desarrollado o una organización multilateral, por ejemplo, contribuye al intercambio con sus propios conocimientos y recursos. Existe un buen inventario de esta práctica y particularmente en nuestra región. Los objetivos amplios de la cooperación entre países en desarrollo y menos desarrollados podemos resumirlos como la búsqueda de permitir a los países en desarrollo alcanzar un mayor grado de participación en las actividades económicas internacionales y ampliar la cooperación internacional en materia de desarrollo.

EL PROTECCIONISMO DE REGRESO

Lo que nos enseñó la teoría económica sobre el Proteccionismo no pareciera que se aplique por igual en estos tiempos. En Venezuela estamos frente a nuevos métodos de protección. Algunos los denominan neoproteccionismo o incluso pudiéramos catalogarlo como "proteccionismo ideológico." Esto se refiere que Venezuela se protege de otros países sin que proteja a sus empresas y por el contrario se ha convertido en importador neto.

Siempre entendimos el *proteccionismo* como principio económico para proteger las empresas y los productos del propio país, imponiendo limitaciones a la entrada de productos extranjeros similares o iguales mediante la imposición de aranceles e impuestos a la importación.

Los afectados de las medidas son por lo general los importadores y los consumidores, toda vez se encontraban con dilema de productos importados más costosos que sus similares nacionales. Por esta vía se protegía la producción nacional y por ende se protegían empleos. Hasta aquí se resume el objetivo de esta vieja praxis que hoy en la región retoman aceleradamente países como Brasil y Argentina.

La política proteccionista ha conocido distintos períodos de apogeo y declive a lo largo de la historia. De forma general, en situaciones de economía de guerra o autosuficiencia, el proteccionismo se aplica de manera autoritaria. En situaciones de crisis económica, ciertos niveles de protección a los propios productos evitan una caída fulminante de precios y el consiguiente descalabro de algún sector de la economía nacional. Por lo general se trata de proteger empresas para garantizar empleos. Esta tendencia se mantiene y cada vez que estamos frente a una crisis la voz de los proteccionistas y en sus diferentes rasgos, sean nacionalistas o socialistas sus gritos de guerra se escuchan. Estas tendencias se repiten en el tiempo.

Estamos de acuerdo en cuanto a que las barreras proteccionistas no son más que aquellas que implantan las naciones para salvaguardar sus productos, pero también debemos recordar que a su vez podrían desatar una gran polémica regional o mundial por los perjuicios que se le ocasionan al libre comercio de bienes y servicios.

Por ejemplo, en el caso de América Latina nos encontramos con dos bloques más o menos definidos de países en esta materia.

La fachada del Pacífico (Chile, Perú y Colombia, así como por los centroamericanos) son los menos proteccionistas. Por el contrario, los dos gigantes sudamericanos, Brasil y Argentina y Venezuela, Bolivia y Paraguay impulsan medidas de claro corte proteccionista. Se argumenta que defensas comerciales artificiales solo pueden ser útiles a corto plazo: el proteccionismo puede ser un buen resorte en el corto plazo. En nuestra región se convierte en una trampa. En el caso de Venezuela darles preferencia a importaciones de países amigos, firmar acuerdos administrados y usar mecanismos como Cadivi y Sitme son una nueva manera de protección y control.

MIRAR AL COMERCIO

Coinciden los especialistas en comercio de estos tiempos que hay que fortalecer los mercados regionales. En el caso de América Latina esta región tiene por delante un gran reto en materia de inserción internacional. En un entorno de crisis, el mercado intrarregional debería jugar un papel de amortiguador ante eventuales caídas de la demanda internacional por parte de los países desarrollados y de China como gran consumidor de materias primas.

Hay que hacer un esfuerzo por estimular en Suramérica, por ejemplo, mercados regionales integrados a través de cadenas de valor que se verían beneficiadas de un universo más amplio de productores y proveedores regionales.

Para ello la región debe cerrar los déficits de infraestructura física, de capacitación, de conectividad y logísticas, así como fomentar las internacionalizaciones de las Pymes. En el caso Centroamérica, un buen ejemplo es Costa Rica, país fundamentalmente agrícola hasta apenas hace dos décadas y en estos tiempos ha logrado una destacada diversificación productiva a través de las cadenas globales de producción. Conjuntamente con México, es el país más beneficiado de esta nueva tendencia de producción en donde lo hecho ya no es local sino "hecho en el mundo". Se suman a estos procesos coherentes Políticas de promoción de exportaciones y el fortalecimiento de la pequeña empresa.

Para insertarse en esta nueva manera de producir, el impulso de los gobiernos es importante. Deben incentivar maneras de intensificar diseños de punta que ayuden a las cadenas de valor global. Sin duda, la agenda multilateral y la agenda regional deben ser más amplias en esta materia. Hay que retomar la visión del vínculo entre comercio y desarrollo sostenible.

México produce 2.4 millones de autos al año. Sus exportaciones son considerables y tiene 36.000 empresas exportadoras que absorben el 28% del empleo total. Es por ello que los gobiernos deben desarrollar políticas públicas que incentiven la producción, estimulen a la iniciativa privada y deben contribuir en la educación requerida para convertir a la gente en "empleable". América Latina en general y exceptuando los dos países antes mencionados, está ausente de las cadenas globales de valor.

Los estados pueden facilitar su desarrollo con incentivos y desplegando la infraestructura necesaria. Un ambiente público amigable con el comercio es fundamental para contribuir a la generación de estas cadenas. En Venezuela debemos superar nuestra condición de país mono exportador. Necesitamos generadores de empleo con calidad.

PENSAR EN EL FUTURO

En estos tiempos tan difíciles para Venezuela hay que pensar también en el futuro. Saturado el país de tanta política y en donde es difícil no encontrar en cualquiera de los medios suficientes artículos de opinión que reflejan el retroceso, las angustias, alertas y recomendaciones para que salgamos del atolladero ideológico en que nos encontramos. Es por ello que saco del baúl de los recuerdos algunos conceptos del mejor mundo en que deberíamos estar concentrados para lograr mayor desarrollo, calidad de vida y generación de riqueza para nuestras futuras generaciones. Quiero entonces reflexionar lo que se ha llamado La Nueva Economía (LNE). Muy lejana, por cierto, a la que se trata de desarrollar en nuestro país en los actuales momentos.

En primer lugar, tenemos que recordar que el nuevo paradigma nos sitúa ante un mundo en donde es más importante la utilización del conocimiento y la información que el trabajo manual. La tecnología y las comunicaciones se convierten en la base del crecimiento económico y de la generación de riquezas. La Nueva Economía, es una economía basada en conocimiento, no en extracción de bienes de la naturaleza. Es una economía basada completamente en ideas que se soportan sobre Internet. Mientras que la tendencia en el mundo va en esa dirección nosotros seguimos siendo monoproductores, con vocación estatista y permitiendo que gran parte del talento que necesitamos para los beneficios que se derivan de la nueva economía se pierdan en otros países. Ciertamente, Venezuela es uno de los países del mundo que ofrecen por la vía migratoria el mayor número de personas preparadas y bien entrenadas.

Efectivamente son más importantes la innovación y la utilización de la información que la creación de bienes masivos. Hemos pasado de la economía basada en la agricultura, la producción de bienes, a la nueva economía, que nos obliga a no utilizar el factor duplicador sino el multiplicador en el conocimiento. Estamos ante cambios bruscos, constantes y difíciles de controlar. Debemos recordar que sin tecnología no hay innovaciones.

Durante la revolución industrial se desarrolló la mecanización, luego llegaron las máquinas de vapor y los ferrocarriles, la I Guerra Mundial vio el surgir de la ingeniería pesada. Luego la producción en masa hasta llegar a la microelectrónica en donde la computación, las telecomunicaciones y la producción en serie nos dan una nueva fisonomía tecnológica. Internet es entendida como la causa y el efecto de la nueva economía.

LNE es global en su esencia a diferencia de la tradicional local o multinacional. Venezuela se empeña en ser local. En segundo lugar, se basa en lo intangible más que en lo tangible. De allí las discusiones sobre cuándo un producto es un bien y cuándo es un servicio. En tercer lugar, se desarrolla sobre la base de las redes. La interconexión como soporte. Allí garantiza su carácter global. Como diría Kevin Kelly, pasamos de un mundo de lo duro a lo blando. Estamos ante una realidad en donde el valor de lo intangible comienza a superar el valor de lo material. De allí que el valor del comercio internacional estará determinado en gran parte por la capacidad que tengan los países de adaptarse a los recursos de lo intangible para efectivamente penetrar y controlar mercados. En el caso de Venezuela, por ejemplo, nuestra posibilidad de competir en el mercado de derivados del petróleo no lo determinara exclusivamente, el bien, sino la capacidad de utilizar un intangible como lo es el manejo de la información, que es la base de la nueva economía.

CORRUPCIÓN

LA POLÍTICA Y LA CORRUPCIÓN

Todos los días nos llegan noticias sobre la vinculación de altos funcionarios, ex presidentes, ministros y militares involucrados en hechos de corrupción. Las acusaciones son a diario, la capacidad de reacción de los organismos competentes es casi inexistente y la amplitud de la red de corrupción es de tal magnitud que ya pareciera que nos acostumbramos a vivir con la fatalidad de que la política es para robar.

La pasividad de la gente ante el aumento de las corruptelas es evidente. A veces pareciera que el ciudadano considera normal y es un derecho de cuanto personaje tiene una responsabilidad pública meterles la mano a las arcas de la nación.

Por otra parte, la noción reiterada de que estar en el poder es para quedarse, modificar las constituciones u obligar interpretaciones de parte interesada es ya una práctica reiterada en algunos de los gobiernos de la región. Eso es un abuso. Los pueblos no requieren de líderes mesiánicos, pues las naciones no las salvan individualidades sino instituciones sólidas, planificación y visión de futuro. Usar el cargo de presidente para influir en decisiones de esa naturaleza o lanzarse a reelecciones debería de quedar borrado de nuestras constituciones.

CORRUPTOS ¿AHORA?

De repente aparecieron los corruptos del gobierno.

¿Cuánta corrupción recorre esta maltratada patria? Toda la que se pueda imaginar. Si bien es cierto que nuestra región está llena de corrupción, corruptos y corruptelas, lo que ha pasado en Venezuela en los últimos años ganó todas las opciones inimaginables. Lo de PDVSA es solo una pincelada. Todos los entes del gobierno han sido sometidos a la avaricia de los corruptos. Nombre un ente público y allí desangraron también parte de nación. No hay adquisición pública que no esté viciada. No hay jefe de compras que no haya hecho lo suyo, y no excluimos empresarios sin valores éticos que hicieron también su agosto.

Son muchos los involucrados en estos últimos casi 20 años. Testaferros, todos los que nos imaginemos. Por cierto, muchos se estarán escondiendo. Otros tantos hacedores de dinero fácil vivirán tranquilos en el mundo. Muchos, incluso, serán grandes detractores del chavismo. De los militares, ni con el pétalo de una rosa.

Esto ha sucedido como consecuencia de desmontar el aparato institucional del Estado; por designar funcionarios sin escrúpulos ni valores republicanos, por la viveza criolla y por permitir que los principios de honestidad que se trataron de construir en las Fuerzas Armadas fueran desmantelados por la avaricia de mantenerse en el poder. Al final hay que recordar que no hay manera de que un servidor público honesto pueda vivir como lo hace la mayoría de esta gente.

Son demasiado evidentes. Las arcas de los bancos a lo largo y ancho del planeta, los testaferros y los registros públicos conocen la verdadera historia.

Al final, solo se harán visibles algunos nombres, pero el goteo no se detendrá. Con el tiempo, los hijos y nietos de los corruptos se enterarán de que su amable manera de vivir se originó en las estafas prolongadas que tanto les quitaron a muchos venezolanos sumergidos en la miseria.

PARA EL PRÓXIMO GOBIERNO

En varias oportunidades en este medio me he referido a la tragedia que es para Venezuela la corrupción en todos sus niveles. Hemos comentado lo lamentable que es descubrir que nuestro país se encuentra entre los países con mayor corrupción del planeta según transparencia Internacional. Estamos en el puesto 168 sobre 179 países evaluados. Vemos que no hay verdaderos controles sobre los funcionarios y que los dineros públicos se manejan de una manera totalmente arbitraria. Para cualquiera que conozca los sueldos de los funcionarios públicos en Venezuela podrá fácilmente preguntarse cómo es que hacen muchos para ostentar niveles de vida y beneficios que son definitivamente imposibles de alcanzar honestamente si sus ingresos son escasamente los que se originan del servicio público. Es por ello que me pareció acertada y un buen ejemplo a seguir por nuestra próxima administración la idea del nuevo presidente de Francia, Francois Hollande, con su propuesta de un código deontológico a su gabinete ministerial. Veamos algunas premisas de estos mandatos de la moralidad y de la ética.

El ejercicio del poder se regirá por los principios de "dignidad, sobriedad, eficacia, ejemplaridad, transparencia y solidaridad".

Los ministros sólo podrán tener un máximo de 15 ayudantes y 10 los viceministros. En cuanto a los gastos del gabinete se reducirán un 10%.

Deberán hacer pública su renta y sus viviendas, se abstendrán absolutamente de beneficiar a familiares o amigos y pondrán su patrimonio en manos de un intermediario acreditado. No podrán acumular cargos ni salarios.

Tampoco deberán aceptar regalos cuya cuantía supere los 150 euros.

Solo los gastos directamente relacionados con el ejercicio de las funciones son compatibles con el Estado.

En los viajes cuyo trayecto sea de menos de tres horas de duración se preferirá el tren y, si el viaje se realiza en automóvil, se llevará un escolta en motocicleta, con discreción y respetando las normas de tráfico.

Compartir a través de la red la mayor cantidad posible de datos públicos de manera cómoda y gratuita.

Seguramente a este código se suman otros requerimientos. De lo que no hay duda es de que esta es la manera honesta en la que se debe actuar en la administración pública. Nos sobrarían ejemplos para demostrar como en esta Venezuela se ha abusado del manejo de los recursos públicos para el beneficio personal de quienes deberían por el contrario ser los garantes del capital que le pertenece a todos los venezolanos.

He citado la preocupación que produce ver a jóvenes funcionarios, muchos de ellos sin la debida preparación asumiendo responsabilidades de Estado sin tener capacidad y además abusando descaradamente de los bienes o facilidades que el Estado les brinda para cumplir sus funciones. El nepotismo, el amiguismo está a la orden del día y sin mayores mecanismos de control para darle un parado a tanta indisciplina, pocas obligaciones y deberes morales. Esperamos que el próximo presidente aplique normas de esta naturaleza.

CONTRA LA CORRUPCIÓN:
TOLERANCIA CERO

I

Es la corrupción una de las grandes tragedias a que están sometidas las naciones. La venezolana no es una excepción. El corrupto no es otro que *aquel que usando su posición de poder utiliza los recursos del Estado en beneficio propio o de otros.* Existe la de gran escala como la "pequeña" corrupción. Los venezolanos hemos visto ya por décadas como su incremento es constante y cada vez abarca más sectores de la sociedad. Es una conducta humana que se separa de valores fundamentales como la ética, la moral, el imperio de la ley y la virtud ciudadana. Es un hecho de la más alta significación política y económica que debemos afrontar en conjunto. No es una lucha exclusiva de los gobiernos, sino de la sociedad en su conjunto. La corrupción crece y desde ya hace muchos años penetra nuestros valores sin lealtad, sin hacer distinción de clase, sin ética y mermando la capacidad desde el estado para combatirla en su justa dimensión.

La debilidad institucional, la fragilidad de los recursos humanos que cumplen altas funciones y el facilismo con que muchas personas entran a la gestión y administración del estado contribuyen marcadamente a que se cree el terreno propicio para que germine la inmoralidad y la falta de ética de muchos servidores públicos que se prestan al soborno o a facilitarle a otros el aprovechamiento de los recursos del estado de una manera fácil. Cuando un estado debilita sus instituciones, cuando la burocracia es perneada por personas sin capacidad y competencia y en donde el clientelismo político tiene preponderancia sobre el estamento académico y ético, simplemente estamos abriendo las puertas al facilismo que con el tiempo se traduce en el peaje seguro para la corrupción.

II

La corrupción no es solo una cuestión de dinero mal habido, sino que ella incluye actos tan aparentemente nocivos como la aceptación de un cargo público, sin preparación para ejercerlo, hasta el soborno mismo a la autoridad sea esta de cualquier nivel. El que corrompe una vez corromperá muchas veces. El que soborna una vez, sobornara hasta el infinito. Por supuesto la corrupción no es exclusividad de unas pocas naciones. No hay conglomeración humana en la que este fenómeno no exista. La diferencia es que en algunos países puede haber mayores niveles de control que en otros. Hay más espacio para corromper y facilidad para los corruptos en aquellos países con deteriorados valores y con poca capacidad institucional para sancionar a los culpables. Es por ello y no es casual que medidas para combatir la corrupción y el soborno sean temas de la mayor preocupación en muchos foros internacionales toda vez que el combate a este flagelo no puede ser solo de responsabilidad nacional. Muchas veces el origen la motivación a delinquir está precisamente en prácticas cómplices que se producen fuera de las mismas fronteras nacionales.

Los principales afectados por la corrupción son precisamente los pobres. Son ellos quienes pagan el precio de la malversación y el robo de los dineros públicos. La corrupción aumenta la brecha entre pobres y ricos. Unos pocos se enriquecen a expensas de la mayoría. Cada bolívar que algún venezolano gana por la vía de la corrupción es un bolívar menos para acometer las grandes necesidades pendientes de la nación. Hay menos recursos para desarrollar la infraestructura, nuevos programas de salud, educación, mantenimiento etc. No importa que seamos un país infinitamente rico, petrolero, sensible a los problemas sociales etc. Las necesidades no tienen limite y cada bolívar menos invertido para satisfacer una necesidad de cualquier venezolano por que unos o muchos se enriquecen de esos dineros es un delito y estamos entonces ante la presencia de un acto criminal. El sobrecosto de los bienes adquiridos por el Estado, la utilización de prebendas por parte de funcionarios públicos para su beneficio personal son actos de corrupción que están claramente tipificados. El pago a funcionarios para adquirir documentos que por ley nos corresponden, exoneración de pagos públicos o la simple utilización de los cargos oficiales para conseguir beneficios son claros ejemplos de corrupción y corruptos aquellos que los ejecutan. Lamentablemente en muchos países los ciudadanos se han acostumbrado a pagar "sobreprecio" por el beneficio de sus derechos. Solo sobornando o pagando alcabalas pueden garantizar su acceso a bienes o servicios. De allí que la conciencia anticorrupción es una obligación que debemos desarrollar en su conjunto. Esta es una gran cruzada que tenemos por delante.

III

Las consecuencias nefastas de la corrupción no solo son las más inmediatas que se relacionan con el uso indebido de los dineros del estado y de los gobiernos. La disminución de los recursos mismos para prestar mejores servicios e invertir en áreas vinculadas al desarrollo social y garantizar mejor calidad de vida de los pobladores, es una de las consecuencias del manejo inescrupuloso de los fondos nacionales de cualquier país. La corrupción creciente y manifiesta, en los países en desarrollo, se convierte en "detente" a muchas inversiones extranjeras transparentes. Las empresas serias evitan invertir en países en donde a todas luces se debe pagar un "extra" o "impuestos" ocultos para poder hacer efectiva una inversión. Por supuesto, es igualmente corrupta la empresa que se presta a esos mecanismos y que los contabilizan como parte de su presencia en un país determinado. El desvío de fondos es igualmente negativo y genera un impacto directo para mayores inversiones y mejoramiento de la calidad de vida de sus pobladores. Algunas estimaciones han indicado, por ejemplo, que hasta 30 billones en dólares de ayuda para África han terminado en bancos privados extranjeros. Esto es, dinero que debería ser invertido en las necesidades de una región tan excluida, termina en manos de personeros corruptos.

Esta realidad que ahuyenta al capital foráneo no especulativo, mina la posibilidad de generación de nuevos empleos, frena el crecimiento económico y por ende afecta el desarrollo social de una nación. Cuando los inversionistas consideran que las reglas del juego no son ajustadas a la ley, la desconfianza se apodera y las posibilidades de muchas inversiones importantes se pierden. Una vez más, los más afectados son entonces precisamente los pobres. Incluso muchas de las obras de infraestructura que se ejecutan tanto con recursos nacionales como internacionales, son sometidas a este flagelo. Nos conformamos muchas veces con el solo hecho de que los gobiernos inviertan en infraestructura, aunque esa es parte de la función del Estado, pero también hay que preguntarse cuánto se deja de hacer gracias a los beneficios no tangibles de una construcción, de una carretera, en la prestación de servicios que pasó por la mano invisible de la corruptela y del beneficio fácil para algunos. Cuántas empresas se basan en el soborno para conseguir su cometido. Cuánto sobreprecio puede existir en muchos de esos esfuerzos. Porqué unos pocos se tienen que enriquecer con los recursos de muchos.

IV

Ejercer la función pública con honestidad y capacidad tiene que ser un imperativo de quienes asumen las distintas instancias de la administración del gobierno y del Estado. Desarrollar cuantos mecanismos sean necesarios para contribuir a frenar y castigar a quienes utilizan los dineros y recursos del estado para su beneficio propio tiene que ser un propósito tanto de los mismos gobiernos como de la sociedad civil. Qué triste es una nación cuando la falta de transparencia en el manejo del estado y sus recursos está a flor de piel. Como hemos señalado, el menú de actos corruptos es numerosos. Los hechos de corrupción no son solo por acción sino también por omisión. Incluye tanto a los gobiernos como al sector privado. La legislación internacional nos recuerda que entendemos por "actos corruptos": "El requerimiento o la aceptación, directa o indirectamente, por un funcionario público o una persona que ejerza funciones públicas, de cualquier objeto de valor pecuniario u otros beneficios como dádivas, favores, promesas o ventajas para sí mismo o para otra persona o entidad a cambio de la realización u omisión de cualquier acto en el ejercicio de sus funciones públicas; El ofrecimiento o el otorgamiento, directa o indirectamente, a un funcionario público o a una persona que ejerza funciones públicas, de cualquier objeto de valor pecuniario u otros beneficios como dádivas, favores, promesas o ventajas para ese funcionario público o para otra persona o entidad a cambio de la realización u omisión de cualquier acto en el ejercicio de sus funciones públicas; La realización por parte de un funcionario público o una persona que ejerza funciones públicas de cualquier acto u omisión en el ejercicio de sus funciones, con el fin de obtener ilícitamente beneficios para sí mismo o para un tercero;. El aprovechamiento doloso u ocultación de bienes provenientes de cualesquiera de los actos a los que se refiere el presente artículo; La participación como autor, coautor, instigador, cómplice, encubridor o en cualquier otra forma en la comisión, tentativa de comisión, asociación o confabulación para la comisión de cualquiera de los actos a los que se refiere el presente artículo."(**También es un acto de corrupción la aceptación de cargos públicos para los cuales no se está debidamente preparado. No importa en cual área o sector del estado. Cuando una persona asume responsabilidad para los cuales no tiene credenciales podemos perfectamente tipificado como un acto de corrupción.

Cuando hablamos de los mecanismos de control nos referimos a la creación de Instituciones anticorrupción, nueva normativa, la aparición de grupos de la sociedad civil que tengan como único objetivo denunciar y combatir la corrupción. Por otra parte, los funcionarios públicos tienen que tener la obligación de declarar sus bienes e ingresos con absoluta transparencia. Se deben crear los mecanismos para facilitar que esta información se trasmita con celeridad y facilidad. La propia Convención Interamericana contra la corrupción compromete a los estados partes considerar la aplicabilidad de medidas, dentro de sus propios sistemas institucionales, destinadas a crear, mantener y fortalecer (...) sistemas para la declaración de los ingresos, activos y pasivos por parte de las personas que desempeñan funciones públicas en los cargos que establezca la ley y para la publicación de tales declaraciones cuando corresponda".

Se requiere, entonces, desarrollar un sistema de declaración jurada que facilite la posibilidad de que los funcionarios públicos puedan de una manera eficiente y fácil poder por la vía de un sistema de fácil acceso y confidencial presentar sus declaraciones en tiempos previamente establecidos. Sin duda, esto sería un primer paso. Por supuesto, no único y suficiente para conocer la transparencia del origen de los ingresos de quienes se relacionan o trabajan para el estado.

V

Con esta última reflexión concluyo la serie de cinco sobre este tema. Importante recordar que los niveles de corrupción están en todos los niveles de la sociedad. Los gobiernos, el sector privado y los individuos son parte del engranaje de la corrupción. Existen tantos cruces como variables. La corrupción se mezcla entre gobiernos e individuos, sector privado y gobiernos y dentro de la propia empresa privada. Si bien tipificamos en la entrega anterior los actos de corrupción en su dimensión más amplia, no podemos dejar de lado la corrupción pequeña, cotidiana, que se realiza a la luz del día, para unos no cuantificable, para otros, parte de la viveza "criolla", que puede ser alemana, francesa, española o la venezolana. Se refiere a esos pequeños actos de corrupción por medio de los cuales se logra una prebenda, como pagar menos impuestos, usar los recursos del Estado o de la empresa para uso personal. Es, por ejemplo, cuando las facilidades del estado para ejercer un cargo público se convierten en beneficio para la familia, cuando nombran amigos para cargos para los cuales no están calificados, familiares a cargos internacionales en detrimento de los profesionales y para usted de contar aquellas pequeñas cosas que nos hacen "vivos" ante la sociedad, pero al final contribuyendo a corromper el sistema.

Cuando nuestros comerciantes contrabandean y no pagan impuestos. Cuando la economía informal no es sino una excusa para no pagar impuestos, no alquilar locales y darle condiciones de trabajo paupérrimas a los revendedores que se contratan, estamos también frente a ese karma de la subcultura de que todo se logra con viveza, corrompiendo o dejándonos corromper. Que de aquellos burócratas que por el solo hecho de estar de otro lado del escritorio ya con omnipotencia humillan a quienes esta supuestos a servir. Cobran por los servicios que deben brindar en nombre del estado. Retardan las entregas de documentos oficiales, esperan dádivas por otorgar lo que nos corresponde legalmente y pare usted de contar cuantas cosas no pasan en ese engranaje que se caracteriza por la falta de vocación educación y transparencia para servir. Entonces la corrupción es amplia, infinita y solo nuevos valores, educación y normas para sancionar a quienes abusan de los recursos del estado, de la empresa o de los individuos se podrá contribuir a detenerla.

Sin duda, no es un tema fácil. Es complejo, difícil de abordar y de combatir. Solo con ejemplo de los dirigentes, inculcar valores a los niños, adolescentes y un combate estructurado, integral y permanente dentro de la sociedad, la tragedia que significa este flagelo será reducido. Como hemos dicho la corrupción no afecta solo a los Estados y los gobiernos. La corrupción afecta a lo pobres, a quienes se les quita el derecho de tener más recursos, por unos pocos se benefician de cuantiosos dineros que se deberían de invertir en los que más necesitan, en infraestructura, en viviendas, salud etc.

Programas amplios que inculquen los valores de la anticorrupción, mecanismos que controlen nuestras burocracias, asignaturas obligatorias en nuestros liceos y universidades sobre este flagelo son además de instancias legislativas y judiciales probas son fundamentales. En la Venezuela en que vivimos desde hace unas décadas la maldición de la corrupción nos arropa, nos debilita y nos quiebra en los cimientos mismos de nuestra nacionalidad, nuestra razón de ser como pueblo. Cuánta gente honesta existe en este país, en la familia venezolana, pero cuánta deshonestidad de pocos, poderosos, esos que atropellan, le quitan el derecho a vivir mejor a las mayorías, que destruyen las instituciones, que con sus cargos poderosos destruyen vidas, familias, con la sola llave maestra de que alguien les dio poder, no para servir a los demás sino para que los demás les sirvan, se les arrodillen mientras ejercen con impunidad, corruptamente, las tareas que se le dio para ayudar a sacar a nuestra sociedad del estanco a que ha estado sometida por tanto tiempo. Sin duda, una manera de combatir la corrupción es generando una mayor vocación de servicio tanto en el sector público como el privado.

INTEGRACIÓN

ESCENARIOS INTERNACIONALES 2018

El cuadro internacional que se perfila para este nuevo año crea incertidumbre y vislumbra la constitución de nuevas alianzas estratégicas que pueden originar confrontaciones y un ambiente más hostil a escala mundial. Las relaciones en un mundo globalizado son dinámicas, influyen positiva o negativamente en todos los países y regiones, y nunca están exentas de nuevas amenazas.

Se cumple este 2018 el 70 aniversario de la firma de la Declaración Universal de los Derechos Humanos y de la creación del sistema multilateral del comercio con el GATT. Esas iniciativas fundamentales del orden internacional evidencian claros desafíos ante el retroceso del "equilibrio internacional" y las nuevas tendencias autoritarias y antidemocráticas que han mutado en respuestas a las presiones del orden regido por la visión democrática y liberal de las potencias occidentales.

Serán realidades determinantes de estos tiempos la lucha contra el terrorismo y la criminalidad organizada, los retos ante el acelerado fenómeno migratorio, la inercia de la Organización Mundial del Comercio, la corrupción global, el debilitamiento del multilateralismo y las amenazas entre Estados Unidos y Corea del Norte. El conflicto árabe-israelí se acentúa en Medio Oriente con las disputas entre Arabia Saudita e Irán. Tenemos focos críticos por posibles conflictos sociales en países como Ucrania, Irán, Suráfrica y Venezuela, que a su vez determinarán reacciones regionales. Estados Unidos y Europa, por una parte; Corea del Norte, Rusia y China, por la otra, serán factores determinantes del equilibrio o desequilibrio este año que puede ser tan confrontacional como el que dejamos. Como lo expresó el secretario general de la ONU, 2017 fue un año decepcionante.

ADIÓS UNASUR

El cuadro internacional que se perfila para 2018 crea incertidumbre y vislumbra la constitución de nuevas alianzas estratégicas que pueden originar confrontaciones y un ambiente más hostil a escala mundial. Las relaciones en un mundo globalizado son dinámicas, influyen positiva o negativamente en todos los países y regiones, y nunca están exentas de nuevas amenazas, en contexto que el secretario general de la ONU, al hacer balance del año 2017, calificó de decepcionante.

En nuestra región, nada nos sorprende el camino que finalmente pareciera que tomó la organización que pretendió unir a los países de Suramérica. Advertimos en el pasado que sistemas de integración como ese, al igual que otros como la Celac, el Alba, Petrocaribe y Telesur, tendrían sus tiempos contados porque carecen de principios democráticos y no se erigieron sobre la base de un proceso de integración progresivo. Su premisa ideológica y retórica se impuso en el tiempo para convertirla en una instancia al servicio de unos pocos gobiernos y sus trastadas antidemocráticas.

Recuerdo que en las primeras pinceladas que se trazaron en Guayaquil para la creación de la Unión Suramericana, y que era fundamentalmente una propuesta de Brasil, comenzó a debilitarse a medida que la ideologización, la plataforma "antiimperialista", la unidad política y la militar, comenzaron a tener preponderancia sobre los cimientos que le dan sustento a una integración verdadera. El concepto inicial sigue vigente, pero no se puede aspirar a su éxito cuando los propios miembros están secuestrados por las corrientes ideológicas de turno. Sin duda, la visión maniquea del Foro de Sao Paulo determinó sus objetivos, así como las erráticas designaciones de secretarios generales como Kirchner, Samper y Rodríguez Araque, quienes le impregnaron una representación sesgada y se hicieron los desentendidos ante la maraña autocrática que se tejía en la región y que la encabezaba sin duda el gobierno de Venezuela.

Esta parte del continente necesita organismos de integración que den resultados concretos, que contribuyan a una unificación que permee debidamente a sus sociedades, que desarrolle objetivos comunes que sean tangibles en el tiempo. Que den beneficios globales más que beneficios a las burocracias que los integran. Un mecanismo sin integración económica y comercial, sin políticas comunes, sin una visión de soberanía amplia y no restrictiva, sin libre movilización de personas, sin cielos abiertos, sin homologación de estudios y que no promueva un mercado libre, es solo una quimera.

La ausencia de reacción de la Unasur ante los atropellos y la violación de derechos humanos y elecciones libres en Venezuela fue una muestra de la incapacidad de la organización de ser operativa y funcional para la región. Es lamentable por Ecuador, que aspira a revivirla, pero, así como el expresidente Correa le dio un toque de gracia con el maravilloso edificio sede, con su actitud sesgada e ideologizada contribuyó a que una excelente idea se convirtiera en una burocracia sin espíritu.

PROSUR EN CAMINO

Los primeros pasos para la creación de un nuevo modelo de integración regional lo dieron los cancilleres de la región la semana pasada en Santiago de Chile. La propuesta tiene sentido dado el fracaso de Unasur, una suerte de unidad frágil cimentada en lo ideológico y no en la homogenización económica y la liberalización comercial.

No tenía Unasur, una propuesta inicial de Brasil durante el gobierno de Fernando Henrique Cardoso, los atributos necesarios para convertirse en un esquema de integración sólido al darles prioridad a los vientos de la politización en la región y usar su plataforma para la confrontación estéril con países como Estados Unidos y Canadá, por una parte; y por la otra, tratar de fortalecer la visión de una región excluyente y confrontacional con las ventajas de la globalización, en vez de concentrarse en mecanismos para fortalecer la integración real por la vía del comercio, la integración económica, la libre movilidad de personas, entre otras estructuras vitales para darle sentido a una integración regional que además ofreciera beneficios tangibles para los ciudadanos de la región.

Por supuesto, la designación del último secretario de Unasur, el expresidente Samper, resultó desatinada: él fue uno de los responsables de la debacle de la organización al no contribuir a la convergencia de las visiones variables que se manejaban entre los diferentes actores regionales.

El lanzamiento de Prosur es una novedosa propuesta a una vieja aspiración de muchos integracionistas y académicos de la región. Su éxito dependerá de varios factores, en primer lugar, cabalgar sobre lo que hizo que fracasara Unasur, en el sentido de blindarse para que los cambios políticos en la región que pueden eventualmente producirse no desenfoquen ni secuestren los principios rectores de su creación.

Por otra parte, la agenda propuesta entre sus objetivos es importante en tanto se concentra en el comercio, la integración económica, infraestructura, entre otras, pero excluye un tema, que en mi opinión es fundamental: el migratorio y especialmente lo que se refiere al libre tránsito de personas. El sistema de integración regional solo se alargará los pantalones cuando los gobiernos de la región abran definitivamente sus fronteras a los ciudadanos de sus países, con garantías de permanencia e incorporación a las fuentes de trabajo, sin discriminación y con homologación diáfana de los títulos profesionales. El éxito de una nueva integración se demuestra solo y cuando los habitantes de la región se perciban en este caso suramericanos y los cuellos de botella sean de una vez por todas superados.

Si algo ha demostrado la región en estos últimos años es su generosidad y su capacidad de absorción de contingentes humanos de otros países ante coyunturas complejas. En mi caso particular, como venezolano, me siento orgulloso de pertenecer a una comunidad que ha demostrado receptividad y comprensión ante la tragedia de millones de compatriotas que han buscado oportunidades en Colombia, Ecuador, Perú, Chile, Argentina, entre otros países de esta Suramérica y toda vez a causa de las dificultades que han vivido en estos los últimos años.

MÁS INTEGRACIÓN

Está comprobado que los tweets por lo general expresan más carga de emotividad que lo que se produce como contenido en otros medios de las redes sociales. Escribí uno en días pasados que observé que tuvo buena actividad, en el que decía textualmente: "Volver a soñar en la integración latinoamericana con sentido de realismo y sin ataduras ideológicas es una tarea por delante. Necesitamos una región abierta, con libre tránsito de personas, con homologación de estudios, con ciudadanos libres identificados como latinoamericanos".

En esa línea de pensamiento quisiera hacer unas reflexiones sobre nuestro regionalismo. Tenemos más de 300 acuerdos comerciales notificados ante la OMC. Por su parte, si algo ha tratado de hacer el conjunto de gobiernos de la región latinoamericana por décadas es la de convertir esta parte del continente en una región en el sentido más amplio de la palabra. No en el simplemente geográfico, que de por sí lo es, sino como entidad política y económica. Sin embargo, si bien la naturaleza se ha encargado de buena manera de darnos una entidad bastante homogénea, los hombres encomendados de hacer la política en esta parte del mundo más se han acercado a unirnos por la vía de la retórica que por la de la integración amplia, verificable y perdurable. Esto es, sin Instituciones sólidas, blindadas a los vaivenes de la política y los localismos de turno.

Veamos. Hay dos grandes etapas para evaluar los esfuerzos por integrar la región. Sin menospreciar los esfuerzos a lo largo de la historia y el legado de nuestros libertadores por la construcción de una región integrada, podemos ver dos períodos bien diferenciados: los años noventa y el ciclo que corresponde al inicio del milenio. En la primera etapa nos caracterizamos por una maraña de acuerdos comerciales y de integración que fueron proliferando y consolidándose en una década en la que se imponía una visión liberal de la economía y de inserción en los procesos de globalización que aceleradamente se producían. En nuestra región teníamos como puntas de lanza la CAN, el Acuerdo de Integración Centroamericana, Caricom y posteriormente Mercosur. A estos se suman los TLC entre algunos países de la región, especialmente impulsados por Chile y México. El G-3 fue uno de estos esfuerzos. Más reciente tenemos la Alianza del Pacifico, cada vez más sólida y evolutiva.

Con el regionalismo abierto se buscaba entre otros propósitos conformar una economía de mayor escala para la región. Era difícil intentar penetrar la economía mundial con economías de menor dimensión. Venezuela tenía mayores opciones como miembro de la CAN que como actor individual, excluyendo por supuesto su fortaleza como proveedor de petróleo. Otro de los objetivos que se perseguía era hacer que nuestras empresas fuesen más competitivas. Los gobiernos estimulaban a sus empresas a competir para desarrollar sus capacidades exportadoras.

Por otra parte, estos procesos de integración y a su vez de ampliación de mercados permitía el ahorro de divisas convertibles, así como atraer inversiones directas basadas en la amplitud de los nuevos mercados que se abrían entre los países de la región. Un inversionista extranjero en Venezuela, por ejemplo, se montaba en el mercado andino sin mayor dificultad. En ese ejemplo está uno de los cimientos clave de la visión de conjunto de los beneficios de la integración.

Esta fortaleza integradora buscaba también permitirle a la región una mayor capacidad negociadora frente a terceros. Se entendía que una región unida negociaría con mayor paridad ante las grandes economías, especialmente Estados Unidos y la Comunidad Económica Europea Hoy el otro gran actor sería China. Toda esta lista de propósitos para la región buscaba además tres grandes objetivos: ampliar los flujos de comercio entre los países de la región, desarrollar la infraestructura regional y generar riqueza en la región con su consecuente efecto en la creación de empleo estable. Esta visión era el preámbulo a nuevos y mayores consumidores con opción de elección de productos.

Entender el regionalismo de esta manera era la bisagra a una futura unidad política. Sin embargo, vemos que las diferencias políticas llevan hacia un nuevo regionalismo que nos coloca en una transición y con nuevas tendencias que favorecen lo político sobre lo económico. La cooperación por encima de la competencia y la retórica como herramienta de desintegración de la arquitectura comercial que bien se perfilaba como la base de una región fuerte y mucho más dinámica. Los técnicos describen nuestra integración como un plato de espaguetis, cruces, solapamientos, avances y retrocesos tanto en lo interno como hacia actores extrarregionales.

EL INGRESO DE VENEZUELA AL GATT

A Miguel Rodríguez Mendoza

A lo largo de la historia de la diplomacia se han logrado tejidos institucionales a nivel internacional que son extraordinarios. Muchos de ellos pasan inadvertidos a menos que formen parte de los temas resonantes de la agenda internacional, la mayoría de las veces estos relacionados con conflictos. En el caso de Venezuela, no ha sido muy distinto, pocas veces recordamos a los constructores de la diplomacia nacional y muchos de sus logros en momentos cruciales de la nuestra existencia como nación. Hacemos pocos esfuerzos por resaltar sus méritos y su contribución a nuestro país. Muchos de estos venezolanos han pasado desapercibidos, como escribiera Simón Alberto Consalvi en un artículo homenaje — refiriéndose al embajador Armando Rojas de quien se acaba de publicar una biografía de la mano de Ana María Matute— decía de los "ilustres venezolanos que, al margen del poder, entregados al quehacer de indagar y construir, de crear una conciencia nacional y de preservar los derechos de Venezuela como nación". Venezolanos como los referidos han existido sin mayor notoriedad, nuestros negociadores, estudiosos, los forjadores de la diplomacia venezolana y del conocimiento internacional muchos de ellos más reconocidos en los pasillos de los organismos internacionales que en su propio país.

Un tweet de Jorge Castro a principios de esta semana nos recordó que se cumplían treinta años del ingreso de Venezuela al GATT (Acuerdo General sobre Aranceles Aduaneros y Comercio). Para la mayoría de los venezolanos este aniversario dice poco, pero fue éste un ejercicio de negociación y visión de diplomacia comercial extraordinario por sus implicaciones y por lo importante del grupo de venezolanos que dieron su contribución para el ingreso de Venezuela a lo que posteriormente conocemos como la OMC. A la cabeza de ese grupo estuvo Miguel Rodríguez Mendoza como comisionado presidencial para las Relaciones Económicas Internacionales, acompañado de profesionales como Laura Rojas, Gonzalo Capriles, Juan Francisco Misle, Rigoberto Bastidas, Edmond Benedetti, María Estela Bermúdez, Enie Neri, Marco Morales, Alfredo Zuluaga, Manuela Tortora, María Nevett y Oscar Fornoza, la mayoría aún activos funcionarios internacionales y especialistas en disciplinas comerciales.

Recordemos un poco de historia que retomé de un texto que se escribí para conmemorar los 20 años de la creación de la OMC.

Venezuela ingresa al GATT el 31 de agosto de 1990. Su ingreso a este último esquema normativo de comercio es bastante tardío, toda vez que a causa de su incipiente industria y a su condición de país exportador de petróleo, no le interesaba tener que hacer concesiones dentro del

GATT, pues el petróleo fluía dentro de un esquema de oferta y demanda, y sus precios internacionales eran influidos principalmente por las decisiones de la OPEP. Además, siendo el comercio petrolero el centro de la actividad exportadora del país, el acceso al bien y sus derivados era internacionalmente tributado con aranceles muy bajos y, por lo general, por aquel entonces no se sometían a barreras arancelarias como sí ocurría con la mayoría de los bienes

Cuando Venezuela se incorpora al GATT, hace 30 años, lo hace en el segundo gobierno de Carlos Andrés Pérez (1989-1992) y esta es una época en la que se cambia la estrategia de desarrollo, se toman nuevas medidas económicas, entre ellas la de liberar el control de cambio; se implementa una nueva política comercial que eliminaba restricciones comerciales, y los aranceles son reducidos de un promedio de 35% a uno de 10%. El país se lanzaba por una corriente de apertura económica de corte liberal, que asumía una política industrial ajustada a fortalecer la producción, estimular las exportaciones, desarrollar una nueva estrategia de integración y buscar la inserción del país en la economía global, a través de una serie de medidas conformes con el sistema multilateral de comercio y que fortaleciera, a su vez, la integración con sus principales socios comerciales, mientras que aprovechaba sus ventajas comparativas en el sector energético para atraer inversiones.

Hubo críticas al ingreso de Venezuela al GATT. Se afirmaba que Venezuela sacrificaba su autonomía en materia arancelaria. La verdad es que ingresa sin modificar los aranceles. Por el contrario, las restricciones de Venezuela estaban relacionadas con los compromisos que se originaban con el Arancel Externo Común del Acuerdo de Cartagena. Venezuela ingresó al GATT sin ningún cambio en sus aranceles. Su compromiso fue no subir sus aranceles a más de 60% *ad valorem*. El arancel más alto vigente en Venezuela, en 1990, era de 20%. Es decir, Venezuela tenía derecho a elevar sus aranceles de manera unilateral en caso de que lo considerase necesario. Su mayor limitación a esos efectos no venía del GATT, sino del Arancel Externo Común del Acuerdo de Cartagena. Se había comprometido a reducir su tope arancelario a 35% para el año 2004. El resto es historia: ingresamos al GATT y directamente a la OMC, tomando el derecho de adhesión sin mayor negociación como le tocó a muchos otros países que solicitaron ingreso, como por ejemplo China y Rusia, entre otros.

El recordatorio de esta fecha fue una excusa para que entre el equipo se resonaran anécdotas y se manifestaran expresiones de reconocimiento a Miguel Rodríguez Mendoza; destaco, por ejemplo, la de Gonzalo Capriles: "Ese fue un grupo excepcional, muy capacitado profesionalmente y muy comprometido con la política económica y comercial de entonces. Pero honor a quien honor merece. El verdadero artífice de esa negociación fue Miguel, un diplomático de los que uno se siente orgulloso de haberlo conocido y de haber trabajado con el lío en esas aguas tormentosas del GATT y la OMC. Cae bien una anécdota: el último día en que se discutía en Ginebra el ingreso de Venezuela, yo estaba en Caracas, y me llamó una funcionaria que estaba en la reunión en Ginebra, desesperada porque Miguel se había puesto terco ante un pedido menor, de última hora, de la Comunidad Europea. Esa funcionaria me dijo que todo se perdería por la terquedad de Miguel, y me sugirió que llamase a la Cancillería venezolana para que alguien llamase a la Comisión en Bruselas y de ahí le dieran instrucciones al embajador de la Comunidad para que desistiera de ese punto. Yo le dije que eso me parecía absurdo y que confiara en Miguel. Dicho y hecho: después de horas de reunión, la Comunidad retiró su propuesta y Venezuela entró al GATT en los términos que había negociado… y con las felicitaciones personales del embajador europeo a Miguel. Cuando él regresó le pregunté por qué se había puesto tan terco sobre ese punto menor. Su respuesta: "No es solo que entremos, sino que nos respeten. Si no nos hacemos respetar desde el principio, nuestro paso por el GATT va a ser un tormento".

Después vino lo de la gasolina. ¡Ojalá lleguemos a tener muchos MRM en nuestro servicio exterior!

Luis Xavier Grisanti, por su parte, le responde a Gonzalo: "Miguel es un verdadero estadista y le dio lustre al Instituto de Comercio Exterior y brilló como ministro de Estado más tarde. Lo que cuentas no es una anécdota sino una historia real contada por el protagonista de excepción que tú fuiste. Te exhorto a escribir la historia del proceso de adhesión".

Ante tan positivas menciones el propio Miguel, emocionado por el gesto de recordar esa responsabilidad de vida, le envía a quienes fueron sus colaboradores un texto en los siguientes términos: "En medio de tanta adversidad, sus mensajes de ayer ofrecieron un espacio de cariño y esperanza sin igual. No todo está perdido y solo queda esperar que en el país se puedan recrear las condiciones para volver al camino acertado. El esfuerzo colectivo, del cual todos ustedes fueron parte, para llevar a Venezuela al GATT y luego a la OMC, da cuenta de lo que somos capaces de lograr cuando actuamos con decisión y profesionalismo, sin egoísmos y poniendo por delante los intereses del país… Siempre conservaré en mi memoria, con orgullo y entusiasmo, las tareas de coordinación en Miraflores, las dificultades para que nuestras tesis fuesen aceptadas por todo el gabinete ministerial, la selección de nuestra delegación a las primeras reuniones en Ginebra y los reportes regulares a CAP y a SAC de los avances en las negociaciones, que muchos de ustedes recordaron en sus mensajes. Al final, nuestras tesis fueron aceptadas por todos y eso nos llenó de orgullo, un orgullo similar al que sentí ayer leyendo sus mensajes".

Sin duda, Miguel formó equipo, quienes trabajamos con él apreciamos su capacidad profesional, de buen negociador y don de gente. Quedan buenas experiencias que contarles a las nuevas generaciones de venezolanos de cómo a lo largo de la historia este país ha formado excelentes representantes internacionales que han dejado una huella positiva defendiendo los más altos intereses de la nación.

SOÑANDO POR LA INTEGRACIÓN

En días pasados tuve la oportunidad de asistir a una mesa de trabajo en el marco del II Congreso de Reflexión sobre Integración y Desarrollo en América Latona y Europa, Gridale. Compartí en una mesa de reflexión en donde participaron expertos en materia de integración y funcionarios internacionales, entre otros; Ricardo Rozemberg, especialista en Integración y Comercio del INTAL. Ignacio Bartesaghi, de la Universidad Católica de Uruguay (UCU). José Elías Durán Lima, jefe de la Unidad de Integración Regional de la División de Comercio Internacional e Integración de la Cepal. Miriam Gomes Saraiva, Universidad Estadual do Rio de Janeiro, Brasil. Santiago Rojas, Representante en Argentina de la CAF. Mariana Aparicio de la Universidad Nacional Autónoma de México (UNAM). Francisco Santos de la Universidad de Loyola Andalucía-España. Bajo la estupenda moderación Rita Giacalone, profesora, Universidad de los Andes (Venezuela) y Universidad de La Plata (Argentina). Quería dejar algunas inquietudes que lamentablemente la limitación de banda ancha no me permitió abordar, pero aprovecho entonces para dejar algunas ideas que recogen una imperiosa necesidad de replantear el tema de la integración regional. Precisamente, el SP del SELA, embajador Javier Paulinich, en días recientes acotaba en una frase una necesidad, que "resulta imperativo fortalecer la integración regional pero no con palabras o declaraciones sino con hechos concretos que beneficien al ciudadano de a pie. En este contexto debe acordarse un nuevo pacto social pospandemia en la región".

Sin duda, estamos ante la obligación de volver a soñar en la integración latinoamericana con sentido de realismo y sin ataduras ideológicas. Tenemos que reconocer que estamos ante una crisis del esquema de integración. Realidades como los incumplimientos de las metas de integración, de los compromisos contraídos, de nuestra débil estructura institucional y el poco dinamismo de nuestros mercados internos son un ejemplo del déficit de integración. Por cierto, bien reflejado en el Índice de Integración de América Latina y el Caribe que produce el SELA.

Necesitamos una región abierta, con libre tránsito de personas, con fronteras abiertas que no es lo mismo que fronteras integradas, con homologación de estudios, con ciudadanos libres identificados como latinoamericanos". En esa línea de pensamiento quisiera hacer unas reflexiones sobre nuestro regionalismo. Tenemos más de trescientos acuerdos comerciales notificados ante la OMC. Por su parte, si algo ha tratado de hacer el conjunto de gobiernos en la región latinoamericana por décadas es la de convertir esta parte del continente en una región en el sentido más amplio de la palabra. No en el simplemente geográfico, que de por si lo es, sino como entidad política y económica. Sin embargo, si bien la naturaleza se ha encargado de buena manera darnos una entidad bastante homogénea, los hombres encomendados de hacer la política en esta parte del mundo más se han acercado a unirnos por la vía de la retórica que por la de la integración amplia, verificable y perdurable. Esto es, sin instituciones sólidas, blindadas a los vaivenes de la política y los localismos de turno.

Veamos. Dos grandes etapas para evaluar los esfuerzos por integrar la región. Sin menospreciar los esfuerzos a lo largo de la historia y el legado de nuestros libertadores por la construcción de una región unida más que integrada, podemos ver dos períodos bien diferenciados, los años noventa y el ciclo que corresponde al inicio del milenio. En la primera etapa, nos caracterizamos por una maraña de acuerdos comerciales y de integración que fueron proliferando y consolidándose en una década en donde se imponía una visión liberal de la economía y de inserción en los procesos de globalización que aceleradamente se producían. En nuestra región teníamos como puntas de lanza la CAN, el Acuerdo de Integración Centro Americano, Caricom y posteriormente Mercosur. A estos se suman los TLC entre algunos países de la región, especialmente impulsados por Chile y México. El G·3 fue uno de estos esfuerzos. Hoy tenemos la Alianza del Pacífico cada vez más sólida y evolutiva.

Con el regionalismo abierto se buscaba entre otros propósitos conformar una economía de mayor escala para la región. Era difícil intentar penetrar la economía mundial con economías de menor dimensión. Venezuela tenía mayores opciones como miembro de la CAN que como actor individual excluyendo por supuesto su fortaleza como proveedor de petróleo. Otro de los objetivos que se perseguía era hacer que nuestras empresas fuesen más competitivas. Los gobiernos estimulaban a sus empresas a competir para desarrollar sus capacidades exportadoras. Por otra parte, estos procesos de integración y a su vez de ampliación de mercados permitía el ahorro de divisas convertibles, así como atraer inversiones directas basadas en la amplitud de los nuevos mercados que se abrían entre los países de la región. Un inversionista extranjero en Venezuela, por ejemplo, se montaba en el mercado andino sin mayor dificultad. En ese ejemplo está uno de los cimientos clave de la visión de conjunto de los beneficios de la integración.

Esta fortaleza integradora buscaba también permitirle a la región una mayor capacidad negociadora frente a terceros. Se entendía que una región unida negociaría con mayor paridad ante las grandes economías, especialmente los Estados Unidos y la CE. Hoy el otro gran actor sería China. Toda esta lista de propósitos para la región buscaba además tres grandes objetivos, ampliar los flujos de comercio entre los países de la región, desarrollar la infraestructura regional y generar riqueza en la región con su consecuente efecto en la creación de empleo estable. Esta visión era el preámbulo a nuevos y mayores consumidores con opción de elección de productos.

Entender el regionalismo de esta manera era la bisagra a una futura unidad política. Sin embargo, vemos que las diferencias políticas llevan a la región hacia un nuevo regionalismo que nos coloca en una transición y con nuevas tendencias que favorecen lo político sobre lo económico. La cooperación por encima de la competencia y la retórica como herramienta de desintegración de la arquitectura comercial que bien se perfilaba como la base de una región fuerte y mucho más dinámica. Los técnicos describen nuestra integración como un plato de espaguetis, cruces, solapamientos, avances y retrocesos tanto en lo interno como hacia actores extra regionales.

Lo cierto es que con el tiempo deberíamos ir dando orden a esa ingeniería variable que permita que tengamos un proceso de integración armónico, blindado ante tentaciones focales o locales, con sentido humano de la integración en donde el ciudadano de la región se sienta de la región no solo por vocación sino porque se hayan tomado todas las previsiones que garanticen el fortalecimiento de la relación local con beneficios tangibles para sus pobladores. Insisto en que debemos soñar en esa unidad posible.

BRASIL Y LA TORTA

Ahora bien. Qué le pasó a Brasil, por qué esta reacción tan violenta de empujar el ingreso de Venezuela al Mercosur aprovechando la coyuntura de Paraguay y alejada de su tradicional práctica de prudencia y de acción conciliatoria. Poco parecida, por cierto, a la actuación tradicional de su canciller, a quien reconozco por su manejo diplomático al mejor estilo de la tradición de Itamarati.

Detrás de esta crisis paraguaya se abrió una luz al final del túnel para los intereses de Brasil. Era aprovechar empujar el ingreso de Venezuela por la puerta de atrás. No les importó reconocer que era jurídicamente incorrecto tal como lo reconoció el propio presidente de Uruguay y así como con el caso de la destitución de Lugo que, aunque antidemocrática, era constitucionalmente correcta y bien lo saben los brasileños que por vías similares destituyeron a Collor de Melo hace unos años, y con el bien recordado activismo del expresidente Lula como opositor.

Brasil quiere una Venezuela dentro de Mercosur con obligaciones bien establecidas y definidas. No para aplicarle sanciones por su déficit democrático sino para garantizarle previsibilidad a sus extraordinarios negocios. Además, esa Itamarati, bien informada, sabe que viene un cambio de gobierno en Venezuela y no quieren arriesgar que el ingreso se retarde o se denuncie por que conocen que los sectores técnicos y productivos han sido poco entusiastas con un acuerdo del que tienen certeza que más que 33 beneficiar a Venezuela, garantizará mercado al hermano mayor. Es lógico, también, Brasil quiere garantizar el pedazo de su torta.

GOL DE BRASIL

La diplomacia de Brasil es astuta. En Brasil saben de comercio, de negocios, de protección y de previsibilidad para sus inversiones futuras. No es casual que sus últimos cuatro cancilleres hayan pasado con altas responsabilidades por la Organización Mundial del Comercio (OMC). Brasil y Argentina en menor medida, no se perdieron la puerta que les abrió la crisis de Paraguay para violentar la normativa que ellos mismo crearon y sin que les temblara el pulso empujaron el ingreso de Venezuela al mercado del Sur. Es lógico en el mejor sentido de la diplomacia, se actúa defendiendo los intereses nacionales. Además, y si como parece, el compañero Chávez pierde las elecciones se podían quedar en un *statu quo* mientras el nuevo gobierno evalúa si Venezuela está preparada.

Por otra parte, gran sorpresa para Itamarati cuando descubren que entre los "grandes objetivos históricos y objetivos nacionales" del programa de gobierno del candidato de la patria no se habla expresamente de Mercosur. Se prendieron las alarmas, será que con la negativa del Congreso de Paraguay y luego de intensas evaluaciones, los venezolanos descubrieron que esto de Mercosur no es más que integración capitalista y sin anestesia. Caracas quiere es geopolítica, fortalecer los mecanismos de concertación política en su lucha contra el imperio.

Venezuela tiene poco que vender a Mercosur. Brasil será el beneficiario y quieren una Venezuela adentro con obligaciones bien establecidas y definidas para garantizar sus negocios. Eso es legítimo. Lo que no es correcto, desde nuestra perspectiva, es que insistamos en que logramos un gran objetivo nacional cuando no estamos preparados para tamaño reto. Es más, si nuestro interés fuera real ya desde años atrás el gobierno tendría que haber hecho los esfuerzos necesarios para adecuar la economía para tremenda responsabilidad. El Gobierno quiere actuar a espaldas de las fuerzas productivas que no le son afectas y muestra de ello es la comisión que crea para Mercosur en donde se excluye a las cámaras nacionales y a Conindustria.

Chávez aseguró, cuando se negociaba el ALCA, que nuestro continente no tiene nada que aprovechar de un Tratado de Comercio como el ALCA, pero sí mucho que perder. ¿Cómo vamos a competir económicamente, con nuestro atraso, con nuestra falta de tecnología, de desarrollo con la más grande potencia industrial del mundo? Le recomiendo a mis lectores cambiar esa frase en lo resaltado por Brasil y séptima y confirman si no es la misma ecuación con el ingreso al Mercosur. ¿Es qué ahora si estamos preparados para competir? El presidente hablaba de todo lo que necesitamos y de lo mucho que pueden aprovechar las empresas de Brasil, Argentina y Uruguay. Eso es verdad, pero en lo que a nuestros intereses se refiere, poca generación de riqueza produciremos y por lo tanto menos fuentes de trabajo. Esa es una ecuación simple.

Sin embargo, no significa que con nuestras fortalezas y dotación de factores podremos a mediano plazo aprovechar debidamente la ampliación de mercados externos. Tarea para el próximo gobierno. Mientras tanto, Brasil nos metió un gol a menos que como nos preguntara Emilio Noel en un interesante artículo, ¿Acaso Chávez, con ingresar a Venezuela al Mercosur, se convirtió al libre comercio y el mercado capitalista?

ANABEL GONZÁLEZ A LA OMC

Me complace enterarme del lanzamiento de la candidatura de Anabel González como directora general de la Organización Mundial del Comercio. Para nuestra región sería una extraordinaria oportunidad si tomamos en cuenta que nunca hemos contado con un Director General y se suma, además, la feliz coincidencia que sería la primera mujer en tan importante cargo multilateral. Por otra parte, si hay un país de nuestra América que se merece un reconocimiento en un organismo de las características de la OMC, es Costa Rica. A lo largo de las últimas décadas esa nación ha demostrado una gran cohesión en el desarrollo de políticas públicas y comerciales cuyo objetivo ha sido el uso de las oportunidades del comercio internacional como palanca para el desarrollo.

El país centroamericano ha sido un ejemplo, no solo en la región centroamericana, sino para todos los países en desarrollo. Su actuación en la OMC le ha permitido alcanzar los beneficios que genera una actuación cónsona y proactiva para el fortalecimiento de su política comercial y aprovechar además de las disciplinas del sistema multilateral del comercio. Costa Rica ha sido uno de los países más activos y diligentes en los procesos de negociación que se han promovido en las últimas dos décadas en ese organismo.

Tuve la oportunidad de servir en esa institución y fui testigo de la disciplina y la coherencia que la delegación de Costa Rica le imponía a su trabajo para defender no solo su interés comercial como país en desarrollo, sino contribuir también al fortalecimiento de la capacidad negociadora de Latinoamérica. Siempre exaltó las bondades que este sistema le brinda a las economías más pequeñas. Recuerdo que contaba con un equipo profesional de primera y con una visión de nación en su actuación negociadora.

Es por ello, en otras razones, que considero muy apropiado que se promueva esta candidatura. Tuve la oportunidad de conocer y negociar con Anabel en los años 90 en nuestras capacidades de directores generales de negociaciones internacionales. Actualmente es ministra de Comercio de su país y es una de las mujeres más preparadas y reconocidas por su experiencia y trayectoria en el manejo de la agenda comercial multilateral. Se le haría honor a Latinoamérica y a nuestras mujeres si la comunidad internacional la elige para tan importante cargo. Su experiencia en el diseño y aplicación de políticas comerciales y de inversión, así como su capacidad negociadora y como exfuncionaria de la OMC son una garantía para nuestra región y para la organización en su conjunto.

Espero que los países latinoamericanos y del Caribe apoyen con vigor esta candidatura que tan acertadamente nos brindan los costarricenses. Anabel González puede contribuir a superar algunos de los escollos que han paralizado a esa institución en los últimos años.

MIGRACIÓN

CUANDO LOS HIJOS SE VAN

Todos los días en esta Venezuela maltratada muchos hijos se nos van. Los muchachos que la nación vio nacer se enrumban buscando nuevos destinos, dejan su bosque y escarban por un nuevo refugio. Una frustración para quienes apostaron por su futuro, constatar que lo que hicimos bien como padres no lo logramos como ciudadanos. No les hemos dado el país noble y estable que se merecen. Cuando llega el momento de la partida nos embarga una gran tristeza. Se produce un dolor que se aloja en el pecho. Es como un papagayo que se nos desprende en pleno vuelo. Cuando un hijo se va te queda la sensación de una tarea que faltó por cumplir, que algo más pudiste dar. Piensas en el tiempo transcurrido, en el recorrido, piensas en la rutina que compartieron y los días que pasaron bajo el mismo techo, muchas veces sin estar presentes.

Te increpas, cuántas veces salimos a caminar y pudimos escucharle para compartir sus sueños. Cuántas veces lo acompañaste al médico. Cuántas horas pasamos juntos pero ausentes. Cuando un hijo se va, se produce un gran vacío, queda el tormento de que el tiempo ya no se regresa, lo que hiciste bien y lo que no, ya el pasado lo borró. Cuando un hijo se va, la vejez se acelera, la tristeza te embarga.

Cuando un hijo se va, te queda la duda del reencuentro. Te preguntas cuántas veces los volverás a ver. Cuánto tiempo más pasaremos juntos. Cuando un hijo se va, es como el viento que se lleva una hoja. Siempre te queda la duda de cómo su futuro será. Allí te recriminas sobre si lo hiciste bien. Si tu verbo los ayudó y los orientó a tiempo. Que lo poco o mucho que les diste de algo sirvió. Te queda la incertidumbre de si será que recuerdan más lo que les diste que lo que dejaste de dar. ¿Será que el abrazo y el beso de noche pesó menos que el regaño fugaz? Cuando un hijo se va, el silencio sube de volumen, la tristeza te embarga y el tiempo te increpa.

Muchos países reciben a miles de venezolanos. Los padres se quedan luchando con una esperanza: que esos hijos algún día regresarán.

LO PEOR DE ESTOS TIEMPOS

Una periodista me preguntó: ¿Cuál considera, de las distintas variables que han contribuido al deterioro de Venezuela en los últimos años, tendrá el mayor impacto en el tiempo? Mencionó algunas: destrucción del aparato productivo, corrupción, déficit democrático, violación de los derechos humanos, la inseguridad, violación del Estado de Derecho y quizás otra. Le respondí que ninguna de las anteriores. Todas esas, le dije, son relativamente fáciles de superar a mediano plazo, con un nuevo gobierno, un sistema de justicia eficaz y equilibrado, políticas públicas adecuadas y una economía abierta con la menor intervención del Estado posible. La de más impacto y que nos va a pasar la más alta de las facturas es la emigración. Más de 2 millones de venezolanos se han ido hasta la fecha, en un periodo relativamente corto de tiempo.

Esa es, quizás, la mayor de las tragedias que nos deja este modelo perverso que tanto daño le ha hecho al país. El conjunto de todas las malas políticas ha dado el peor de los resultados: una estampida de compatriotas que nunca debió haber ocurrido. No solo son coterráneos, son recurso y capital humanos forzados a irse a buscar oportunidades de trabajo, seguridad personal y jurídica. Esta pérdida es lo más trágico de estos años, por el impacto que ello implica para el desarrollo productivo del país y por las secuelas emocionales que ha dejado a los tantos padres, hermanos y amigos que han tenido que ser testigos de la desintegración de la familia venezolana.

Si cuantificamos la pérdida de conocimiento, experiencia y saberes que hemos perdido, podremos concluir que lo estafado, derrochado y mal administrado en estos últimos años es inferior al talento venezolano que ha abandonado el país.

LOS HIJOS DE VENEZUELA

Los números rondan los 4 millones. Esa divisa no tiene tasa de cambio. Cada unidad puede representar factores multiplicadores infinitos en conocimiento, experiencias, saberes, bondad, amistad, amor por su familia y por su patria. La diáspora venezolana sigue *in crescendo*. Inimaginable hace unas décadas que uno de los grandes receptores de emigración del mundo iba a ver a los suyos partir. No hay una familia venezolana que no tenga en su haber la partida de unos o varios de sus hijos. La búsqueda de oportunidades a veces puede salir muy cara. Muchos lo logran, encuentran opciones para su futuro, buen empleo, libertad y seguridad, los bienes más apetecidos por los buscadores de sueños, estos con la estampa tricolor sobre su alma. Ya no hay distinciones, se van la mayoría jóvenes, pero también adultos y viejos. Casi no hay un rincón del mundo en donde no se encuentren venezolanos, muchos sobreviviendo, aguantado el dolor que produce dejar su tierra, otros felices y exitosos. También escuchamos y leemos cómo muchos de nuestros connacionales se destacan en las artes, en la academia, en la ciencia. Muchos de nuestros médicos curan a los de otras tierras, nuestros pilotos comerciales vuelan aviones con otras banderas, nuestros oficiales mercantes surcan los mares en buques que no llevan nuestra carga, miles de músicos con sus melodías, tranquilizando el espíritu de muchos alrededor del mundo.

Mientras tanto, hoy en esta patria, miles preparan sus maletas, ponen en orden sus ideas, evalúan si se van o si se quedan. Se hace corta la línea del límite que señala la tolerancia de la gente ante tanta tragedia, dificultad, escasez e inseguridad. Quienes gobiernan parecen no darse cuenta de que quienes se van lo hacen porque a ellos les hicieron el país pequeño, porque con sus malas prácticas han asustado a muchos, les han hecho perder la ilusión a millones de venezolanos. ¿Qué es un país sin sus hijos? Pues, es otro país. En eso están convirtiendo a Venezuela, en un país que no se parece al que muchos conocieron o soñaran. No es justo que la Venezuela buena y noble pierda tanto por cuenta de unos pocos. No sin razón, monseñor Basabe hizo un sabio llamado a los jóvenes al manifestar que ellos no son quienes tienen que irse del país, sino "el responsable del desastre".

LA DIÁSPORA Y EL DESARROLLO

Cuando pase la grave crisis que atravesamos en Venezuela, muchos compatriotas de la llamada hoy diáspora venezolana regresarán al país. No la mayoría, pero sí un gran número de ellos se convertirán en los emigrantes de retorno. Los que se queden en el exterior formarán parte de esa gran diáspora que se le deberá exclusivamente al socialismo del siglo XXI que, entre otros males, se encargó de expulsar directa o indirectamente a millones de coterráneos. Ahora bien, la diáspora podrá igualmente convertirse en una oportunidad para el futuro desarrollo del país. Muchos venezolanos y sus descendientes podrán ser un factor de apoyo para reconstruir la nación.

La OIM ha estudiado algunos de los beneficios de las diásporas para favorecer a sus países de origen. Son las remesas las más visibles; por ejemplo, se calculó que solo en 2012 los emigrantes remitieron a sus países de origen 400.000 millones de dólares. Las diásporas pueden contribuir como inversores directos en industrias y desarrollos tecnológicos que estén disponibles cuando se asienten nuevas oportunidades para las inversiones extranjeras directas en Venezuela. Las redes de conocimiento que se podrán interaccionar en el marco de un nuevo modelo de desarrollo serán, sin duda, otra gran opción para los nuevos tiempos.

Los venezolanos que no regresen tendrán la oportunidad, independientemente del lugar de establecimiento, de dar su cuota de apoyo para afianzar la nueva economía. El financiero y el turismo son sectores que se pueden beneficiar de la diáspora venezolana. No serán pocos los compatriotas que, aunque ausentes, regresen al país a visitarlo o a disfrutar de sus atractivos turísticos.

Para aprovechar este número de oportunidades, se necesita un gobierno que le dé prioridad a trabajar con su diáspora, desarrollar programas especiales para mantenerles el vínculo con el país, fortalecer las misiones consulares para apoyar a los venezolanos que residen en el exterior y garantizar el cumplimiento de normas legislativas que tengan como objetivo una relación permanente con esa nueva realidad.

LA OIM Y LA EMIGRACIÓN VENEZOLANA

Nos tenía preocupados el silencio de la Organización Internacional de Migraciones con relación a la crisis migratoria venezolana. Pensamos que la inercia burocrática de Ginebra estaba esperando el llamado del gobierno venezolano que, por supuesto nunca iba a llegar, de atender esta bochornosa situación que ha colocado a más de 4 millones en la necesidad de marcharse del país, afectando especialmente a países de la región que igualmente son naciones con sus propias dificultades, en desarrollo y que en honor de la verdad han propiciado una política de solidaridad con los venezolanos. Entre otros, hay que mencionar a Argentina, Chile, Ecuador, Perú y Colombia.

Sin duda, en la ayuda humana se mide la verdadera integración entre los pueblos y sin retórica barata sobre libertadores y espadas que recorren América Latina, los gobiernos actúan bajo la premisa de la responsabilidad compartida y han acogido a muchos hijos de Venezuela.

El plan de acción de la OIM cubre 17 países de la región para ayudarlos a mitigar el flujo permanente de venezolanos que huyen del país por distintas causas, fundamentalmente económicas y por la crisis política. El plan requiere de más de 30 millones de dólares en financiación y será coordinado entre otras agencias de Naciones Unidas como Acnur y los propios países receptores de los emigrantes venezolanos.

Sin duda, la carga que significa la llegada de estos contingentes migratorios tiene un peso específico para las ya golpeadas economías de la región que necesitan apoyo internacional para brindar receptividad con calidad y desarrollar facilidades que garanticen que estos grupos humanos no sucumban en escenarios similares como los que hemos visto en otras regiones, especialmente en África y en el Medio Oriente. Es lamentable el desprecio del gobierno venezolano ante tamaña realidad y deberían ser, precisamente, los responsables de esta tragedia quienes estén detrás de apoyar a los países receptores y a los propios venezolanos que deambulan por el mundo con muchos de sus derechos como ciudadanos limitados por la falta de comprensión de esta nueva realidad

Solo hace unos años nos era imposible imaginar que el país que les abrió los brazos a miles de ciudadanos del mundo hoy estaría despidiendo con dolor a su más preciado valor, su capital humano, a los hijos de la nación que sin distinción de origen, raza, credo e ideología han tenido que partir ante tamaña crisis en la que nos sumió este disparatado proceso político que ha producido tanta división y pobreza en el país.

VETO MIGRATORIO

Fue un triunfo para el gobierno de Trump la decisión de la Corte Suprema en relación con el veto migratorio que incluye a varios países musulmanes, a Corea del Norte y a Venezuela. Esta decisión, con toda razón, despierta pasiones, especialmente entre los defensores de los derechos humanos y derechos civiles en Estados Unidos. Muchos la consideran inapropiada, como la decisión de la Corte por allá en 1944, durante la Segunda Guerra Mundial, cuando autorizó la creación de los campos de retención de japoneses en California y que en la práctica no fue otra cosa que centros de concentración de ciudadanos norteamericanos de origen japonés. Hay quienes consideran que esta decisión abre el camino para mayor discrecionalidad, racismo, xenofobia y, por ende, una mayor división entre los ciudadanos de ese país.

Ahora bien, si ponemos en contexto esta decisión aprobada por solo 5 de los 9 magistrados y que corresponden al ala republicana del Supremo, encontramos que consideran que no se vulnera la primera enmienda de la Constitución que impide al gobierno favorecer una religión sobre otra y lo que hace es ratificar el poder del Ejecutivo para decidir quién entra a Estados Unidos, basándose en razones de seguridad pública. El gobierno intenta bajarles el tono a las denuncias de islamofobia y lo demuestra cuando excluye a otros países musulmanes de la lista original e incluyen a Norcorea y a Venezuela. En la práctica, esta opción le brinda mayor margen de maniobra para aplicar restricciones unilaterales para el ingreso a Estados Unidos, medidas que con distintas tonalidades las aplican la mayoría de los 193 miembros de las Naciones Unidas. En el caso de los venezolanos, se mantendrán restricciones que corresponden a los requisitos para otorgamiento de visas, exceptuando a los funcionarios del gobierno responsables por falta de cooperación en verificar si hay ciudadanos que representan una amenaza para su seguridad nacional al "no compartir información relacionada con seguridad pública y terrorismo", tal como lo indica la tercera orden ejecutiva relacionada con este tema.

LA EMIGRACIÓN Y LA SOLIDARIDAD LATINOAMERICANA

Si hay una primera conclusión que podemos sacar de la diáspora venezolana es que ha contribuido, como pocos esfuerzos, para demostrar la verdadera vocación integracionista de la región latinoamericana. Esto lo afirmo tomando en cuenta las miles de horas en discursos, viajes, pronunciamientos, espadas de Bolívar recorriendo América Latina, que nunca ha podido integrarnos en su debida dimensión.

Nuestros esquemas de integración cada vez son más frágiles y cada día se parecen menos a la retórica de los líderes de turno. Lo que sí es una muestra contundente de solidaridad e integración es lo que hemos visto con la acogida solidaria a la emigración venezolana, a través de la joya de la corona de la verdadera integración como lo es el libre movimiento de personas.

La reacción desde Argentina hasta México con los venezolanos que han huido de la trágica situación que vive el país es un ejemplo para el mundo. Que países en desarrollo, como son los de la región, asuman a pesar de sus propias dificultades apoyar a estos vastos contingentes de venezolanos es una auténtica muestra de solidaridad. Colombia, Perú, Chile, Panamá, han aceptado una carga con verdadera vocación solidaria y latinoamericanista.

Reacciones adversas por parte de algunos ciudadanos o grupos organizados, atemorizados por lo desconocido, la competencia, son comprensibles. Reacciones naturales más que xenofóbicas. Lo cierto es que, en el tiempo, Venezuela y la comunidad internacional tendrán que reconocer la solidaridad de estos países, su ejemplo y su contribución ante la tragedia de muchos compatriotas, que al final no son otros que nuestros hijos, familiares, los hijos de nuestros amigos y de esta patria.

No debemos olvidar que nuestra emigración representa 10% de la población del país, ante la realidad de 258 millones de emigrantes que hoy existen en el planeta, que representan 3% de la población mundial y que contribuyen a 10% del PIB mundial. La emigración venezolana al igual que la del resto del mundo es un fenómeno positivo. Los emigrantes son un motor para el crecimiento de cualquier país.

De allí la importancia del Pacto Global sobre Migración Segura, Regular y Ordenada, cuyos objetivos son: reorientar políticas de los países y organismos internacionales con relación a las migraciones, reforzar la cooperación contra traficantes de personas, para lograr una migración ordenada y rebajar los riesgos de millones de personas que transitan sin documentos.

RETORNO A LA PATRIA

Si el gobierno, como lo indican los medios, se sentó a dialogar con la Organización Internacional de Migraciones para pedir apoyo para lograr regresar a venezolanos que así lo deseen, pues bien, aunque hizo tarde lo correcto, porque además con esos organismos internacionales y otros del sistema de Naciones Unidas, como Acnur y los países receptores de emigrantes, debería estar trabajando para aliviar la carga que representa el éxodo venezolano, que es consecuencia no de una invitación de estos países, sino el resultado de la profunda crisis económica y política que vive Venezuela.

Ahora bien, que a largo plazo funcione este plan no depende del envío de aviones a algunas capitales; tienen que resolverse primero las condiciones objetivas que han hecho irse a más de 4 millones de venezolanos en casi dos décadas, y luego contar con herramientas jurídicas que les den viabilidad en el tiempo a lo que debe ser una política de emigración de retorno de largo aliento. Pues de la noche a la mañana no regresan cientos de miles de compatriotas.

Hay que recordar que la academia ha estudiado este fenómeno migratorio y ha concluido, por ejemplo, que, a menor distancia recorrida por la migración, mayor frecuencia de casos de retorno; a mayor duración menor probabilidad de regresar, y si no se modifican las razones objetivas que impulsaron la decisión de irse (inseguridad, pobreza, lucha política, persecución, hiperinflación) se desestimula la migración de retorno. Por otra parte, otros especialistas han concluido que los emigrantes dispuestos a regresar dependen de varias categorías relacionadas con la adaptación y el éxito de su proyecto. Hay migrantes fracasados, que quieren retornar por no adaptarse en el país de destino, por incapacidad de integrarse a la nueva sociedad (idioma, clima etc.); intentan regresar los que ya se han jubilado en el país receptor o los que no pueden enviar remesas para ayudar a sus familias, y los que quieren regresar tras alcanzar sus objetivos migratorios. Por supuesto, los que se han ido por muchos años también deben confrontar la nueva realidad del país que dejaron atrás y para lo cual podrían tener dificultades de adaptación, en otras palabras, convertirse en emigrantes en su propio país.

FACILITAR LA MOVILIDAD DE LAS PERSONAS

Toda persona, desde el momento en que nace, tiene derecho a una identificación. Así lo establece claramente el artículo 8 de la Convención del Derecho del Niño. Por otra parte, la Declaración Universal de los Derechos Humanos reza que tenemos derecho de circular libremente y de salir de cualquier país, incluso del propio, y regresar. Para que esto se cumpla se debe tener la debida identificación, sea cédula o pasaporte.

A las tantas dificultades que se suman en la Venezuela de estos tiempos nos encontramos con la del otorgamiento de pasaportes y su renovación. Para nadie es un secreto, y el propio gobierno lo ha reconocido. En algunos momentos han avanzado y en otros retrocedido. Hay incapacidad estructural para resolver el otorgamiento de estos instrumentos de viaje. Se necesitan políticas eficientes, y hay que combatir las mafias que han existido por décadas y en distintos formatos, interesadas en mantener un *statu quo* de caos para beneficiarse de la necesidad de las personas.

Es una obligación garantizar las debidas identificaciones para viaje y para cumplir con regulaciones internacionales, y además ser consecuentes con un precepto constitucional (art. 50) que establece que todo ciudadano tiene derecho de ausentarse del país. Si se duplicara la vigencia del pasaporte a 10 años, se cobrará al precio de su verdadero valor de emisión y se mejorara el servicio de registro y entrega, se reduciría parte de la presión.

Muchos países de la región, dada la dificultad de los venezolanos para obtener pasaportes o renovarlos, les han permitido la circulación sin requerir el documento. Es, sin duda, un avance y una práctica que se suma a otras que la comunidad internacional ha implementado a través de varios acuerdos para la libre circulación de personas, UE, Mercosur, Centroamérica, CAN, entre otros. Una resolución de la Unión Europea en ese sentido sería de utilidad para miles de venezolanos con dificultades de actualizar sus documentos de viaje. Pensemos en cuántas vidas se hubiesen podido salvar y cuántas se salvaron gracias a la discrecionalidad de muchas autoridades que facilitaron la movilidad de personas sin identificación o perseguidas por su país de origen, raza o religión durante la Segunda Guerra Mundial.

PERMISO DE ALTURA

El señor me abordó en la plaza de Usaquén, el frío era tremendo y él apenas tenía una franela y una chaqueta de blue jean. "Disculpe, señor. ¿Me puede ayudar? Soy venezolano, caminé desde Cúcuta hasta Bogotá con mi esposa y un hijo". Lo sorprendió que le preguntara de qué parte de Venezuela era, como poniendo en duda la historia. Me respondió: Soy de Caracas, de Casalta, ¿conoce? Le respondí sin detalles que sí. Lo increpé: Por qué no trabaja en vez de pedir. Me confirmó que era obrero de la construcción: "No he podio emplearme porque no tengo el permiso de altura. Cuesta 300.000 pesos y estoy tratando de conseguir dinero para ello". No quise insistir ni sospechó mi origen, y dudé de que existiera tal permiso. Indagué sobre el asunto. Ciertamente, en Colombia los obreros necesitan un permiso para trabajar en alturas.

Una pequeña historia de las miles que viven los emigrantes de todas partes del mundo. Los que salen de Venezuela a Colombia y al resto del mundo; los que caminan meses desde países de África hacia Melilla, en España; los hondureños que caminan hacia el norte, rumbo a Estados Unidos o México. La necesidad los empuja.

Lo cierto es que es un drama humano que ha existido siempre y en muchas modalidades, todas dramáticas, llenas de historias paralelas y sufrimientos. Toda movilidad migratoria genera desesperación humana, angustia y maltrato. La emigración no es solo del que se va, sino de los familiares que se quedan; se estresan todos por igual. La separación forzada de seres queridos genera frustración; el miedo a fracasar, la ausencia de oportunidades, no tener dónde vivir, qué comer; en fin, condiciones que convierten al emigrante en sujeto de las mayores preocupaciones y esfuerzos internacionales para contribuir a su debida incorporación a los nuevos destinos.

No debemos olvidar que en el mundo hoy 1 de cada 100 personas son desplazadas; existen 68,5 millones de refugiados, 25 millones que huyen de conflictos y persecución, varios millones de venezolanos han partido en las últimas dos décadas, y al final del camino son pequeños porcentajes los que regresan a sus países de origen.

EL RETO MIGRATORIO PARA COLOMBIA

Colombia es el principal receptor de venezolanos que emigran. Las cifras son superiores a 1 millón de personas. Para un país en desarrollo que apenas sale de un proceso de guerra civil que generó su propia diáspora y desplazados, y que no tenía una política migratoria integral, sin duda que es una presión tremenda. No es cualquier cosa que una nación con esas características tenga que confrontar esta realidad para la cual no está preparada. Ante este escenario, la buena noticia es que el gobierno es consciente del desafío y actúa diligentemente para tratar de mitigar los efectos negativos de esta oleada migratoria que se inició en el año 2000. Colombia enfrenta el problema pidiendo recursos y apoyo a los organismos internacionales, está trabajando con los países de la región afectados por la inserción de estos contingentes humanos, y además ha facilitado a través de una serie de mecanismos la permanencia legal de la mayoría de nuestros compatriotas. De mano del sector público, el privado, el académico, organizaciones no gubernamentales y organismos como la OIM, Acnur y otros parecieran entender los desafíos y las oportunidades que se desprenden de una realidad que genera la crisis venezolana.

Los venezolanos que llegan por miles a los países de la región no fueron ni invitados ni forman parte de una política de atracción para emigrantes. Por ello debemos aspirar a que se facilite el proceso de emigración para evitar los traumas que situaciones de esta naturaleza pueden generar y que el Estado colombiano logre tener éxito en articularse con los sectores involucrados para alcanzar una política encuadrada en las mejores prácticas para garantizar una emigración que genere las mínimas resistencias posibles en la sociedad colombiana.

Hemos leído un estupendo informe producido por el Observatorio de Venezuela de la Universidad del Rosario y la Fundación Konrad Adenauer en Colombia sobre los retos y oportunidades de la movilidad humana venezolana. Un documento fundamental para ayudar al gobierno a implementar mediadas y asumir los retos de esa realidad que se le vino encima. Por lo pronto, debemos reconocer y recordar que cuando Venezuela les dio acogida a los cientos de miles de colombianos, peruanos, ecuatorianos, dominicanos que buscaron en nuestro país oportunidades, no contábamos con una política migratoria integral que facilitara encauzar debidamente esa realidad.

LA QUINTA OLEADA MIGRATORIA

Emigrar sigue siendo una opción para muchos venezolanos. Mientras la crisis continúe, lamentablemente este es un recurso al que muchos compatriotas recurrirán. Ya son 20 años de un goteo emigratorio permanente. Cada crisis mayor durante estos años empuja una oleada. La quinta oleada se inicia en estos días debido al golpe psicológico que representó el apagón a escala nacional. La oscurana se llevará a miles de venezolanos, en mi opinión. Fue un fuerte impacto para la psique de la mayoría. Muchos deciden entonces, al igual que el surfista que espera su ola. Esta realidad que vivimos gran parte del país, y que padecen muchas ciudades del interior desde hace tiempo, abre las compuertas para que muchos tomen la decisión final de sus vidas, irse del país.

Las razones objetivas que empujan a las personas a tomar esa decisión varían. Hemos escrito otras veces en el sentido de que, por ejemplo, lo que hace que los sirios, los centroamericanos o los venezolanos decidan irse tiene como rasgo común variables como crisis, ingobernabilidad, miedo o deterioro económico. Lo que hace tomar la decisión final varía de acuerdo con cada realidad y con situaciones puntuales que afectan, asustan o hacen rendirse a quienes han soportado las dificultades de la vida cotidiana desde hace algún tiempo.

El proceso migratorio se origina desde el momento en que la persona se propone irse de su país. De allí en adelante comienza todo un amplio desarrollo de ideas, evaluaciones y toma de decisiones relacionadas con el proceso que le llevará a sumarse a las corrientes migratorias.

Así como reconocemos esto, insistimos en que la mejor manera de prepararse es evitar una decisión emotiva o impulsada por circunstancias ajenas a su voluntad; entonces, debe iniciarse un proceso de evaluación de cuál debe ser su destino, cuándo partir, con qué cualidades y fortalezas se estará enfrentando a un nuevo entorno.

En esta nueva oleada, países como Colombia, Ecuador, Perú, Chile, Brasil y Argentina serán de nuevo grandes receptores de venezolanos. Deberán confrontar las consecuencias de un proceso político y económico que fracasó, que es la razón objetiva por la cual estos ciudadanos buscan alternativas en otras partes. Además, son los venezolanos de las últimas oleadas los más vulnerables, los que tienen menos recursos, los que necesitan más de la solidaridad internacional. No me canso de reconocer la apertura de la región latinoamericana, que ha sido amable, paciente y complaciente con estos contingentes de nacionales que solo buscan la oportunidad de vivir mejor. Ello es una muestra de responsabilidad compartida como poco se ha visto en el mundo.

Esta realidad obliga a estos países a prepararse, trabajar integralmente, diseñar políticas de reinserción, evitar la explotación, la marginalización, la trata de personas y la explotación de derechos humanos fundamentales, muchas veces asociados a minorías y a emigrantes cuando tratan de insertarse en otros países. Organismos internacionales como la OIM deben estar alertas y trabajando con los gobiernos locales ante estas nuevas situaciones que se avecinan, y no esperar a que las oleadas de ciudadanos comiencen a llegar.

Para una realidad inevitable también debe trabajarse internamente en procesos de ayuda para el futuro emigrante que requiere de orientación para iniciar un proceso como este. Se debe contar, en primer lugar, con apoyo especializado de asesores migratorios y organismos internacionales especializados. Así como la orientación especializada y los programas de inserción de los países receptores son fundamentales, también lo es la familia que se queda como soporte de este proceso. Se debe evaluar en su núcleo familiar la conveniencia de la compleja decisión. Cuáles son las ventajas, qué opinan quienes se quedan atrás, dónde quedan nuestros padres, los hijos, quién los ayuda, etc. Tomada la decisión migratoria, lo más recomendable es no lanzarse bruscamente.

La preparación inicial para el aspirante a emigrar se puede resumir de la siguiente manera: buscar asesoría migratoria, estudiar las características del país de destino. Evaluar el proceso político y económico del país. Conocer la tasa de desempleo del mismo. Si es profesional, investigar cuáles son los requerimientos de homologación. Solicitar la respectiva visa y conocer los procedimientos para solicitar residencia. Preparar toda la información que pueda necesitar ante las autoridades migratorias: partida de nacimiento, constancias de buena conducta, constancia de estudios, títulos universitarios debidamente apostillados, informes médicos, tradición crediticia, reconocimientos, premios, etc. Estudiar el idioma del país de destino si no lo habla. Hacer contactos con organizaciones afines a su religión en el destino de emigración. Contactar las asociaciones de nacionales radicados en el exterior. Es una decisión de vida compleja, que mal evaluada puede traer terribles consecuencias.

LA XENOFOBIA

El miedo al extranjero, al emigrante, al desconocido, a la competencia, la presencia del que no es de allí, ha producido a lo largo de la historia este fenómeno que hoy se sanciona en la mayoría de los países y del cual se ha alertado en el mundo civilizado desde la Declaración Universal del Hombre. Este es un fenómeno que se maneja en el subconsciente de la gente y es fácil despertarlo, especialmente cuando los países están en crisis o son sometidos a contingentes humanos en altas proporciones. En casi todas las sociedades es una epidemia latente. Aquí, en Venezuela, que hemos sido un país abierto a los extranjeros y sin embargo hemos tenido nuestros momentos de vergüenza. Recuerdo de muchacho la actitud que despertaba la emigración colombiana, ecuatoriana o peruana. Hubo reacciones xenofóbicas contra argentinos e incluso contra profesores chilenos que daban clases en nuestras universidades y que venían huyendo de la dictadura. Nunca fueron reacciones demasiado importantes, siempre hay imbéciles en los caminos.

El tema de la xenofobia se nos olvida en su real dimensión, hasta que una situación como la masiva emigración venezolana nos recuerda que ahora les llegó el turno a nuestros compatriotas. La historia reciente en Ibarra, Ecuador, es insólita. Un país también de emigrantes en su propio patio actúa primitivamente ante un horrible crimen. El asesinato de una mujer embarazada por su exmarido venezolano despertó las peores pasiones de xenofobia contra los venezolanos como pocas veces las hemos visto en esta región del mundo. Una reacción inaudita que mezcla un femicidio con odio al extranjero ante una reacción del ejecutivo ecuatoriano de muy poca altura. Para colmo, el deseo de la venganza también floreció en algunos sectores de Caracas como muestra de mayor torpeza. Sin duda, una vergüenza que un venezolano atropelle a algún extranjero por retaliación. Como hemos dicho antes, nuestra estirpe es de amplitud con el que viene de otras partes. Siempre debemos rechazar la xenofobia y mucho más la venganza.

NO A LA XENOFOBIA

El ruido de la xenofobia recorre América Latina. Hay que alertar para evitar su expansión. Los gobiernos de la región tienen que trabajar para promover fórmulas pedagógicas que eviten que sus poblaciones encuentren en los emigrantes un enemigo.

Los casos recientes de persecución, de amenazas y de rechazo a muchos venezolanos por las matrices de opinión que se generan o por actos delincuenciales hay que estudiarlos y enfrentarlos en su debida dimensión. Es obvio que los países no se merecen contingentes de malhechores y para ello debe haber cooperación internacional a fin de garantizar que no se reciba una minoría que desdice de la mayoría honesta que busca oportunidades fuera de su patria.

La xenofobia hay que entenderla y es necesario educar para que nuestros pueblos no caigan en las redes de sectores interesados en generar antipatía por otros nacionales.

El histórico papel que han desempeñado los gobiernos y los pueblos de América Latina de gran nobleza y comprensión ante las necesidades migratorias de otros en la región no deben caer en la tentación xenofóbica y oportunista. Por eso es tan importante tomar consciencia de la real dimensión de este problema, que nos parecía ajena hasta que una situación como la masiva emigración venezolana nos recuerda que ahora les llegó el turno a nuestros compatriotas. Como he dicho antes, nuestra estirpe es de amplitud con el que viene de otras partes.

Siempre debemos rechazar la xenofobia y mucho más la venganza. Rechazamos la delincuencia que se mezcla con la gente buena, así como el uso de la tragedia para réditos políticos.

Nuestros gobernantes deben hacer un esfuerzo en apoyar a los emigrantes y sobre todo flexibilizar a través de una metodología moderna la nueva realidad que generan miles de seres humanos que hoy abrazan otras tierras para que puedan reunirse y mantener contacto con sus familiares. Las rigideces consulares y las limitaciones para la movilidad de muchas personas que no son emigrantes y que tienen vínculos familiares, comerciales o de inversiones se lo limitan cuando se crean regulaciones generales que le cierran la movilidad a ciudadanos con intereses distintos a los migratorios.

El laboratorio de educación ciudadana para la inmigración y la convivencia de Colombia, con relación al éxodo venezolano, y que es igual para cualquiera de nuestros países, alerta en ese sentido "sobre la importancia de diseñar estrategias de mediano y largo plazo que aseguren la efectiva integración de inmigrantes y refugiados a la sociedad receptora con el propósito de evitar conflictos, discriminaciones, proliferación de ilícitos y explotación de mano de obra laboral".

Sin duda tenemos un arduo camino que recorrer para evitar mayores sufrimientos a los que han tenido que dejar sus países. Ojalá que la tentación de la discriminación no desborde el progreso que la humanidad ha hecho en estos temas.

COVID-19 Y LA SALUD DE LOS EMIGRANTES

Al ser los emigrantes un sector vulnerable, cómo enfrentan la crisis de la pandemia y cuáles políticas optan los países receptores es un tema de mucha preocupación en la comunidad internacional. Paralelamente a los múltiples estudios que se hacen sobre los efectos del virus se requiere conocimiento de los efectos en el marco de la movilidad humana para apoyar a los sectores sanitarios de los países a tomar medidas que garanticen no excluir a las personas recién insertadas, como parte de los contingentes migratorios y también a los que están en movilidad que pueden convertirse en un factor de mayor diseminación de la pandemia. Estudios han concluido, por ejemplo, que la salud de los emigrantes no se ha focalizado debidamente para la toma de decisiones públicas y la implementación de mecanismos que atiendan las necesidades migratorias.

En un estudio publicado en 2018 de Waleed M. Sweileh con otros investigadores, con aportes de la Organización Internacional de Migraciones, concluyeron que efectivamente en los últimos años gobiernos, investigadores y defensores de los derechos humanos han estado inquiriendo sobre la situación de salud de los emigrantes y refugiados, no solo en cuanto a mantener los niveles de salubridad, sino también cómo limitar la potencial capacidad de ser portadores de ciertas enfermedades que llevan a los lugares de destino sino con las que regresan cuando se dan procesos de emigración de retorno. El estudio detalla investigaciones que se han hecho sobre enfermedades diversas que portan emigrantes, muchos de los cuales nunca fueron vacunados. Señalan enfermedades como la tuberculosis, hepatitis, rubéola, malaria, entre otras. Las evidencias por igual les demostraron que la emigrante embarazada tenía aún más complicaciones. Esto sin tomar en cuenta que los estudios se realizan sobre emigrantes que se dirigen fundamentalmente a países desarrollados. Suponiendo entonces que el impacto tanto para el país receptor como para el emigrante es peor en países con limitaciones o menor desarrollo.

Por otra parte, el seguimiento del estatus mental del emigrante es de gran preocupación, especialmente para aquellos que vienen de situaciones de guerra y de conflicto, pero incluso para la emigración regular que también son portadores de angustias que se derivan de la incertidumbre y de la falta conocimiento con relación a los retos que tienen por delante.

De allí que la actual pandemia abre una mayor inquietud sobre la suerte de millones de seres humanos que están en situación migratoria o de refugiados, muchos sin acceso a la salubridad y menos a sistemas de salud. De allí la importancia de desarrollar políticas públicas que absorban esta realidad y el necesario esfuerzo de la comunidad internacional en no desmayar en el apoyo a estos contingentes de seres humanos que se movilizan incluyendo en tiempos de covid-19.

ME VOY, QUEDÁNDOME

Tuve cita con un médico en días pasados. Hombre preparado y culto. Todo está bien contigo, me confirmó. Por lo demás, me confieso, tengo guayabo, visité a mi hija en España y la verdad es que nos hace mucha falta. Este tema de nuestros hijos emigrando es duro, me afirmó. Me contó Rodrigo que había pensado irse también. Tiene licencia para ejercer la medicina en España. Esa historia de una sola hija y separada de nosotros es demasiado dura, me afirmaba. Lo comprendí. La consulta había terminado y comenzaba una amena conversación sobre el fenómeno migratorio. Rodrigo me confirmó que él no se iba. Ya sus padres habían emigrado a Venezuela. No se sentía en capacidad de repetir la experiencia. Además, a su edad, era como una prueba dura y riesgosa, aunque económicamente pudiese igual estar resuelto.

Estuve de acuerdo con él y más o menos en los siguientes términos abordé el tema; mucha gente emigra sin evaluar debidamente las consecuencias de tamaña decisión. Ya de por sí el fenómeno emigratorio no se inicia con la llegada al destino desde el país de origen. Se origina cuando en nuestra mente comienza a rondar la idea de irnos, de emigrar. Allí, empieza un fenómeno de desapego, de desgaste energético y de angustia. Sumamos los enormes esfuerzos que hay que hacer con el impacto emocional que los preparativos pueden tener en cada uno de nosotros. Puede ser difícil. De allí, si bien la decisión es netamente individual, tenemos que prepáranos debidamente para iniciar el camino.

Mientras más hablo con la gente que se plantea esta opción más me convenzo de la importancia de pedir orientación migratoria. Muchas veces autogeneramos conclusiones para fortalecer nuestra decisión y no siempre son las más apropiadas. Por ello, la asesoría migratoria es tan importante. Intercambiar con personas que manejan herramientas que nos ayuden a tener una visión de conjunto es muy importante.

Muchas personas han hecho de una manera más efectiva y menos dramática su decisión que otras, confundidas o simplemente mal entendidas, sobre la realidad que significa el complejo proceso de adaptación. Esto nos lleva a insistir en la importancia de buscar asesoría. Aquí, en Caracas, el Centro de Capacitación Migratoria (www.ccmigratoria.com) se ha convertido en una excelente oportunidad para buscar ese apoyo. Tratar de evaluar con especialistas las implicaciones de tamaña decisión en la vida puede marcar la diferencia entre una decisión meramente emotiva a un proyecto de vida planificado.

¿QUÉ ES SER EMIGRANTE?

Hablamos del emigrante y lo calificamos con cierta ligereza. Los que se fueron, los que llegaron de otras partes, los que dejaron atrás su país. Los que huyeron y se fueron corriendo. Los que quitan trabajos, los desadaptados, los apátridas y los que abandonan a sus familias, los que se dejaron derrotar y los que no tuvieron capacidad para luchar por lo que les arrebatan, entre tantas otras excepciones que encierra xenofobia o poca sensibilidad por el otro. Claro que hay un término más formal internacionalmente reconocido. En fin, son tantas visiones como quieras escuchar. Solo en estos días quedamos asombrados al oír de un candidato a alcalde en Perú que proponía en su campaña electoral una política de tolerancia cero hacia los venezolanos o el programa de "contra el miedo" a los venezolanos en Bogotá.

Lo cierto es que en carne propia hemos aprendido a vivir lo que muchos de nuestros padres y antepasados sintieron como emigrantes. Hemos visto a nuestros hijos, a los hijos de nuestros amigos partir. Estas navidades y el principio del año nos permitieron ser testigos de la alegría de la llegada de miles de venezolanos que regresaban al país al reencuentro con sus familiares. También el dolor posterior con la nueva partida. El hasta luego, el abrazo, el llanto, regreso cuando pueda y siempre es la mirada de padres viejos y los abuelos con la tristeza en su rostro si podrán de nuevo volver a ver a sus más queridos.

Descubrí en estos días una influenciadora de las redes de origen hindú, Rupi Kaur, poeta y sensible, miles de seguidores y acompaña sus fotos con cortos textos muy significativos, se firma además como inmigrante. Escribe un poema que me atrevo a traducir en el que se expresa así: *No tienen ni idea de lo que significa/ perder tu hogar bajo el riesgo de/ nunca encontrar tu hogar otra vez/ tener toda tu vida/ divida entre dos naciones/ y convertirse en el puente entre dos países.* Dura realidad del que se va. Golpea todos los cimientos. Los de los propios emigrantes, los de su familia y los de su país. Unos, se adaptan, otros nunca lo hacen. Otros comienzan un camino sin estar seguros a donde quieren llegar. Apuestan a que los nos quedamos los ayuden y no desdibujemos los buenos recuerdos del país que dejaron atrás.

PERSONAJES

NOS CRECIMOS EN QUITO

Aún recuerdo la última vez que vi a Sebastián Alegrett, amigo y maestro en las lides de la diplomacia. Fue en un homenaje que le hicieron los cancilleres andinos en la Secretaría de la CAN en Lima. Cargaba a cuestas sus últimos días. Las intervenciones de los representantes fueron de elogios y reconocimientos a su trayectoria y vocación por la región. Sebastián era un integracionista, como secretario general del SELA y de la Comunidad Andina, como embajador de Venezuela ante la OEA, en Colombia y en Brasil, siempre demostró obsesión por la verdadera integración de la región. Compartimos a principios de los años noventa como ponentes en Sao Paulo en un foro Mercosur-Nafta, donde insistió al final de su intervención que los países latinoamericanos debían emprender decididamente y cuanto antes su propia integración. Es así, la deuda de la región por encontrarse a sí misma aún es muy alta. Todos los grupos regionales aún tienen mucho por hacer en cada una de sus especificidades. Ante los tratados, discursos de políticos de turno y acuerdos que muchas veces no se cumplen, no hay nada que supere la vocación, la praxis y acción solidaria ante las dificultades.

Es, precisamente, la crisis migratoria venezolana y la positiva reacción de la región una muestra que hubiese satisfecho y mostrado a Sebastián que el camino recorrido valía la pena. Es que la Declaración de Quito sobre Movilidad Humana de Ciudadanos en la Región es una pieza de refinada diplomacia y de responsabilidad compartida por parte de nuestros vecinos, conscientes de la tragedia y de la necesidad de la asistencia humanitaria, cooperación entre los gobiernos y los organismos internacionales. Es una iniciativa importantísima que rompe con tradicionales comportamientos ante situaciones de esta naturaleza. La aceptación de documentos de identificación vencidos, así como mecanismos para una migración segura y ordenada dentro del marco del Pacto Mundial recientemente acordado es un paso fundamental. Una vez más, el gobierno de Venezuela, en su cerco de la diplomacia de la confrontación y provocación, no asistió al encuentro y, además, amenaza con protestar ante los gobiernos por su participación en un encuentro que sin duda ayudará a nuestra diáspora. ¿Quién entiende?

EL GRUPO ÁVILA

La constancia, la disciplina y la honestidad retribuyen en el tiempo. Un grupo de diplomáticos, académicos, investigadores, estudiosos de las relaciones internacionales y de las ciencias sociales comenzaron a reunirse todos los lunes desde hace doce años para evaluar, discutir, escuchar a expertos y dejar constancia de su visión sobre el acontecer nacional y, particularmente, sobre los temas referidos a la actuación internacional del país, por lo general desenfocada, contradictoria, agresiva y cada vez más distante de lo que en otros tiempos fue una política exterior de Estado y no de partido, coherente, con una visión democrática y, además, reconocida por la mayoría de los países miembros de la comunidad internacional, por democrática, por haber dejado una huella de respeto, un accionar constructivo y especialmente apegada al derecho internacional y a la negociación como arma poderosa del quehacer civilizado entre naciones.

Este grupo, que reúne entre su patrimonio a destacados especialistas y expertos diplomáticos, se ha convertido en una voz de reflexión, ya que evalúa y alerta sobre importantes coyunturas del quehacer mundial y logra perdurar como una referencia en estos tiempos tan convulsionados.

Recientemente presentaron su segunda entrega editorial con el título *Temas de la agenda global. Doce años fijando posición*, en donde recopilan muy valiosos documentos que recogen la línea de pensamiento de este grupo, sus denuncias, análisis y llamados de atención sobre política internacional, la política exterior de Venezuela, gobernabilidad, derechos humanos y democracia.

El Grupo Ávila alertó, entre otros tantos temas, sobre el torpe retiro de Venezuela de la CAN, sobre los delirios nucleares de Chávez, sobre la arremetida antidemocrática del gobierno contra dirigentes opositores, sobre la crisis que provocó Venezuela en Mercosur, sobre la militarización del país, sobre el déficit democrático y sobre el desmantelamiento del servicio exterior, entre otros tantos temas.

El Grupo Ávila y su contribución van de la mano del embajador Edmundo González, quien ha logrado mantenerlo a lo largo de los años junto con un equipo de talentosos venezolanos que, aunque fuera de las instancias del poder y del Estado, calibran sobre las mejores prácticas internacionales y le recuerdan al mundo que en Venezuela aún se apuesta por una política exterior de Estado, de actuación transparente, democrática y multilateralista ante los nuevos retos y demandas de la comunidad internacional.

RECORDANDO A PETKOFF

Realmente nos golpea la partida de Teodoro. Fue importante para Venezuela. Su honestidad, valentía, espíritu de lucha y capacidad de enfrentar la adversidad y de evolucionar en su línea de pensamiento lo convierten en uno de los venezolanos más importantes del siglo XX y parte del XXI. Sobrarán en estos días líneas en los medios para reconocerlo y destacarlo. Quiero dejar testimonio de un recuerdo que aprecié de mi relación con este buen hombre que se nos fue el miércoles 31 de octubre.

Recibí una llamada de mi buen amigo Víctor Hugo D´Paola, para aquel entonces diputado por el MAS, para avisarme que Teodoro iba a República Dominicana y que, toda vez que éramos amigos, me agradecía le diera apoyo. Le indiqué que lo haría por la admiración y la amistad, pero que además por su condición de diputado era nuestra obligación como diplomáticos apoyarlo. Yo había militado en mis años de estudiante en el MAS y conocía a Teodoro. Le recomendé, sin embargo, que dada su investidura le avisara a nuestra Cancillería para que oficialmente el embajador se viera en la obligación de darle las facilidades del caso. Así fue, una instrucción de Caracas se recibió ordenando apoyo, lo cual el embajador Clavijo Ostos asumió como parte de las rutinas de nuestro oficio.

Me pidió el embajador, adeco militante, que me encargara de atender y apoyar al diputado. Durante unos cuatro días estuvo Teodoro en Santo Domingo y en su agenda se le incluyó una cena oficial que le brindaba la embajada en su calidad de parlamentario. Deferencias como éstas entiendo ya no existen en la actuación de nuestras misiones.

La razón de la visita de Teodoro era principalmente para saldar una vieja deuda histórica que tenía dentro del liderazgo de la izquierda latinoamericana. Quería conocer en persona al profesor Juan Bosch, líder dominicano fundador del Partido de la Liberación Dominicana (PLD) y una de las figuras más destacadas de la izquierda en la región. Increíble, pero no se habían conocido. Tuvo Teodoro la gentileza de invitarme a su entrevista privada, y por qué no llamarla histórica, entre dos figuras que, aunque con fisuras conceptuales para aquel entonces, sí que gravitaban en la visión antimperialista.

Fue un honor estar en esos días con Teodoro, lleno de energía y siempre con buenas historias. Su visita no termina en su partida. Días después me convoca el embajador para informarme indignado que se había levantado por parte de un agente de inteligencia de nuestra embajada, que hasta el momento ni me imaginaba que cumplía esas funciones, un informe a las autoridades sobre mi trajinar por Santo Domingo con el diputado izquierdista Petkoff. Por supuesto, el embajador exigió se retirara el informe, pues en su visión democrática tal actitud le parecía un abuso, pero además mi actuación era apegada a instrucciones de nuestra Cancillería y a una elemental norma de respeto por todas las personalidades venezolanas, independientemente de su signo político. En estos tiempos nuestros funcionarios se aterran hasta de atender a viejos amigos a su paso por el exterior por el solo hecho de que los acusen de traidores a la causa de la revolución.

MÉXICO, UNA OPORTUNIDAD

No fueron pocas las veces que el poeta y escritor portugués Fernando Pessoa aseveró que "toda a revolución é esencialmente inútil". Los resultados de estas en comparación con la evolución que producen en el tiempo las reformas en la mayoría de las sociedades es lo que hoy permite afirmar que las revoluciones terminan siendo conservadoras, catastróficas, mientras que las sociedades liberales se mantienen en la constante dialéctica de la reforma y el cambio.

Encasillar el triunfo de López Obrador como una tragedia o el principio seguro hacia un proceso totalitario, que terminará hundiendo el ya complejo tejido social mexicano, es a mi entender audaz. La mayoría de los políticos manejan variables de populismo y demagogia. Ya en el poder se imponen realidades.

El nuevo presidente es un hombre de izquierda, ello no es garantía de fracaso, así como no lo es el ser de derecha. Son válidas las proyecciones basadas en otras experiencias. Pero sería inaudito que no hicieran lectura de los resultados.

La realidad económica de México, sus instituciones y el mensaje con el que inicia su triunfo López Obrador pueden dejar entrever moderación y reforma. La nación está cargada de los peores vicios y conflictos que dejó su propia revolución, con extraordinarios avances en lo económico que son inocultables y es precisamente con ello que tiene que lidiar y convivir el nuevo presidente.

La sola expresión de focalizar su estrategia contra la corrupción, para que filtre aguas abajo en la sociedad, creo que es un atributo invalorable. No hay nada peor en este continente que el pillaje de la mano de la política. México, al igual que nuestra Venezuela, es uno de los países más corruptos del planeta. Enfocarse, como lo afirmó, en los pobres mientras se garantizan libertades y respeto a la iniciativa privada es un mérito que hay que leer en su justa dimensión.

Traspiés, dificultades, presiones y falta de efectividad serán parte de su agenda. Si AMLO no se enfoca en la revolución del micrófono y se concentra en las reformas, creo que sin mayor dificultad terminará al final de su mandato, tal como dijo que aspiraba a ser recordado, como un buen presidente de México.

AMLO ES AMLO

Cuando Humala asumió la Presidencia de Perú no fueron pocos los que aseguraron que el militar sería una versión de Chávez, en pleno ejercicio del poder para aquel entonces. Desde su origen golpista hasta su condición de militar e izquierdista auguraban para el país suramericano otro viraje al totalitarismo. Resultó que el peruano hizo poco de lo que se esperaba y, por el contrario, escasa simpatía le tenían desde Miraflores a su gobierno de centro y moderado. Con AMLO pasa algo similar. Muchos analistas y soldados del teclado ya auguran un terrible gobierno para México. Demasiado pesimismo, en mi opinión. Seguramente el azteca, conociendo en lo que se transformó el ensayo revolucionario "Caracas made" ya les ha pedido a sus expertos una versión de lo que sería un manual de supervivencia a izquierdismos infantiles o revoluciones inútiles.

Las alarmas tempranas las producen las 100 propuestas iniciales anunciadas en su toma de posesión. Me parecen en general estupendas; es la poesía que hace que la política tenga sentido, que genere esperanzas y que reconcilie a un país que le dio un voto de confianza. Si es demagogia, la tragedia. Su experiencia de gobierno como un relativo exitoso alcalde de Ciudad de México lo hará manejar con prudencia, esperamos, sus opciones reales de gestión pública, y que sin duda pasará por mejorar lo que está bien y concentrarse en lo que es realmente prioritario dentro de una visión coherente del ejercicio del poder. Que haya invitado a Maduro no lo hace chavista; se trata de una tradición protocolar. Calderón invitó a Chávez y Fidel Castro, nadie señaló una agenda oscura.

AMLO no proviene del militarismo, ha luchado por el voto y la transparencia. Si su lenguaje suena a izquierda es porque eso es, un hombre de izquierda; a lo que aspiramos es a que sea honesto con sus ideas y las transforme en buena gerencia pública. Que mencione a Hidalgo, Juárez, Bolívar y Martí le queda bien, pues allí está la fuente discursiva histórica de América Latina. Que venda el avión presidencial es quizás un gesto de austeridad; lo grave sería que dentro de seis meses compre uno más grande. Que no viva en el palacio presidencial y no cargue a cuestas tropas prusianas de guardaespaldas no es un desmerito; Pepe Mujica lo practicó, con honestidad y principios. Que les dé prioridad a los pobres es un mérito; lo importante es que las medidas económicas que tome no sean a cuenta de destruir el aparato productivo, lo que sumaría más gente a la marginalidad y a la pobreza. Que destaque la deuda histórica con las comunidades indígenas es un deber; lo terrible es que genera una lucha de clases por un discurso demagógico hacia estas comunidades. Que quiera luchar contra la corrupción y proyecte un gobierno de austeridad es un deber universal; que proponga un cambio total de la estrategia para atender el problema de la inseguridad y la violencia, y no seguir endeudando al país son políticas coherentes. Que no robe y no deje robar será su deber moral.

Aseguró incrementos salariales a maestros, enfermeras, médicos, policías, soldados y otros servidores públicos, y que la pensión a adultos mayores aumentará al doble en todo el país. Muchos sueños y objetivos a los que la realidad irá dando cauce y viabilidad. Hay que reposar y apostar por que su gestión sea exitosa. Como bien me decía el embajador Font, un excelente diplomático mexicano: "Si no existiera AMLO, habría que inventarlo. En esta etapa del país, México lo necesita".

ALFONSO ORANTES

Recuerdo de niño una gran discusión entre Oscar y su hermano Alfonso aquí en la quinta Guatemala. Mi padre era para aquel entonces capitán del ejército, asignado a un teatro de operaciones antiguerrillero; el tío Alfonso, el menor de sus hermanos, era estudiante de Psicología.

Rosa, la señora que trabajaba en la casa, le contó a mi papá, en una de sus visitas a la familia, que a veces cuando limpiaba el cuarto de Alfonso encontraba caminos de un polvo raro que llegaban hasta su cama. Cuando indagó se encontró con un arsenal que el tío guardaba nada menos que en la casa de un oficial del ejército. Estaba Ponchito, como lo llamábamos cariñosamente, en la militancia comunista, y madre problema le pudo traer a mi padre. Sólo la complicidad de hermanos cerró el capítulo, se mudó de la casa y al poco tiempo terminó detenido.

En días pasados murió en Barcelona, España. Se fue de Venezuela a los 80 años; la precariedad para un anciano enfermo obligó a sus hijos a llevárselo. Nos golpeó su partida, era mi único familiar cercano que opinaba que el chavismo era algo bueno. Antes de morir les contó a unos de sus hijos que se arrepentía de haber creído que su sueño de juventud estaba en las manos de un militar, como también lo fue su hermano.

Me dio mucha alegría ver que sus compañeros de la APUCV, Dirección de la Escuela de Psicología y Red Ucevista lo recordaron con una amable esquela en la que subrayan que fue un gran profesor ucevista; "guatemalteco de origen, llegó al país a temprana edad y adquirió la nacionalidad venezolana. Siendo muy joven liceísta, participó activamente en la resistencia contra Pérez Jiménez. Fue hecho preso y torturado y estuvo encarcelado en Guasina, una de las prisiones más tenebrosas de aquel tiempo. En la década de los sesenta lo detuvieron nuevamente. A él y a su esposa, también profesora universitaria, María Rosa, les quitaron la nacionalidad venezolana y los expulsaron del país en condición de apátridas. Estuvieron en España y Francia, sin poder permanecer en ninguna de esas naciones". Así fue.

El tío regresó después de vivir en Inglaterra, y tuvo una extraordinaria carrera académica en la docencia y la investigación. Le apasionaba viajar y tenía obsesión contra la corrupción en nuestros países. Era un hombre suave y educado, que hubiese querido estar enterrado en estas tierras al igual que su hermano. Fuimos cercanos.

En lo personal lo extrañaré; la verdad es que fue un buen hombre y que llegó a esta nación que hizo suya en los años cuarenta de la mano de su padre, quien fuera el embajador de Guatemala. Por esos soplos de la vida y de la historia, se quedaron para hacer una familia venezolana que décadas después encontró el destierro y también tuvo que buscar otra patria, toda vez estos tiempos tan convulsionados.

PABLO ANTILLANO

Escribir en el teclado con tristeza es una sensación distinta. Se nos fue Pablo, un amigo y hermano del alma. Pablito fue mi compañero desde los años mozos de la UCV. Entramos juntos en la Escuela de Estudios Políticos. Yo salía malogrado de la Academia Militar y él regresaba derrotado de Chile, adonde fue a soñar con una revolución y un socialismo que nunca se logró. En las aulas de la UCV nos adoptamos, yo era espécimen aún con porte militar y Pablo un joven greñudo con el perfil del intelectual. Nos asombraba con sus intervenciones en clase, siempre se expresaba con una retórica que enmudecía hasta a los más sólidos de nuestros profesores de esa época. Pablo ya era un periodista, antes de salir para Chile había dejado huella con *Reventón*, una revista que Caldera había cerrado por su línea crítica y opositora al establishment.

Pablo no solo era un joven maestro para los pichones de politólogos, sino que nos hizo incursionar en las lides del periodismo y de la cultura.

Con Pablo hicimos la revista Escena, un tributo al teatro; después inventó la revista Buen Vivir, pionera de la línea de publicaciones del quehacer en la ciudad; me llevó de la mano a *Libros al Día* de Carlos Ramírez Faría, y en algún momento de crisis económica me consiguió que escribiera en *Kena*, la más frívola de las revistas de la época.

Como en toda historia de jóvenes, cada uno toma sus caminos; yo me fui a la diplomacia y Pablo al periodismo corporativo. Dejamos una gran amistad, pero a pesar de la distancia nunca nos alejamos. No fueron pocos los encuentros afectuosos y familiares que nos hacían yuntas, las discusiones y diferencias eran parte de la existencia, era una máquina de hacer amigos, de descubrir jóvenes periodistas, del conocimiento y de la crítica, era una referencia mayor como hermano, siempre listo para apoyar, rebelde hasta sus últimos tiempos. Fue jefe de redacción de *El Nacional*. Se graduó de politólogo muchos años después para dedicarse a la docencia, a estudiar la política y los medios.

Nunca olvidaré un día que inició clases en la misma escuela que nos formó y lo encontré sentado en aula como mi alumno. Podría pasar horas escribiendo sobre tantas horas de estudios juntos, tantos encuentros en el exterior; descubrimos Nueva York, navegamos en el Caribe; cuántas barras compartidas y tiempos ausentes por las circunstancias de la cotidianidad.

Esta mañana me pidió Nabor Zambrano que fuéramos a despedirlo, no tuve la valentía; lo había visto hacía una semana. Solo me quedó la angustia, qué pensará esa mente lúcida en la recta final. Demasiado duro perder un gran amigo.

EL VICEALMIRANTE ELÍAS DANIELS

Hace unos días caminaba solo por el Parque del Este, lugar de encuentro por muchos años con Elías Daniels, cuando me abordó una persona que en el momento no identifiqué y me dijo: "Como sé que usted era buen amigo del almirante, le quería comentar que falleció anoche en su apartamento aquí en Caracas".

Mi reacción fue de impacto y los detalles me los brindó el buen samaritano que me abordó con amabilidad. También era cercano a Elías.

El parque los lunes es bastante solitario, seguí mi camino no sin concentrar mis pensamientos en el buen amigo que se había marchado. Desde hacía tiempo me había hecho la promesa de visitarlo, sabía que por problemas de visión y salud poco se le veía públicamente. Lamenté mucho no pasar por su casa y compartir cuando era apropiado hacerlo. Hablamos por teléfono varias veces, su voz no era la misma. Ahora nos queda la despedida. Son tantas las cosas que nos absorben, que a veces dedicamos poco tiempo a familiares y amigos. Si se van repentinamente o emigran, el sinsabor es amargo.

Elías, toda vez figura pública, despertó pasiones en el tiempo. Escribí un tuit lamentando su fallecimiento y mucha gente reaccionó con reconocimiento y admiración. Otros usaron el expediente de hechos políticos para pasar factura en temas que pocos conocen y que no correspondían a como se han tratado de narrar. Especialmente a su papel el 4 de febrero del 1992 y a su visión del manejo del tema de Guyana.

A pesar de que hice una amistad con él ya en una época adulta, por allá en el año 2000, mientras coincidíamos en Relaciones Exteriores, no fueron pocas las horas que compartimos a lo largo de estos últimos años, largas conversaciones y reflexiones sobre el país y las relaciones internacionales. Fue un hombre a mi entender particularmente honesto y disciplinado. Muchas veces vi y escuché a oficiales de la Armada reconocerlo como un excelente oficial y por nuestra parte, como diplomáticos, siempre tuvimos aprecio por su trabajo serio y disciplinado como embajador en Lisboa y desde la Unidad Guyana de nuestra Cancillería.

Fueron muchas las horas que le dedicó al estudio y preparar documentos sobre la disputa que pocas veces fueron asimilados en su justa dimensión. Recuerdo que una vez me pidió que lo ayudara a convencer al canciller de turno que le diera una audiencia. Lo tenía angustiado que quien dirigiera las relaciones exteriores no entendiera en su justa proporción lo que significaba para Venezuela la controversia por el Esequibo y la disputa entre Venezuela y Guyana. Se había cansado de pedir la cita. Al fin se logra y le ofrecieron 15 minutos. Duró 6 horas. Daniel con sus mapas a cuesta y su bagaje de conocimiento asombró al interlocutor, quien además reconoció que sin duda ese era un tema del mayor interés del Estado y que del que poco entendía.

Era un hombre además respetado por los propios guyaneses. En una oportunidad viajamos juntos a Georgetown y recuerdo la amabilidad y el respeto con que era tratado, a pesar de ser un hombre clave en el manejo del tema desde la Cancillería venezolana. Su postura era fundamentalmente intelectual, no es poco el legado escrito que deja. Siempre enviaba sus reflexiones a una larga lista de expertos y pedía opinión, críticas y reacción a la manera de abordar sus inquietudes intelectuales. Muchas veces conversábamos en grupo y él se quedaba pensando y me decía: "Le envío mis reflexiones escritas sobre el tema". Una de ellas la abordó de la siguiente manera:

"Durante nuestro breve encuentro en el Parque del Este, hoy 17 de mayo de 2016, me pareció muy interesante que abordáramos la situación política de nuestra querida Venezuela. Usted, un hombre de conceptos éticos y morales adquiridos en el hogar, y perfeccionados por un sistema educativo democrático y el desempeño profesional, insistía en que los líderes gubernamentales actuales debían actuar de manera racional. Yo, por el contrario, sostenía que a esos líderes no se les puede analizar desde una óptica racional, por cuanto ellos, por razones de supervivencia, tratan desesperadamente de sobrevivir, optando por métodos que no aceptan comparación en un mundo racional, por lo que nos es muy difícil esperar una acción racional compatible con nuestra manera de concebir las cosas, con un sentido ético y moral que despunta en la mundología actual".

MIKE MOORE

Para muchos latinoamericanos el nombre de Michael Kenneth Moore no dice mucho. Fui su amigo y me entristece su desaparición física en Nueva Zelanda. Siempre le decía que era el único amigo de ese país que había hecho. Le tenía aprecio y admiración.

Mike fue primer ministro de su país y director general de la OMC. Lo conocí precisamente cuando lanzó su candidatura para esa organización multilateral. No le era ajeno el mundo internacional, fue también canciller.

Nació en Whakatane. Acababa de cumplir 71 años. Fue obrero en sus años mozos. Fue líder sindicalista y dirigente gremial aun siendo menor de edad. Se sumó a las filas del Partido Laborista. Llegó a ser vicepresidente de la Unión Internacional de Juventudes Socialistas como miembro de las Juventudes Laboristas Neozelandesas (*New Zealand Labour Youth*). Era un socialdemócrata.

Con Mike coincidimos en Ginebra en plena campaña para la dirección general. Tuve el privilegio de trabajar para su elección. En muchos de nuestros encuentros siempre me indicaba su preocupación por el apoyo de nuestra región, que poco lo conocía. Venezuela lo apoyó para ser electo director general de la OMC, al igual que otros países de Latinoamérica. Fue una elección muy difícil. Otro candidato fuerte, Supashai de Tailandia, no cedía a sus pretensiones. La organización internacional estaba dividida entre dos buenos candidatos. Pensó en algunas oportunidades retirarse; sin embargo, varios lo convencimos de que siguiera la pelea. Al fin se encontró una fórmula y se dividieron el mandato. Fue electo en julio de 1999.

Teníamos razón en aquel momento cuando insistíamos en su candidatura, pues intuíamos que sería un gran director y lo fue. Durante su actuación se destacó como un hombre de pensamiento liberal, globalizador y profundamente creyente de los beneficios del libre comercio. Nos prometió, y así lo hizo, designar como director adjunto a un venezolano: nombró a Miguel Rodríguez Mendoza responsable del ingreso de Venezuela al GATT, quien actuó como su mano derecha en tan compleja organización.

Dejó huella, el tema del comercio no le era ajeno. Fue también ministro de Comercio en Nueva Zelanda y le correspondieron también negociaciones en el marco del GATT. Tenía pasión por el multilateralismo y sabía que los grandes ganadores de las reglas comerciales eran las economías más débiles. Lo vimos actuar con fuerza en Doha, en donde se lanza la cuarta ronda de negociaciones comerciales. Recuerdo que empujó mucho el tema agrícola y el del comercio electrónico. Es en esa reunión cuando precisamente ingresa oficialmente China; en mi memoria está la emoción de la delegación y los negociadores chinos, quienes durante 15 años intentaron ser admitidos como socios iguales en una organización clave para el equilibrio de los flujos comerciales en el marco de reglas transparentes y predecibles.

SE FUE MUBARAK

Ver la noticia de la muerte de Mubarak esta semana me remontó en el tiempo. Conocí a Mubarak, asistí a su "coronación" como rais de Egipto. La historia tal como la recuerdo es la siguiente.

Iniciaba mi carrera diplomática como tercer secretario en El Cairo, Egipto, cuando Anwar el-Sadat fue asesinado el 6 de octubre de 1981.

En mi memoria está vivo el impacto que tuvo en la opinión pública internacional ese magnicidio que sin duda tomó a todos por sorpresa, especialmente a quienes teníamos como responsabilidad analizar el entorno de ese país en esos tiempos, caracterizados por una gran admiración hacia quien fue Premio Nobel y acababa de firmar los acuerdos de paz con Israel. Una gran hazaña para la época y aplaudida sobre todo por el mundo occidental.

Recuerdo el silencio que se produjo en la ciudad, una de las más ruidosas del mundo. El Cairo, contrario a como siempre era, parecía un claustro. Durante las exequias del presidente apenas algunos salieron de sus casas. A diferencia del sepelio multitudinario de Nasser, este solo contó con la asistencia impresionante de jefes de Estado y delegaciones de todas partes del mundo.

Como joven analista me preguntaba: ¿por qué no salió el pueblo a despedirlo? ¿Cuál era la razón por la que ese pueblo, que entendíamos quería a su rais Anwar, no se había estremecido por la muerte de su líder?

El nuevo presidente era Mubarak. No era extraño en la política. Venía de ser un sumiso vicepresidente y héroe de la Guerra de Yom Kipur entre Egipto e Israel. Se le veía como la continuidad del régimen de Sadat y su permanencia debía ser de transición ante tan inesperado giro de los acontecimientos políticos. Por supuesto, para Occidente, Israel y especialmente Estados Unidos, la desaparición brusca del presidente de Egipto complicaba el frágil equilibrio que existía en la región. Había costado mucho esfuerzo y negociación para que Israel y Egipto, después de las cruentas guerras que libraron y vistos como enemigos inconciliables, hubiesen sido capaces de superar las diferencias y firmar un tratado de paz.

Mubarak se implantó en el poder. Duró más tiempo en el poder del que debía. Se retiró a tiempo después de las movilizaciones masivas en El Cairo, pero el peso de su abuso a lo largo de los años lo llevó a la humillación de la cárcel.

Al pueblo egipcio Nasser le dio esperanza, Sadat le dio paz y Mubarak debía ser el de la prosperidad. Pero esta última no llegó. El pueblo egipcio se sumergió en más pobreza, mucha corrupción y un sistema democrático solo de forma, que le permitió al oficial de la Fuerza Aérea ganar todas las elecciones, hacerse de una fortuna indebida y mantener un régimen represivo que basa su sobrevivencia en el control absoluto del aparato del Estado. Su rol de bisagra en el conflicto árabe-palestino le ha permitido la confianza de Occidente y desempeñar un rol de liderazgo con los países moderados de la región. Estados Unidos ha mantenido una ayuda económica desorbitante, que más ha servido para llenar los bolsillos de sus jerarcas, que contribuir a reducir la gran pobreza de esa nación a la que se le suma un gran déficit de democracia.

Por ello mi pregunta: ¿por qué se aferran los hombres al poder? Es una incógnita que es difícil de responder. ¿Quién les da derecho ético para querer someter a sus pueblos a sus designios por tantos años? Sabemos que son más el resultado de los abusos del control del poder, la represión y el engaño permanente que el verdadero apego de sus conciudadanos a esos liderazgos.

El mundo está lleno de ejemplos en este sentido. ¿Cómo se puede gobernar por años, sin resultados visibles para los pueblos y aspirar a seguir rigiendo los destinos de una nación?

La sola aspiración de que su hijo lo sucediera ya de por sí es una más de tantas aberraciones de este hombre que aparece en la política por circunstancias de la historia y la suerte. La decena de balas que le dispararon a Sadat, quien estaba a su lado, apenas lo rozaron. Si algo es seguro es que nunca se imaginó esa fatídica mañana, mientras desfilaban las tropas frente a él, que horas después sería el sucesor de Anwar el-Sadat y menos aún que gobernaría ese extraordinario país por casi treinta años. Gobernó, pero sin legado para la historia.

GRACIAS, VARGAS LLOSA

Desde la quinta Guatemala en una urbanización de Caracas cierro las últimas páginas de una novela que necesitaba leer, *Tiempos recios*, de

Mario Vargas Llosa. Al fin entiendo y ato cabos sobre muchas conversaciones que se originaron en esta casa y en la quinta San Mauricio en El Paraíso, vieja casona que perteneció a la única hija del general Juan Vicente Gómez, que adquirió mi abuela por los años cincuenta y hoy sede de un horrible edificio donde apurruñan gente en un espacio que alguna vez fue el epicentro de mi niñez y de historias guatemaltecas maravillosas. En un reciente libro que publiqué con el título *Cuando Petkoff navegó el Atlántico*, cuento uno de los cortos episodios que me narró mi padre de niño, en el que me afirmaba que había sido chofer del para entonces capitán Árbenz en Guatemala. Lo cual fue cierto y de allí toda una historia repetida hasta el cansancio, a sus hijos, nietos y amigos de uniforme.

Esta novela me ubicó en la dimensión de la que fue mi historia familiar, los cuentos de mi padre y del porqué se generó aquí una familia venezolana que venía de Guatemala, por qué el abuelo poeta, perseguido político, conocido en su país como malabarista de la palabra, embajador y luego presidente del Tribunal Electoral, no regresó y dejó atrás a su familia mientras era víctima de un exilio político. Vargas Llosa en esta estupenda historia nos sumerge en muchos personajes, pero fundamentalmente es una historia sobre Guatemala, conspiraciones, su alocada y revuelta vida política en permanente luchas por el poder. Son muchos los personajes centrales, sin duda, Jacobo Árbenz y Carlos Castillo Armas (Cara de Hacha), compañeros de armas, que detentaron el poder uno tras el otro, en el que la envidia, la persecución por la incomprensión de un proyecto político y la obsesión anticomunista de la época, destruye una opción lógica de democratizar un país, que al correr de los años dejo un germen de cultivo que se expandió por nuestra región en donde una narrativa de salvación de los pueblos que ha llevado a nuestros países a los más amargos episodios de retraso económico y violación de los derechos humanos. En otras palabras, si Árbenz hubiese logrado las mínimas reformas que aspiraba, si lo hubiesen dejado terminar su período presidencial, la América Latina hubiese aprendido una lección reivindicativa social que nos hubiese alejado de tanta historia torcida sobre salvación de los pueblos que tanto daño y retraso nos ha producido. No era comunista y si bien se rodeó de la izquierda democrática, por una parte, y de la trasnochada por la otra, su plan personal no era ni jugar la carta anti-Estados Unidos ni a la pro soviética, como se trató de vender.

Gracias a Vargas Llosa entendí por qué quien fue embajador de Guatemala en Panamá, Ecuador, Chile, Venezuela, el abuelo Alfonso Orantes (LIC) se exilió cuando tomó el poder Castillo Armas, por qué su esposa María de los Ángeles Castañeda se instaló en Venezuela, por qué mi padre no regresó a Guatemala y pidió incorporarse al Ejército de Venezuela y además qué fue lo que empujó al tío Alfonso, guatemalteco de nacimiento, a seguir los pasos de su padre y terminar militando en el Partido Comunista de Venezuela.

Cuando Vargas Llosa nos narra en la página 315 del libro sobre la suerte de los cadetes que sobrevivieron la expulsión masiva del Politécnico de Guatemala por un enfrentamiento con los denominados "liberacionistas" de Castillo Armas y que fueron enviados a Escuelas Militares de la región, incluyendo la de Venezuela, comprendí quiénes eran esos cadetes con uniformes venezolanos que visitaban nuestra casa, que hablaban con acento distinto, que comían platos típicos que les preparaba la abuela y que enamoraban a mis primas mayores, a Alma y Sonia Castañeda. Esta última se casó con uno de esos cadetes guatemaltecos, Gustavo Castro Orellana, quien egresó como subteniente en la promoción General de División Mariano Montilla. En la misma promoción se graduó José Cajón Reyes, el tercero se quedó viviendo en Venezuela, según entiendo.

No fueron pocas las veces que, en esta casa, se habló de la Revolución de Octubre de 1944, del pariente presidente, Jorge Ubico Castañeda, del traidor Castillo Armas, quien termina asesinado en el palacio que él mismo profanó con la fuerza y de la mano de la United Fruit y Estados Unidos. Árbenz fue siempre centro de las conversaciones de la abuela, decía de su esposo que había terminado igual comunista, a diferencia de mi padre, que lo recordaba con admiración, sobre todo cuando tuvo el honor de ser su chofer cuando apenas tenía 14 años y en plenos acontecimientos de los días de la Revolución de Octubre. Siempre lo recordó hasta sus últimos días, se refería a él como mi general, y por mera coincidencia se casó al igual que Árbenz con una María Cristina. Cómo me hubiese gustado que aún estuviesen vivos para leer esta pieza de la literatura latinoamericana. Gracias, Vargas Llosa.

DON ARMANDO ROJAS

Recuerdo un dicho que mucho se repetía en mis tiempos mozos en la Cancillería que, al igual que "el hábito no hace al monje", este se refería a que había cargos que lucían a los designados y designados que lucían el cargo. Sin duda, Don Armando Rojas lucía su investidura para bien del país como embajador de la República. Su austeridad y su amabilidad, su educación y su don de persona culta y sobria es lo que recuerdo de mi trato con su persona. Además, la huella intelectual que nos dejó a través de muchos libros y artículos es suficiente muestra de tal. Como afirmara el canciller Consalvi: "Fue uno de los intelectuales venezolanos que entendía a su país como antes, en el siglo XIX o en el XX, lo entendieron Cecilio Acosta o Lisandro Alvarado. Intelectuales al margen del poder, entregados al quehacer de indagar y construir, de crear una conciencia nacional y preservar los derechos de Venezuela como nación. Sus nombres le dijeron, le dicen y le dirán muy poco a las grandes mayorías, o, incluso, a quienes presumen actuar en su nombre y representación. Lo deplorable, sin embargo, no es que ignoren sus nombres, sino que desconozcan sus obras, su pensamiento y su aporte a la comprensión de nuestra historia".

Recientemente se publicó un libro biográfico sobre la vida de este venezolano. Fue escrito por la avezada periodista Ana María Matute. Su hijo Armando, colega embajador y amigo, se entusiasmó desde que le recomendé que Venezuela requería dejar una huella biográfica de su padre. Me correspondió escribir el prólogo. Reitero, tal como lo señalo en esas notas: "Sin duda, el embajador Rojas deja un legado en nuestra diplomacia. Cuando alguno de nuestros jóvenes historiadores continúe su investigación sobre los creadores de la diplomacia venezolana del siglo XX su figura deberá ser protagónica. Su sentido de la ética y de la vocación de servicio por su país es sin duda un ejemplo para las nuevas generaciones de diplomáticos. Este joven de Tovar, Mérida, nacido en tiempos de la dictadura de Gómez, logró insertarse en los espacios más importantes de nuestra diplomacia haciendo una carrera con pausa, con disciplina y además con sentido de estudio que lo demuestra como escritor e historiador en su excelente colección literaria. Armando Rojas, como diría su buen amigo y canciller Miguel Ángel Burelli Rivas, aprovechó la maravillosa oportunidad de representar a Venezuela en muchos países para hacer de la diplomacia controvertida un espacio para la reflexión y el análisis. La diplomacia decía, 'ofrece, para comenzar, un ambiente, unas relaciones, unas condiciones generales de privilegios; deja tiempo para el fruto de la reflexión, de las comparaciones, de las novedades, se detenga en la escritura y trascienda, pone en contacto con gentes diversas, supuestamente cultas, y también supuestamente ávidas de conocer y de transmitir sus vivencias".

Este venezolano, doctor en Filosofía y Letras en la Universidad Javeriana de Bogotá, en Colombia, no perdió el tiempo que pasó en diversos países. Sin dejar de concentrarse por un momento en la realidad venezolana, observó el mundo a sus anchas, aprendió de su realidad ara poder resaltar nuestros valores, principios, nuestra amplia historia y sobre todo para alertar sobre las amenazas que se avecinaban sobre Venezuela".

Ojalá que los institutos que estudian las relaciones internacionales, nuestros internacionalistas y jóvenes diplomáticos se acerquen a sus textos para aprender del legado de un hombre que sirvió a su nación con honestidad y vocación de servicio.

CARLOS ALZAMORA, MEDIO SIGLO
POR EL MUNDO

Joseph Stiglitz afirma en la introducción de su libro *La gran brecha* que admira a quienes tienen que escribir artículos semanales por la complejidad que significa decidir sobre cuál tema escribir. Tiene razón, eso que llaman la musa no siempre aparece con facilidad al momento de decidir un tema que sea de interés para el lector. Con el tiempo he descubierto que hay que buscar un equilibrio entre lo que uno quiere decir, o los textos que a uno le gustan, y lo que los lectores están buscando. Últimamente trato de concentrarme en temas más personales o historias que no están en el centro de la noticia, eso que llaman las matrices de opinión. La opinión política ya tiene bastante teclado en estos tiempos tan complejos y difíciles. Reflotar historias y personajes que muchas veces no están ya en las corrientes de opinión es una tarea que creo vale la pena en la medida que tenemos la opción y el privilegio de llegarle a tantas personas por este y otros portales, con públicos de diferentes países y de distintos intereses.

Este abreboca tiene como objetivo explicar por qué en esta oportunidad voy a referirme a este personaje a quien dedico el título de este artículo. A los 90 años de edad y seguramente navegando el frío inclemente del estado de Nueva York y cuidándose de la pandemia, desde esta esquina tropical y golpeada en donde vivió varios años de su vida, escribo estas líneas para destacar su último libro, *Medio siglo por el mundo*, que llegó a mis manos gracias a mi buen amigo y su colega embajador peruano Javier Paulinich. Sí, he disfrutado muchísimo la lectura de esta autobiografía de Carlos Alzamora por varias razones. En primer lugar, porque está escrita con una excelente pluma, por su sentido del humor narrando detalles de la cotidianidad, su honestidad en la descripción de sus tiempos de vida diplomática y además porque mientras la leía despertó en mi persona las ganas de seguirle los pasos con un resumen de mi vida diplomática que no tengo duda vale la pena tanto por las huellas que pueden dejar tantas historias y anécdotas, sino porque muchas veces sin plantearnos a lo largo de la vida hemos sido testigos de excepción de tantos acontecimientos, conocido personalidades, evaluado la realidad de otras naciones, convivido en la transformación de la estructura internacional y hasta dejando aportes que muchas veces pasan por la debajo de la mesa sin que se conozcan sus autores.

Lo más importante de esta entrega de Alzamora es que le brinda la oportunidad a las nuevas generaciones que aspiran a seguir la compleja y exigente vida de la diplomacia, de las relaciones internacionales, que aprovechen esta trayectoria de vida para conocer los pormenores de una carrera diplomática. Este libro es un aporte en ese sentido.

Por años escuché en los predios diplomáticos hablar de Alzamora. Era una referencia para la mayoría de los colegas peruanos que se nos atravesaron por la vida a la largo de tantos años de ejercicio de la carrera diplomática. Además, los latinoamericanos lo recordaban por su invalorable contribución como el tercer secretario permanente del Sistema Económico Latinoamericano (SELA). Tuve la oportunidad de conocerlo gracias a Miguel Rodríguez Mendoza, con quien lo une una gran amistad desde los años en que Miguel trabajó con Alzamora en el propio SELA. Fue en la isla de Margarita, ya hace más una década, pero sin duda fue una gran oportunidad de conversar con quien tuvo una trayectoria diplomática que lo llevó a cumplir altas responsabilidades tanto para su país como también en las Naciones Unidas al lado de otro gran diplomático de nuestra región como lo fue Pérez de Cuellar. Fue una oportunidad intercambiar por varias horas con un hombre de gran dimensión y experiencia. Lleno de anécdotas y prácticas. Guarda un especial afecto por Venezuela, los cuatro años que vivió entre nosotros le permitieron no solo hacer un importante trabajo por nuestra región, sino que le permitió conocer de cerca la realidad y las fortalezas de este país.

En este libro (ICONO, segunda Ed. 2020) Alzamora nos permite conocer su bitácora de navegación diplomática desde que ingresó al servicio exterior peruano en 1948 con un extraordinario recorrido que lo llevó a servir en muchos países de las Américas, Europa y organismos internacionales. Para los fines de este articulo y para los lectores interesados en la diplomacia vale la pena resumir lo que fueron los innumerables cargos y lugares que le correspondió servir para ya de por sí darnos una idea de la intensidad que puedo haber sido su vida entrega al servicio público internacional. Después de sus pasos iniciales en la Cancillería peruana, trabajó en Bolivia, en Brasil, fue encargado de negocios en Estados Unidos, en Ecuador, embajador en Italia y la OEA. Fue director de Integración de la Cancillería, negociador del Pacto Andino, embajador en Ginebra y en Naciones Unidas en Nueva York, entre otras importantes responsabilidades.

A lo largo de su texto Alzamora pasa revista a su experiencia lo largo de muchos años, llena de responsabilidades y anécdotas que van etapa por etapa demostrando su crecimiento profesional, sus habilidades como diplomático y negociador, así como el sentido de pertenencia a una cancillería que tenía que convivir entre la más rancia disciplina de la diplomacia de Estado y los vaivenes de los cambios políticos internos en donde no siempre coincidía la visión de Torre Tagle, sede de la Cancillería peruana, con los aspavientos de la política del momento. No son pocas las anécdotas y las historias personales que nos va narrando en la medida que su vida transcurre. Nos cuenta sobre su vocación temprana para hacerse diplomático, su llegada a la cancillería en 1943, su primer destino, Paraguay, país que lo marca para el resto de su vida, el reto como diplomático peruano haber servido dos veces en Ecuador, nos narra sobre amoríos en Italia, su experticia durante el conflicto del canal de Suez, su misión en Bolivia, en Brasil, la batalla por el nuevo orden económico internacional en Ginebra, haber representado a su país en Washington y el cargo cumbre en las Naciones Unidas, entre tantas otras. Mucho de su narrativa se convierte en un manual de ejercicio de la diplomacia. Historias sobre los acontecimientos, decisiones y negociaciones en las que participó son una perfecta guía de actuación para demostrar cómo la combinación de la experiencia y la madurez forman parte de la coraza que va desarrollando el diplomático a lo largo de sus años. Este, sin duda, sería un libro que le recomendaría a las Academias Diplomáticas para estimular la formación de los nuevos cuadros de profesionales que se forman en muchos centros de preparación de los futuros representantes de los países a lo largo y ancho del planeta.

No sería este el espacio para destacar muchos de sus cuentos y escenarios en donde le correspondió actuar, pero si me detengo un poco en algunas de sus reflexiones de su actuación en el SELA como la organización latinoamericana por excelencia, mérito por cierto de los expresidentes Carlos Andrés Pérez y Luis Echeverría de México. La creación de ese organismo, como bien lo afirma Alzamora, "fue una decisión histórica, de un coraje y una visión impensable" para aquellos tiempos. Con esta organización se buscaba la no fácil tarea de la concertación económica para fortalecer la presencia de nuestra región en las ya complejas negociaciones internacionales y en la toma de decisiones conjuntas ante las nuevas demandas que se hacían en el escenario económico y comercial. Nos cuenta el autor que no fueron pocos los desafíos del organismo regional. La revolución nicaragüense que busca al SELA como herramienta de cooperación ante los desafíos del proceso político que iniciaban. Hostigamiento a la Secretaria Permanente por parte de las dictaduras de la región en aquel entonces y relacionada con la membresía de Cuba. Los incumplimientos de las cuotas por parte de actores claves. No fueron pocos los temas centrales que desarrollaron durante su gestión; la crisis energética y la seguridad de América Latina, el drama de la deuda externa, la primera reunión de ministros de Finanzas y hasta una activa participación en el contexto de la guerra de las Malvinas que lo obligó a viajar a todos los países de la región en la búsqueda de la solidaridad con Argentina.

Alzamora durante su mandato, dejó conciencia de la importancia de la integración latinoamericana, hay constancia de su insistencia en potencial de una región solidaria, unida y de la obligación de" superar los complejos del pasado y rescatar la confianza en el propio esfuerzo. "Al igual que otros latinoamericanistas de esos años, como Jaime Moncayo, Sebastián Alegrett y Cardozo, el embajador Carlos Alzamora entendía el retraso de nuestra región en lograr efectivos acuerdos de concertación. Simón Alberto Consalvi, excanciller y uno de los venezolanos más destacados de nuestra etapa democrática, escribió un artículo en *El Nacional* cuando Alzamora terminó su gestión y que él mismo cita en su libro destacando que el diplomático peruano "contra viento y marea, impuso no solo un estilo sino también una conciencia, que enrumbó al SELA hacia la meta para la cual fue concebido y creado, y dejó como legado un cuerpo de doctrina ciertamente inapreciable".

Un latinoamericano universal que seguramente pocos lectores conocieron o tenían referencia. Espero que jóvenes diplomáticos se interesen por su historia y que futuros reconocimientos le hagan a este ilustre soldado de la diplomacia. Aquí en Caracas en la sede del SELA se le recuerda permanentemente gracias a la iniciativa del embajador Paulinich, quien recientemente inauguró una sala que lleva su nombre en homenaje a su destacada labor como secretario permanente. Un saludo afectuoso si estas letras llegan a sus manos y un Feliz Año a nuestros asiduos lectores.

SALVADOR FRANCO

Durante nuestras vidas son miles los seres humanos que se nos cruzan en el camino. Estudios revelan que solo con pocas personas realmente intercambiamos intensamente a lo largo del tiempo, sí cruzamos palabras, muchas miradas, desarrollamos relaciones efímeras, pero pocos de estos encuentros son permanentes. Igual pasa con las centenas de palabras de nuestro idioma y las cuales solo usamos una fracción del léxico que disponemos. Es igual entre los seres humanos, con nuestros entornos más cercanos nos vinculamos, compañeros de trabajo, los amigos de la escuela, la familia, con uno que otro vecino. Allí están, pasa una vida y pocas veces tenemos la oportunidad de conocerlos a fondo, fotografiar sus adentros, escuchar sus silencios, percibir sus angustias, entender sus mensajes, percibir los llamados de zozobra que muchas veces nos hacen. Nosotros casi siempre encontramos a los demás de lado, en estos tiempos cada vez menos de frente. Pocas veces nos descubrimos de verdad, hablamos entre muchos sin escucharnos. Son solo las energías buenas de algunos seres las que solo a veces nos llegan, dicen que cuando alguien nos toca en el alma es porque hacemos sintonía, que nos abrimos sólo a unos pocos y a otros muchos menos. Es, entiendo, como un llamado del interior, de nuestro ser íntimo, que en su capacidad de ser selectivo decide ¿con quién quieres hacer el puente, ¿cuál de tantos mensajes quieres aceptar? ¿cuáles son los que tienen sentido?, ¿con cuáles te quieres identificar? y ¿a quienes les creemos?

Así es la relación entre los humanos, tenemos distintas maneras de relacionarnos. No importa el origen, condición social, idioma, raza o lugar del encuentro. Hay almas que dan la capacidad de continuidad, de los que aprendes, los que te permiten ver más allá de tus horizontes. A lo largo de los años y después de convivir en tantos lugares siempre he tenido esa sensación.

En pocas palabras, aquellos que te hacen pensar, los que tocan la tecla de tu interior y te convierten en duda, en existencia, en búsqueda, esas son las personas que te dejan una huella, a diferencia de las que te dejan una cicatriz.

Salvador Franco, originario de estas tierras, de Cumaracapay, pemón, un habitante de la Gran Sabana, en el suroeste del estado Bolívar, aquí en Venezuela, fue uno de esos personajes que me topé en la vida y me permitió hacer eso, reflexionar. Totalmente opuestos, de origen, edad, de espacios y del tiempo. Solo bastaron siete días juntos para que me permitiera aprender, cavilar, valorar la naturaleza, su espacio, su sentido de plenitud en la carencia, irradiando más nobleza y felicidad ante las limitaciones materiales, las dificultades físicas, de las que yo podía soportar. Nuestro encuentro fue casual. Una excursión al Tepuy Roraima, la tierra más antigua del planeta, donde el tiempo se detuvo, cuatro padres y cuatro hijos, uno de ellos era Salvador y su hijo. Nos guio a ese maravilloso espectáculo de la naturaleza, para nosotros un sueño, para él y su hijo parte del jardín que la vida les había otorgado. Salvador fue un hombre de silencios, de energía y sabiduría. Bastaron esos días de caminar intenso hacia la meseta para lograr hacer el puente, para descubrir un maravilloso ser humano, que de tanta nobleza me sacudía. La melodía de su idioma pemón de la familia caribe nos maravillaba. El conocimiento de su entorno geográfico, su permanente amabilidad, su amplia cultura heredada de sus ancestros, su capacidad de transmitir conocimiento del manejo de lo que consideramos simple era todo un fenómeno para quien escribe estas líneas.

No importa cuántos hombres de "nivel" me he topado en el camino de la vida, Salvador me dio sensación de ser un gran hombre, dueño de esa inmensidad, esa sabana, que, sin ser de su propiedad material, la poseía, la conocía como la palma de su mano. "Señor Oscar –me decía– claro que sí puede caminar más, ya va a llegar a la cima del mundo, va a ver algo maravilloso", aún me retumba en los oídos. "Las ranitas negras lo esperan". Solo su seguridad me daba fuerzas para seguir caminando, tres días de ruta sin mayor capacidad física sino el deseo de lograrlo, de no defraudar a mi hijo Oscar que tanto nos entusiasmó, hacer el viaje, solo padres e hijos. Pero Salvador era nuestra garantía, para todo tenía una respuesta positiva que daba tranquilidad, sabía demasiado sobre su entorno. La primera noche en el Roraima entendí el porqué de la grandeza de sus almas, a cada rato miraba al cielo, como esperando mensajes celestiales, casi tocaba las estrellas, tenían tantas historias de sus ancestros que era imposible no quedarse en silencio mientras nos contaba, con uno de sus hijos al lado, las enseñanzas que sus antepasados pemones le habían transmitido. Describía los orígenes del sol y de la luna y como se crearon los tepuys. En esas montañas están los espíritus de sus ancestros, nos relataba.

Convivir esos días con Salvador Franco fue toda una experiencia, fue un reto y un aprendizaje. Compenetrarse con un indígena Pemón, lleno de vitalidad y de sueños no fue cualquier experiencia de vida. Conocer a su familia, sus ritos y su entorno fue mágico. Cuánta vitalidad, cuánta capacidad para navegar los caminos de los tepuyes, sin arrogancia, con la mayor de las sabidurías se apropiaba del espacio vital que han compartido generaciones tras generaciones, ellos son los originarios de esas maravillosas tierras.

Cuando me entero de la manera que muere Salvador no lo podía entender. Ese hombre noble preso, acostumbrado a la amplitud de la Gran Sabana, encerrado entre paredes, enfermando su cuerpo y su alma libre, fue sin duda un acto de crueldad. La pregunta: ¿Qué pudo hacer tan grave este pemón, con quien conviví unos maravillosos días, que me enseñó tanto, que nos ayudó a aterrizar en la belleza simple de la vida para someterlo a tanto sufrimiento, a separarlo de su familia y de esa inmensidad de la Gran Sabana? No logro entender y con estas líneas solo dejo un testimonio del Salvador que conocí, el hombre bueno y sabio que llegando a sus 40 años en aquel momento me transfirió de qué están hecho los hombres grandes y buenos.

De esos miles de seres humanos que se nos atraviesan en el camino, fui un afortunado al conocerlo. Fue un privilegio que Manuel, Alfredo, Salvador y yo, con nuestros hijos, llegáramos juntos a la cima del Roraima; pero más privilegio que esa inmensidad fue conocer la bondad de una persona que nos abrió la puerta de su edén, que nos enseñó sobre la simbiosis con la naturaleza y que, al igual que nosotros, tenía sus sueños volcados hacia el hábitat, su comunidad y su familia.

Recordar a Salvador es recordar esa frase del pionero de la ética del desarrollo Denis Goulet, "abundancia de bienes y plenitud de bienes no son sinónimos: uno puede tener mucho y ser mediocre o tener poco y ser rico". Salvador en su escasez nos demostró ser un hombre rico. Lo debemos guardar en la memoria de este país, un venezolano, pemón, víctima de la intransigencia del poder, de una injusticia, que murió por falta de atención médica oportuna. Ese espíritu libre que conocí no encaja en la acusación de terrorismo y asalto. Los que compartimos con ese indígena de estas tierras conocimos fue un hombre de paz y libertad.

MIGUEL RODRÍGUEZ MENDOZA

Frente a mi ventana veo esta mañana a Caracas lluviosa y nublada, me recuerda a Ginebra. Hay una sensación general de melancolía. Sin duda, estos tiempos han sido duros. En mi caso me aumenta la tristeza que produce el entorno difícil y además estar hoy frente al teclado para dejar un homenaje con unas letras a ese gran amigo a quien hoy despiden precisamente en Ginebra, ciudad de la tolerancia y de la diplomacia que nos atrapó en la orilla del lago y los pies de los Alpes suizos.

Hay un desprendimiento en el alma cuando se va un amigo querido. Miguel fue uno de mis grandes compañeros y no poder personalmente despedirlo por tantas razones que ya no controlamos me crea un gran abatimiento. Se fue un ser bueno, constructor de país, diplomático y negociador, gran multilateralista que a lo largo de los años actuó para los intereses de América Latina y Venezuela como un hombre con visión de Estado.

Los reconocimientos en estos días y los maravillosos escritos que han expresado sus amigos, la gente que él formó a lo largo de los años, nos resumen el aprecio por un caballero que supo dejar huella a lo largo de su vida. Sus textos, su capacidad de negociación y su vocación de servicio a Venezuela en los múltiples organismos internacionales donde trabajó son testigos de su disciplina, su amabilidad y su empeño por encontrar en la negociación la mejor manera de alcanzar objetivos comunes. Fue un funcionario exitoso en el SELA, la OEA, la UNCTAD, Naciones Unidas como diplomático venezolano y para honor de su país fue director en la Organización Mundial del Comercio (OMC).

A Miguel lo conocí en Jamaica. En aquel momento era presidente del Instituto de Comercio Exterior (ICE) y yo era un funcionario directivo de nuestra Cancillería. Participamos conjuntamente en una reunión que él presidía y que se relacionaba con una futura negociación entre Venezuela y Caricom. Como en la mayoría de esas reuniones formales, el contacto no pasó de los respectivos intercambios respetuosos.

Una semana después y ya de regreso en nuestras rutinas me convocó a una reunión en su despacho. Pensé que se trataría de un tema formal de trabajo, pero antes de que advirtiera, en la Cancillería me indicó que era más a título personal. Durante el encuentro fue directo al grano, me comentó que le habían gustado mis intervenciones en Kingston y que le gustaría ofrecerme el cargo de director general de negociaciones comerciales del ICE, en el entendido de que, además, era una manera de demostrarle a la Cancillería su interés en mantener relaciones armoniosas con esa institución con la cual desde hacía tiempo había desencuentros.

Mi presencia y la de otro diplomático para aquel entonces, Félix Arellano, también como director general, era la manera de demostrarle al canciller su deseo de cerrar los tiempos de desavenencias entre las dos instituciones. La mano de Laura Rojas, quien era su segunda, estaba detrás de la componenda. Como recordaría Juan Misle en estos días, Miguel, al igual que con otros muchos, intervendría para cambiarnos la vida. En mi caso me montó en el tren de la diplomacia económica y comercial. Trabajar con Miguel en ICE fue una gran experiencia y lo más importante, nació una estrecha amistad que perduró por más de treinta años.

SEBASTIÁN ALEGRETT

En estos días se cumplen diez años de la separación física de Sebastián Alegrett. En estos tiempos, en que Venezuela ingresa a un nuevo sistema de integración comercial como lo es Mercosur, es una buena ocasión para recordar a tan insigne venezolano. Tuve la suerte de ser uno de sus colaboradores durante los años 90 mientras coincidimos en nuestra embajada en Bogotá. Sebastián era el embajador y yo para aquel entonces era consejero y tenía responsabilidades como encargado de la oficina económica y comercial. Trabajar bajo su dirección fue una gran experiencia, llena de aprendizajes. Fueron tiempos complejos y de grandes exigencias para la diplomacia venezolana.

Colombia siempre ha sido uno de nuestros grandes retos. Durante su gestión logró desarrollar un trabajo impecable. En poco tiempo penetró los estamentos políticos, económicos y sociales de ese país con una gran soltura y visión que lo destacó como uno de los mejores representantes venezolanos que hemos acreditado ante ese país hermano.

Con igual éxito, había Sebastián dejado huella como embajador en Brasilia. En los años en que me tocó trabajar en esa capital me asombró comprobar la admiración y afecto que se le tenía. Brasil es un destino difícil y complejo para cualquier diplomático venezolano. Lograba relacionarse con una gran facilidad con los principales actores y decisores de la sociedad mientras que alcanzaba que sus funcionarios trabajaran con entusiasmo y con claridad de objetivos.

Además de su servicio a la diplomacia venezolana y su aporte durante varios años como presidente del Instituto de Comercio Exterior, su verdadera vocación era la integración de la región y especialmente la andina.

Como secretario general de la CAN logró con su visión política y futurista generar la confianza de los jefes de los estados andinos antes los retos que tenía por delante el proceso de integración regional para su redimensión. Hay un pasaje que nos reafirma la extraordinaria gestión de Sebastián como secretario general de la CAN y que lo recuerda en un artículo de hace una década José Antonio García Belaunde, excanciller de Perú y quien fue su buen amigo. Se refirió el peruano en los siguientes términos:

> …convencido del símil entre un proceso de integración y la bicicleta, que si no avanza se cae, a cada reunión anual de los presidentes llegaba con nuevos objetivos. Así logró que los andinos establecieran el año 2005 como la fecha límite para el establecimiento del mercado común: aquel espacio en donde transitarán libremente no solo los bienes, sino los servicios, los capitales y las personas.
>
> Avanzó propuestas que hoy son realidades, como el uso de los documentos nacionales de identidad para desplazarse por la subregión. Pero donde concentró sus esfuerzos fue en tener un nuevo Arancel Externo Común, en donde participaran todos los países. Este era indispensable para el proyecto de mercado común y urgente de cara a las negociaciones del ALCA. Lo recuerdo en su casa, en los últimos días de julio, ya muy débil, escribiendo una Carta a los presidentes andinos que se iban a reunir en Guayaquil, urgiéndoles adoptar este instrumento vital. Los presidentes andinos acordaron tenerlo antes de este 15 de octubre.

Alegrett había ganado una nueva batalla, esta vez al borde de la muerte.

En octubre de 1994, coincidimos como expositores en un encuentro del Parlatino en Sao Paolo, el tema era "Nafta y Mercosur". Para aquel entonces era el embajador de Venezuela ante la OEA, reafirmó su visión en el sentido de que "los países latinoamericanos debían emprender decididamente y cuanto antes, su propia integración lo que facilitaría y seguramente contribuiría a que la futura integración continental se produzca en condiciones de menor asimetría y mayor equidad".

Sin duda, Sebastián hubiese luchado hasta sus últimos alientos por evitar el retiro de Venezuela de la CAN y hubiese preferido la integración con Mercosur dentro del bloque andino y no bajo las condiciones en que hoy entramos a ese mercado.

EL DISCIPLINADO CELSO AMORÍN

En las relaciones internacionales las cosas del poder no siempre funcionan con los mismos parámetros que en la política interna. Los países por lo general tienen poco interés en los momentos difíciles por los que pueden atravesar naciones en determinados momentos. La historia está llena de tragedias nacionales en donde gobiernos se hicieron la vista gorda por demasiado tiempo y sin intervenir a tiempo y debidamente ante tragedias nacionales. Por lo general, mucho de las difíciles situaciones y violaciones a que se someten naciones son aplaudidas por otros gobiernos si hay intereses vitales para sus países. Por ejemplo, buenos negocios. Lula es un ejemplo de un presidente en funciones que con todo descaro intervino en la política venezolana a favor de un sector político en conocimiento de violaciones evidentes que en su país serian inimaginables. La actitud de Mercosur en estos días en relación a Venezuela es un buen ejemplo. Algo tan políticamente correcto como es el conteo de votos ante una evidente manipulación electoral es desvirtuado en el momento en que los gobiernos reaccionan haciéndose la vista gorda ante la demanda de la otra mitad del país.

En Venezuela hemos visto complicidad de muchos gobiernos y actores internacionales ante muchas de las injusticias y violaciones que se han cometido en el país a lo largo de los últimos años. Recordaba en días pasados un episodio con uno de los protagonistas de la política del avestruz.

En un restaurante del bucólico pueblo de Coppet a las afueras de Ginebra, nos reunimos a mediados del año 1999 siete diplomáticos latinoamericanos en lo que era un encuentro de rutina que habíamos establecido para hablar a título personal sobre temas de política internacional y evaluar la situación económica y política de nuestros países. Carlos Pérez del Castillo (Uruguay), Celso Amorín (Brasil), Roberto Lavagna (Argentina), Hernando José Gómez (Colombia), Alejandro Jara (Chile) y quien escribe estas líneas. Entre tantos temas de la agenda que ocupaba nuestra atención en esos días arribamos a una trama que ya comenzaba a generar indagación en los medios internacionales y entre analistas; la situación política de Venezuela. Recién había tomado posesión como presidente el teniente coronel Hugo Chávez. Le hice al grupo una explicación general de las que a mi entender eran las razones objetivas por las que un militar que intentó derrocar un gobierno elegido había logrado electoralmente remontar el Gobierno de una de las democracias más sólidas del continente. Amorín, para entonces Embajador de Brasil en las Naciones Unidas y ante la OMC, un brillante diplomático al mejor estilo de los hombres formados en Itamaratí, me interrumpió para hacer un comentario sucinto.

Nos garantizó a los presentes "Vienen años muy difíciles para Venezuela". En nada bueno —aseguró— puede terminar un gobierno que, aunque libremente electo se origina con un líder que intentó derrocar con las armas a un gobierno legítimo.

Celso Amorín es el actual ministro de la Defensa de Brasil y fue canciller de Lula por ocho años. Irónicamente fue uno de los artífices de la exitosa relación de Brasil con el Gobierno de Chávez.

Seguramente nunca pensó que luego de esa frase lapidaria que nos asomó a un grupo de colegas hace más una década, se convertiría, en su condición de canciller y disciplinado diplomático, en uno de los soportes que le darían fuerza a Chávez en su cruzada contra Estados Unidos mientras su país se aprovechaba para hacer jugosos negocios con el gobierno del socialismo del siglo XXI. A Venezuela la vieron como un pote de oportunidades en dólares y no como recipiente de valores democráticos que en el pasado fueron el soporte de muchos países de la región.

El Sur le dará una vez más la espalda a las justas demandas de millones de venezolanos.

FRANÇOIS MOANACK Y SU VISIÓN DEL CARIBE

La crisis con Guyana es una buena oportunidad para recordar a François Moanack, diplomático venezolano que entendió y diseñó en los años setenta una estrategia internacional para la región caribeña con una visión precisamente enfocada en la complejidad integral que significaba el diferendo con esa joven nación.

Después de muchos años de haber tenido la oportunidad de trabajar con Moanack hoy entiendo más que nunca esa insistencia de este diminuto hombre visionario sobre lo importante que es la transparencia en las relaciones internacionales y lo irresponsable que es una nación que no tenga una política exterior de Estado que trascienda los gobiernos de turno.

Siempre decía, que el Caribe era la oportunidad que tenía Venezuela en la práctica para demostrar lo que aspiraba a que se convirtieran las relaciones entre los países ricos y pobres, los grandes y los pequeños. Los países del Caribe son un ejemplo para que las naciones luchen por sobrevivir en un mundo cambiante que fácilmente las impacta.

Cuando Venezuela vuelva a sincerarse consigo misma, no tengo dudas de que a François Moanack, habría que hacerle un reconocimiento por el aporte que hizo para dignificar nuestra relación con los países del Caribe. Los innumerables programas de cooperación que desarrolló con la región y que incluyen los Institutos para la Cultura y Cooperación sean reconocidos y respetados. Afirmaba, que se equivocan quienes piensan que la dádiva y la cooperación truculenta les abre el corazón a estos países. Solo una relación de mutuo respeto y una visión de beneficios compartidos, garantizarían, una política exterior hacia el Caribe que genere interdependencia y amistad duraderas.

Nuestro reclamo ante el despojo al que fue sometida la nación por el laudo arbitral de París nos sitúa, más de cien años después, en una coyuntura compleja, pero de grandes oportunidades, que obliga a manejar una política exterior de gran prudencia y sin estridencias. De comprensión histórica y de realismo político hacia esa región.

EL LEGADO DE SEBASTIÁN ALEGRETT

Un sentido reconocimiento se dio en el SELA por iniciativa del Secretario Permanente, Embajador Javier Paulinich, al dedicar una de las salas de este organismo internacional con sede en Caracas en honor de quien fue su tercer Secretario Permanente, el Embajador Sebastián Alegrett (1942-2002). Fue un sencillo reconocimiento, pero no ausente de emotividad, con la presencia de su hijo Andrés, con amigos y excolaboradores de Sebastián durante sus largos años de servicio al Estado venezolano y a nuestra región latinoamericana. Caraqueño de pura cepa, recio de carácter y apasionado defendiendo sus ideas y puntos de vista. Sin duda, fue pionero de la diplomacia económica de este país desde que asumió la presidencia del Instituto de Comercio Exterior (ICE) por allá a finales de los años setenta. Congregó a un grupo de profesionales que en el tiempo serían la vanguardia de la negociación internacional y la promoción del comercio. Formado entre Caracas y París, siempre se destacó como un impulsor de la integración y del comercio como herramienta para el desarrollo.

Sebastián fue un integracionista en el mejor sentido de la palabra. Creía profundamente en el potencial de América Latina y no fueron pocos los foros internacionales en los que le tocó intervenir y resaltar el potencial de nuestra región y la obligación de los líderes de darle sentido a la integración más allá de la retórica. Su labor como Primer Secretario de la CAN también ha sido reconocida desde la sede de ese organismo que forman Perú, Colombia, Bolivia y Ecuador, donde también se dedicó una sala a su nombre. Aquí en Venezuela, hace algunos años, la Cámara de Comercio Colombo-Venezolana creó el Premio Sebastián Alegrett para reconocer a las personas e instituciones abocadas a impulsar la integración entre los dos países.

Trabajé con él en Bogotá, como director de la Oficina Económica de la Embajada. Al igual que en Brasil, hizo una excelente misión en esa capital, dinamizó las relaciones y tenía el don de aprovechar el recurso humano disponible para destacar el trabajo y repartir las cargas de responsabilidades en el quehacer cotidiano de la diplomacia. Sebastián era una de esas pocas personas que he conocido que no necesitaba resaltar su imagen porque de por sí él era una imagen positiva. Lo he contado en otras ocasiones, aún recuerdo la última vez que vi a Sebastián, amigo y maestro en las lides de la diplomacia, fue durante un homenaje que le hicieron los cancilleres andinos en la Secretaría de la CAN en Lima. Cargaba a cuestas sus últimos días de vida. Las intervenciones de los presentes fueron elogios y reconocimientos a su trayectoria y vocación por la región. Siempre demostró obsesión por la verdadera integración de esta parte del mundo.

Compartimos a principios de los años noventa como ponentes en Sao Paulo en un foro en el Parlatino sobre Mercosur-Nafta y está en mi memoria cómo insistía en que los países latinoamericanos debían emprender decididamente y cuanto antes su verdadera integración.

Es sin duda gratificante ver una recatada placa en uno de los pasillos de la sede del SELA su nombre inscrito como un recordatorio de los hombres buenos y honestos que han desfilado por esta América múltiple manteniendo la llama viva del derecho a soñar por una Latinoamérica integrada, conectada, abierta a la movilidad humana y al comercio, con respeto por los derechos humanos y luchando contra la corrupción y otras prácticas perversas que socavan la aspiración de una sociedad próspera y justa.

DEREK WALCOOT

Mañana son las exequias de ese gran escritor y poeta de la lengua inglesa. Qué afortunado fui de conocerlo, aunque ya tarde y sobre sus ochenta. Muchas veces traté de contactarlo cuando viví en las islas del Caribe, lo intenté en varias visitas a Santa Lucía y sin suerte. Era obligatorio probar, pues en la pequeñez geográfica de su isla vivía un gigante de la poesía, de la pintura y de la palabra. Derek después de recibir el premio Nobel no paraba de recorrer el mundo, siempre estaba afuera de la isla que lo vio nacer y le dio ese maravilloso mestizaje de hijo de africana de origen y de blanco inglés que se amalgamaron en la tierra de las maravillosas montañas "pitons", símbolos de Santa Lucía, majestuosas formaciones de la naturaleza que te indican durante la navegación que estas ya cerca de Castries o dejando la isla en camino al Sur.

No fue sino hace unos pocos años que al fin logre encontrarlo. Fue gracias a nuestro común amigo Edmundo Font, gran embajador mexicano y artista quien tenía una entrañable amistad con Walcott. Fueron varios maravillosos encuentros con este gran poeta ya preparándose para la partida, con caminar lento y prudencia en el hablar. Recordaba mucho su viaje a Venezuela, evocaba con cariño los varios días que paso en Caracas y Valencia. Con nostalgia me decía que sabía exactamente lo que pasaba en Venezuela y lo lamentaba. "Cuando en una nación se discrimina y se pierde un destello de libertad no hay gobierno viable me enfatizo". Compartimos en su casa a la orilla de la playa en las afueras de la capital de Santa Lucia, el mar Caribe y la sombra de Martinica a los lejos eran su paisaje. Su estudio de pintura y su biblioteca eran espacios para la contemplación. Vivió 87 años, su esposa Sigrid, mujer maravillosa, lo acompañó por décadas. No se equivoca Font cuando se refiere en una nota homenaje a este extraordinario hombre como "el escritor más deslumbrante en lengua inglesa". Me honra tener en mis paredes su firma en un dibujo homenaje a la amistad con su amigo mexicano.

HOMENAJE A EMILIO NOUEL

Quiero presentar este articulo como homenaje al amigo Profesor Emilio Nouel, abogado, escritor, internacionalista y quien fue asiduo articulista de temas internacionales, luchador por las causas democráticas quien se nos fue sorpresivamente. Tenía aún mucho que aportarle a nuestro país.

En estos tiempos la comunidad internacional tiene desafíos importantes. La pandemia que nos azota es una tragedia pero a su vez es una oportunidad para redefinir las prioridades de una agenda internacional que exige afrontarla con nuevas herramientas y una mayor coherencia en el trabajo de las distintas organizaciones internacionales que forman parte de la "fauna" internacional y evaluar, si efectivamente, estas son útiles, si la normativa internacional se ajusta a los nuevos retos y si estamos evitando el solapamiento o duplicación de mandatos que muchas veces se repiten por lo parecido de la naturaleza entre los organismos.

Nadie en su sano juicio pone en duda la importancia del multilateralismo como la herramienta global para equilibrar todas las visiones, aspiraciones, encuentro de culturas en la búsqueda permanente de frenar las tendencias perversas del planeta, sean estas bélicas, políticas sociales y/o económicas a las que la humanidad está permanentemente sometida. La interdependencia y la cooperación entre todos para alcanzar objetivos comunes es una necesidad más que una meta. El planeta se enfrenta a tantos desafíos, muchos causados por el hombre como los estragos del cambio climático, la violación de derechos humanos, las guerras, desplazamiento de personas y las migraciones, la inequidad en las vacunas, recuperación económica, tensiones entre actores globales, la brecha tecnológica, entre otros, que se originan como consecuencias de situaciones adversas, como pandemias y epidemias, falta de libertades, violación derechos humanos, desastres naturales y hasta el terrorismo que nunca se sabe cuándo, dónde y cómo se manifiesta.

La pandemia del COVID-19 nos obliga a plantear una agenda temprana de hacia dónde debemos dirigir los esfuerzos ante estos nuevos retos. Es por ello, por lo que el mundo tiene que estar en permanente cautela ante amenazas y no hay mejor manera de enfrentarlas que con cooperación internacional, con normas diáfanas previamente acordadas, buenas prácticas y un sistema multilateral basado en reglas que sean bien inclusivas, realistas y de aplicación efectiva, con mandatos para su debida implementación. Estamos, ante una necesaria encrucijada para generar mejores normas internacionales que tengan mayor piso legal y de aplicación con la finalidad de confrontar los nuevos desafíos globales. Por ello, la importancia de la evaluación de los instrumentos internacionales que deben incluir no solo la parte normativa a que se refiere sus mandatos y obligaciones, sino, además, como los mismos se adaptan y más allá del interés o las demandas exclusivas de los gobiernos.

La normativa internacional de los nuevos tiempos debe reflejar las necesidades de los multiactores de la comunidad internacional, así como también las nuevas disposiciones que se requieren para poder garantizar y reaccionar ante las alertas tempranas que se disparen ante eminentes situaciones de crisis políticas, de salud o desastres asociados a fenómenos naturales.

Insistimos, por los demás, esta crisis sanitaria que se inició en el 2020, ha demostrado cuánto rezago y cuánto trabajo tenemos por delante para que los organismos internacionales den respuesta oportunas, eficaces y diáfanas a las demandas y a las expectativas no solo de los Estados y los gobiernos, sino que fundamentalmente a las sociedades y a las personas en su conjunto. La aplicación con agilidad de los instrumentos internacionales es una necesidad. De allí que los países, juntamente con los propios organismos internacionales y otros actores que incluye organizaciones intergubernamentales, organismos privados de normalización, organizaciones regionales, fundaciones filantrópicas entre otras, se deben coordinar para impulsar los mecanismos de implementación que garanticen fiel cumplimiento a los acuerdos, incluyendo la posibilidad de sanciones económicas o legales. En la actualidad, existen más de setenta mil instrumentos internacionales, unos pocos de carácter vinculante y sin duda se requieren mecanismos coherentes de aplicación, por una parte, pero también de supervisión y evaluación.

Los retos de la sobrevivencia ya no están dentro de las fronteras. El llamado también ecosistema multilateral, este es, de numerosas organizaciones internacionales y otras agencias, también deben evaluar la efectividad de sus recomendaciones, mandatos y objetivos para que los países puedan asumir sus propios retos a través de políticas públicas eficientes, por ejemplo, que contribuyan al crecimiento económico, la lucha contra la pobreza, combatir el terrorismo, la contaminación ambiental o las crisis financieras. Las organizaciones internacionales se debilitan en la medida que el acervo normativo sea más referencial, basado en recomendaciones y menos en mandatos diáfanos que obliguen su fiel cumplimiento, incluyendo la posibilidad que entidades internacionales tengan la disposición de actuar ante alertas tempranas o situaciones caóticas que se presenten, como, por ejemplo, una catástrofe natural, una pandemia o hasta acciones genocidas en cualquier país del planeta. Los países se han acostumbrado a que los Organismos Internacionales ejecuten evaluaciones basados más en situaciones confirmadas que en la previsión de estas. Las alertas tempranas deben estar en la vocación de cada uno de Organismos Internacionales, incluyendo por supuesto aquellos que se desprenden de la sociedad civil.

No serán pocos los que coloquen sus manos en la cabeza pensando en lo audaz de planteamientos de esta naturaleza, especialmente cuando la visión de soberanía absoluta sigue siendo las cortapisas que protege las consecuencias de malas prácticas de muchos de nuestros países. El medio ambiente, la contaminación de las aguas, las pandemias, las tragedias naturales y sus efectos no se atañen a espacios geográficos delimitados.

Existe un amplio engranaje internacional que muchas veces confunde y se solapa en tanto que objetivos y responsabilidades. La mayoría de los países forman parte de más de 50 organismos internacionales, que incluye, supranacionales, intergubernamentales, privadas, y otras de naturaleza mixta. El acervo es tan variado y amplio que se afirma que existen más de setenta mil instrumentos normativos internacionales. Lamentablemente, la mayoría no tiene mandatos de fiel cumplimiento con sus respectivas sanciones, no son de obligatorio cumplimiento y quedan las disposiciones más como recomendaciones que obligaciones.

Si las normativas de los organismos internacionales no se implementan por parte de los países o grupos de naciones, la efectividad de la norma y la contribución de estas en su conjunto se debilitan. Esta realidad es una tendencia evidente en el ecosistema internacional. Encontramos una tendencia desde los propios Organismos Internacionales hacía impulsar la ejecución ante la frustración de que la normativa sea letra solo referencial. De allí, que se recomiendan mecanismos de aplicación que sean seguros, confiables, y que se orienten hacia sanciones legales o económicas en los casos de no cumplimiento. La OMC, por ejemplo, es de las pocas organizaciones internacionales que además de ser una especie de "perro guardián" del cumplimiento de la norma comercial internacional, tienes mecanismos de aplicación de sanciones, así como de resolución de controversias a través del Órgano de Solución de Controversias (OSD).

Tal como se desprende de la convocatoria de la Octava reunión anual de la Asociación de Organizaciones Internacionales para la elaboración de normas internacionales eficaces "…existe una necesidad apremiante de una mayor coordinación entre los actores internacionales para el desarrollo de soluciones rápidas que apoyen a los grupos interesados en tiempos de crisis, gestionando las amenazas para los ciudadanos". En otras palabras, el llamado es hacia la creación de acervo normativo internacional ágil capaz de estar posesionado ante las necesidades de proteger a las personas y al planeta en tiempos de crisis. No son pocas las voces que han llamado a que los procesos de elaboración de normas internacionales deben estar fundamentadas en la transparencia, la inclusión, la implementación, el seguimiento, la promoción, la coordinación, y perseguir como objetivo final ser una herramienta de apoyo al logro de objetivos de políticas públicas.

FERNANDO GERBASI

Unas líneas para recordar a un buen diplomático, amigo y mejor hombre de familia. Fernando fue un venezolano, aunque hijo de emigrante italiano, el reconocido poeta Vicente Gerbasi, era   de una venezolanidad extraordinaria, que no solo la pregono sino la practico a lo largo de sus andares por el mundo trabajando por Venezuela. Quienes tuvimos el honor de dedicar nuestra carrera profesional al servicio diplomático venezolano fuimos testigos de la gran vocación de este hombre por su país. Desde muy joven asumió el reto de hacer una carrera diplomática en la cual fue exitoso, ONU, Colombia, Italia, Brasil, República democrática de Alemania), escritor, profesor universitario. Le tocaron no pocos desafíos, sirvió como embajador en varios países, se formó en la diplomacia económica / comercial y llego hacer Vicecanciller de la república. No necesitaba Fernando ni padrinos, ni el carné de un partido político, el solo se había ganado la reputación de un buen servidor público, de un diplomático preparado y especialmente honesto. Tuvo la honestidad de renunciar en Italia como Embajador ante lo que considero en su momento que el gobierno que representaba violaba los derechos humanos. Encajaba perfectamente en esa dicotomía entre el cargo que luce al funcionario y el funcionario que luce el cargo. Gerbasi lucia los cargos que ostentaba. Trabaje con el cuándo fue por segunda vez embajador en Colombia. Conocía a Colombia y los colombianos lo apreciaban, hizo una excelente labor y para mí fue un honor haber sido su subalterno. Previo, estuve con Sebastián y Abdón Vivas Terán. Cuando me trasladaron de Bogotá a Ginebra, Fernando no estaba muy complacido con que me fuera, como economista le daba mucha importancia a la oficina económica y comercial de la embajada que yo dirigía, pero si recuerdo que me dijo no se podía oponerse pues sin duda Ginebra sería para mí una gran experiencia profesional. Sobre todo, ir a la OMC y vivir en un país tan especial como es Suiza.

El inicio de su carrera fue también en Ginebra. En días pasados escribía Juan Misle a quien sustituí a mediado de los noventa y quien venía de realizar un excelente trabajo en la naciente Organización Mundial del Comercio la siguiente anécdota: "Una vez el Embajador Gerbasi estuvo de visita en la Misión Permanente de Ginebra y pasó por mi oficina para saludar, me dijo que el escritorio desde donde yo despachaba fue el suyo por varios años. Les confieso que me sentí muy orgulloso de saber eso. Me pareció más grande que nunca ese mueble. Tenía pedigrí. Después lo heredó mi querido amigo Oscar Hernández. Cierto, los muebles de antes eran eternos. Hará falta Gerbasi". Tal cual lo describe Juan, deja un vacío, hará falta Fernando como referencia, como profesional de las relaciones internacionales. En lo personal, lamento no haberlo visto en los últimos años y que se haya ido estando en el exilio. Conociendo su estirpe, sin duda fue un gran castigo desprenderse de su país. Sin causa objetiva, ni juicio, dejo estas tierras que tan bien sirvió y que el tiempo y futuras generaciones le deberá reconocer su contribución como hombre de la diplomacia de estado venezolana. A Irene su esposa, Beatrice nuestra colega, hijos y demás familiares, nuestro pésame y afecto.

OTROS

LA DIPLOMACIA

La diplomacia es el título del último libro de Antonio Pérez Manzano, embajador y experimentado diplomático mexicano. Se suma este texto al patrimonio bibliográfico sobre los fundamentos para el estudio y la práctica de tan compleja profesión y que, lamentablemente, en el caso de Venezuela, de ser una carrera cultivada por profesionales que se curtían para ejercerla con disciplina y vocación, se convirtió en un reducto para advenedizos o amigos ideológicos del gobierno. No son pocas las actuaciones que nos confirman la desprofesionalización del servicio exterior.

El autor dispone de su preparación académica y su experiencia para presentarnos un texto que se rige por la disciplina teórica y que deja la huella de la praxis como recurso valioso para ayudar al lector a entender lo que es la profesión diplomática, lo requerimientos para ser efectivo.

Este texto nos brinda la oportunidad para que lectores puedan entender de lo que se trata un servicio exterior, qué hacen los diplomáticos, cómo funcionan las embajadas/ consulados y por qué son importantes para el desarrollo de una nación.

A diferencia de Venezuela, en el mundo la tendencia es a profesionalizar y especializar el ejercicio de la diplomacia por su complejidad y la aparición de nuevas competencias que exigen conocimientos técnicos y experticia en un amplio campo de temas como derechos humanos, comercio, emigración, telecomunicaciones, entre otros. El autor nos recuerda que la vocación por la diplomacia y las relaciones internacionales es fundamental para desarrollar las virtudes que contribuirán al éxito del ejercicio de la profesión, especialmente aquellas que se relacionan con rectitud, integridad, probidad y honradez. Sin duda, valores escasos en estos tiempos signados por la inmediatez y el facilismo.

¿QUÉ SIGNIFICA EL TRIUNFO
DE EVO MORALES?

Evo Morales ganó en buena lid. Su triunfo representa en primer lugar una oportunidad para el pueblo boliviano. Los análisis tenebrosos andan circulando. Los proyeccionistas de oficio ven para Bolivia tiempos difíciles, confusos, inestabilidad (más) entre otras tantas no pocas preocupaciones. Realmente. ¿hay razones objetivas para preocuparse? En política nunca se tiene la última palabra, pero desde una perspectiva histórica podríamos más bien pensar que el triunfo de Morales es una reivindicación para Bolivia, los bolivianos en su conjunto y la región en varios frentes.

Primero, las elecciones en Bolivia son una afirmación de la Democracia latinoamericana de estos tiempos. Morales es el candidato que eligieron los bolivianos. Ello es muestra de madurez para la Nación en su conjunto convulsionada por décadas y no por culpa de Morales sino por la propia realidad estratificada y de exclusión de la sociedad boliviana. Su tendencia, estilo sencillo y origen darían muestras de que estamos frente a un hombre sensible, característica importante para un político de esta región.

Segundo, el triunfo del pueblo boliviano fue la de elegir a un boliviano con ideas y proyecto de país que encaja en las aspiraciones de gran parte de los ciudadanos de esa nación, principalmente los más excluidos. Por ello me parece injusto celebrar el triunfo de un indígena, pues de por sí es una postura excluyente. Lo importante es que ganó un buen boliviano, perseverante y que su triunfo tiene que ser leído como una oportunidad para la sociedad en su conjunto independientemente de su origen étnico. Por supuesto que existe una gran deuda con el pueblo indígena. Sus éxitos estarán por verse y dependerán de muchos factores tanto exógenos como endógenos. Capacidad para gobernar, llamase, negociar, gerenciar y tomar las decisiones apropiadas con un conjunto de asesores con experiencia y conocimiento. Ello será lo que garantice la menor posibilidad de conflicto durante su gestión.

Tercero, la profundización de la democracia en cualquier nación requiere ampliar las opciones de Gobierno. El triunfo del MAS como tendencia de izquierda es una buena oportunidad para que los factores de poder asuman la responsabilidad misma de gobernar a diferencia de la relativamente cómoda opción de ser factor de oposición. Como en toda sociedad, el cómo se maneje el equilibrio de lo social y de lo económico garantizará o no el derrotero del éxito o fracaso de su gestión.

Cuarto, el reacomodo geopolítico de la región se fortalecerá tanto en términos de complementar el proceso de integración como el de equilibrar opciones de mayor cooperación entre naciones *"like minded"* de la región que abre oportunidades para una mayor responsabilidad compartida. Ello incluye las naciones andinas, Brasil y Argentina principalmente.

Quinto, el consumo de la hoja coca como expresión cultural no debe seguir siendo un elemento de confrontación sino alternativo sin que ello se asocie necesariamente con el tráfico de y producción de cocaína. Precisamente el fortalecimiento de los conocimientos tradicionales y la utilización de nuevas formas de producción basados en nuestra biodiversidad le dan una lógica a la aspiración boliviana con relación el consumo de la hoja de coca. No es casual que como parte de la nueva agenda de temas internacionales se discute en algunos foros multilaterales el respeto a los conocimientos tradicionales. La lucha contra la producción y tráfico de drogas debe ser un frente común y no excluyente de espacios abiertos a su uso medicinal o no nocivo.

Sexto, el triunfo de Morales no debería percibirse como una ficha más de confrontación contra los Estados Unidos. Este último país tiene que aprender a vivir con realidades y búsquedas legitimas en la región que no tienen que convertirse en necesariamente escenario para la divergencia. Pudieran perfectamente ser una opción para la complementación mientras se mantenga relaciones basadas en respeto mutuo y en la aceptación de los cambios históricos que se están produciendo en la región.

Por último, el nuevo gobierno de Bolivia puede brindar un espacio para la ampliación y la aceleración del proceso de integración de Suramérica. Al igual que con Venezuela, MERCOSUR debería invitar a Bolivia a integrarse como miembro pleno y de allí fortalecer la tendencia integracionista de la región que conjuntamente con el resto de las naciones andinas, Guyana y Surinam pueden efectivamente lograr a corto plazo una excelente oportunidad para el reacomodo regional. El nuevo presidente de Bolivia es un hombre de izquierda, de allí que gobernará como tal. El éxito de su gestión basado en su línea de pensamiento será cuando logre efectivamente hacer lo que muchos bolivianos aspiran, mejorar sus niveles de vida.

OBAMA, EL RETO DE UNA NACIÓN

Podríamos resumir en tres las primicias que le deberían dar a Barack Obama el triunfo en las elecciones del próximo 4 de noviembre.

En primer lugar, las de carácter económico y político. El deterioro económico y social de gran parte de la población durante la gestión de Bush y la crisis financiera la cual no la tenían los estrategas de John McCain en la agenda electoral, le dan un impulso a la candidatura demócrata. Por décadas El 90% de las inclinaciones electorales se ha producido en los Estados Unidos de mano con la situación económica del momento electoral. Ese sigue siendo un factor de peso importante. Recordemos la frase de "estúpido es la economía" que acuño el reconocido estratega James Carville cuando advirtió que Bill Clinton era una mejor alternativa que Bush padre por este haber descuidado la economía en plena recesión priorizando la agenda internacional.

En lo político no hay duda de que los demócratas están listos para retomar las riendas de la nación. Cualquiera que haya seguido con detenimiento las convenciones de ambos partidos podrá distinguir fácilmente que la agenda que ofrece el partido demócrata se parece más a las características reales de esa nación en estos tiempos y a sus legítimas aspiraciones. En otras palabras, la sumatoria de factores que le dan silueta a los Estados Unidos de hoy se asemeja más a la agenda, perfil y composición de los demócratas que a la de los Republicanos. Como lo expresó Collin Powell, los estadounidenses se inclinarán por Obama porque la nación necesita un presidente que no solo no continúe las políticas del actual gobierno sino que requieren de un presidente que sea un relevo generacional.

En segundo lugar, la guerra de Irak y los resultados en estos años desde que se inició ese conflicto han marcado una agenda antibelicista que la capitaliza Obama y por la cual se desprende que es una de las motivaciones que inclina las preferencias demócratas en esta oportunidad.

El "americano" medio, el trabajador, los intelectuales y principalmente las mujeres están hartos de esa guerra. No hay manera de que entiendan el sentido de seguir perdiendo sus soldados en un conflicto el que no debieron haber entrado, en primer lugar, y en donde a diferencia de otras intervenciones, la mayoría de los ciudadanos hoy saben que las razones que les mostraron para intervenir fueron, sin duda, fraudulentas.

En tercer lugar, hay un elemento de carácter sociológico. En estos tiempos, es importante para la psiquis colectiva de esa nación que reconociendo la segregación racial que aún existe, el inconsciente de un gran sector de los estadounidenses aspira a demostrar que es capaz de superar el trauma de percibirse como una nación que aún tiene mucho por hacer para resolver el tema del racismo y que sus valores esenciales los obligan a superar esa gran contradicción. Estados Unidos requiere dar un salto que alivie esa carga sicológica para gran parte de la población que aspira a estar en capacidad de apoyar a Barack Obama, quien independientemente de su origen y raza, saben que es el mejor candidato para regir los destinos de los Estados Unidos. La mayoría de los estadounidenses demandan verlo como un ciudadano con el derecho de ser el próximo presidente y no como miembro de una minoría racial.

HAY QUE NEGOCIAR

No hay nada peor en la política que la arrogancia. En estos tiempos la petulancia del gobierno está en su máxima densidad. Presienten que el poder les pertenece y no hay opción para entregarlo. La oposición, por su parte, quien puede demostrar fácilmente el fracaso estrepitoso del gobierno, se alucina a si misma con la razón de los hechos, pero ofertando pocas opciones para superar la crisis y garantizar una unidad de todos los sectores que adversan al gobierno. Es por ello, que insisto, a pesar de la resistencia que el tema puede producir en muchos que, en el caso de Venezuela, el diálogo y la negociación es fundamental para evitar que el país entre en una espiral de violencia o de conflicto civil. No hay que hacer grandes análisis politológicos para concluir que cuando las válvulas de escape se cierran, cuando un sector quiere predominar por la fuerza, cuando las instituciones del estado se parcializan y se convierten en apéndices del ejecutivo, cuando la economía se estanca, la pobreza crece y la democracia deja de funcionar, estamos ante la antesala de la violencia.

Es por ello que urge que Gobierno y oposición reanuden los esfuerzos de diálogo y negociación con garantía internacional Es evidente que, ante la deteriorada situación del país, la crisis económica y la desesperanza, sería una irresponsabilidad seguir forzando la barra y no sentarse en una mesa de diálogo. El gobierno debe entender que a pesar del aparente poder del que dispone, el sometimiento de instituciones y el apoyo de la Fuerza Armada, no es suficiente para detener una avalancha cuando esta se produzca. La espiral represiva y el aniquilamiento del adversario no garantiza permanencia en poder. Es por ello que se necesitan líderes con capacidad de desprendimiento y negociadores capaces de generar consensos para evitar el peor de los males. La historia ha demostrado que sí se puede.

El gobierno y la oposición tienen que demostrarle al país su interés en avanzar en un acuerdo. El país de a pie no quiere más confrontación, quiere que sus dirigentes encuentren los caminos para recuperar la crisis económica que la sumerge en pobreza. En estos tiempos, todos estamos perdiendo, incluyendo los que se consideran victoriosos.

¿BLA BLA O BANG BANG?

Me preguntaba en estos días un amigo si estaba de acuerdo con la negociación entre el Gobierno y la oposición. Le respondí que hacerle esa pregunta a un diplomático es como preguntarle a un carpintero si le gusta la madera. Es obvio que la crisis de Venezuela necesita un proceso de negociación entre los demócratas y quienes ostentan el poder, responsables estos de la trágica situación por la que atraviesa el país. Lamentablemente, hay quienes creen que se negocia para que el gobierno siga ganando tiempo mientras más se deteriora la oposición y ellos afianza su régimen ineficiente. Hay otros que ponen en duda la transparencia de los negociadores de la MUD, acusados injustamente de estar sirviendo a los intereses del gobierno.

La verdad es otra, los demócratas siempre deben apelar a la opción negociadora. Ya el país está lo suficientemente deteriorado y saqueado para que sigamos pensando que la fuerza, las intervenciones, los golpes de Estado, son la manera de garantizar que desterremos a quienes son culpables de tanto abuso de poder. Pues no, Venezuela no necesita vengadores, los hemos visto cómo destruyen a su paso. Requerimos sabiduría y respeto hacia quien se ha equivocado, necesitamos exigir justicia a quienes han violado los derechos humanos y han robado las arcas de la nación. Para todo hay espacio y tiempo. Lo que sí es imperdonable, es quienes desde diferentes trincheras han batallado durante tantos años por rescatar al país y sus instituciones, hoy se aboquen a denunciar a quienes se atreven hablar con el otro. La negociación puede fracasar, antes fracasó y en la historia hay miles de procesos que han fracasado. Lo que no se puede es no intentarlo. Demostrar la valentía al sentarse con el violento, el opresor. Con el que ha violado tus derechos. Porque al final, lo más importante es recuperar a la nación, ayudar a los más necesitados, defender el futuro de nuestros jóvenes, revertir la emigración de muchos de nuestros hijos. Siempre hablar será un mejor recurso. Reconocerse dará frutos y ser honestos más. Si el gobierno no es sincero, más estrecho se las hará el camino a lo inevitable, pagar ante la justicia por sus errores, por su avaricia y por haber engañado a millones que creyeron en su discurso.

NEGOCIAR CON HONOR

Quizás una de las artes más difíciles para el ser humano es la de negociar. Los procesos de negociación política son difíciles y complejos. La historia universal está llena de ejemplos que demuestran lo complejo y los retos que conlleva el poner de acuerdo a dos o múltiples partes ante distintas disyuntivas y conflictos. Existen varias escuelas y metodologías que dan herramientas y enseñan cómo negociar. Los llaman métodos de negociación y la academia se han encargado de sistematizar secuencias para alcanzar objetivos. Sin duda, todas son buenas y casi siempre funcionan para determinadas negociaciones. Pero existe un valor en cualquiera de las fórmulas, estilos o metodologías que es muy importante preservar y que es el epicentro del éxito final de cualquier esfuerzo negociador y no es otro que el de la honestidad.

Quien negocia sin honorabilidad y respeto por sus contrapartes, por lo general fracasa y se hace frágil en el proceso. Esta reflexión la hago pensando en los recientes resultados del proceso que se llevó a cabo en República Dominicana. En una negociación política del calibre de esa, que por lo demás había consumido más de un año entre unas rondas y las otras, evidenció que el gobierno no jugó las reglas clásicas de ninguna de las escuelas y por lo demás demostró poca transparencia y viveza a la hora de llegar a un acuerdo satisfactorio. El tema que estaba en juego no era dar concesiones, ganar-ganar o simplemente lavarse la cara ante la comunidad internacional. El centro de la negociación tenía que ver con el rescate de una nación, que está padeciendo una crisis de dimensiones dramáticas y que requiere de un consenso político que permita restablecer confianza, dar garantías, rescatar su constitución y salvar a la República de una crisis peor y de una catástrofe humanitaria. El gobierno no tenía ese objetivo entre cejas. Su audacia se resume en la sobrevivencia. En mantenerse en el poder. En jugar al desgaste nacional y a desinteresar a la comunidad internacional de la importancia de colaborar en la solución de conflicto que pasa por regresarle a Venezuela su constitución. La oposición no se rindió, ni aceptó el chantaje de firmar un acuerdo sin garantías. Los facilitadores entendieron y observaron directamente la dimensión humana de quienes gobiernan. Venezuela no se lo merece.

RECUERDO DE EL CAIRO

Conté en alguna de mis entregas la emoción que me había producido la película *Argo* premiada con un Oscar como la mejor película del 2013 por la Academia cinematográfica toda vez trajo a mi memoria un caso parecido del ejercicio diplomático en la que me tocó participar. Fue una tarea muy delicada y pertinente en la que junto al embajador Jorge Daher, quien seguramente recordará el episodio y que sin querer competir con la excelente narración que nos presentó el director y actor Ben Affleck aprovecho para contar dentro del marco de los "cuentos "de la actuación en la diplomacia que me he propuesto narrar en este medio.

Me correspondía recibir como encargado de la sección consular de nuestra embajada a una pareja de venezolanos que visitaban El Cairo y que por instrucciones de la Cancillería debíamos darle un especial apoyo. Era principios de los años ochenta y gobernaba en Anwar el Sadat en Egipto y Luis Herrera Campíns en Venezuela. Se trataba de la búsqueda de una hermana desaparecida por un buen tiempo desde que viajó desde Caracas a El Cairo luego de esposarse con quien había sido un funcionario diplomático egipcio en Caracas. La familia estaba muy preocupada pues entendía por alguna misiva que les había llegado que las condiciones de vida no eran las mejores para la joven venezolana y nada parecidas a las que se le ofrecieron en vísperas del viaje. Después de una búsqueda intensa que los llevo hasta Marsa Matruh en la frontera con Libia, lugar con una de las playas más espectaculares del norte de África, lograron encontrar a la hermana —luego de una jordana agotadora que tomó varios días— en pésimas condiciones de vida, pero aferrada a su marido, a quien en castigo por casarse sin autorización con una cristiana lo habían trasladado a esa compleja región.

Fue una tragedia para la joven enterarse de que su esposo no era diplomático, sino militar. Que su función en Caracas estaba vinculada con servicios de inteligencia y que su designación en la frontera era una reprimenda que incluso le había costado una degradación de su categoría militar. Los hermanos lograron convencerla de que se trasladara con ellos de regreso a El Cairo y se pidiera apoyo a la Embajada. Ya nuestra Cancillería estaba debidamente informada y las instrucciones que había recibido el Embajador era la de dar todo el apoyo que necesitaran para ayudar a resolver la difícil situación de esta compatriota y su familia.

Como fue solicitado, se cumplieron las instrucciones. Días después me corresponde recibir al exteniente quien de manera oculta logra dejar su guarnición mientras supuestamente estaba en una faena por el desierto. Se apersona en nuestra Embajada para pedir que lo ayudáramos a regresar a Venezuela con su esposa. Estaba el militar dispuesto a desertar y asumir las consecuencias en un país que se encontraba aún en estado de guerra y de que cualquier deserción podría acarrearla la máxima pena en ese país que incluye la pena capital.

Iniciamos un esquema que tenía por objetivo darle todas las facilidades para ayudarlo a salir del país. Algunas de ellas tan engorrosas como las que se describen en la película que citamos al inicio de esta nota. Los tiempos se evaluaban de acuerdo a posibilidades objetivas para trasladarlo.

Teníamos dos inconvenientes, al oficial ya lo habían declarado desertor, su esposa se negaba salir del país antes y que en la embajada contábamos con personal local que podían denunciar la maniobra, lo que nos obligaba a la discreción, mantenerlo fuera de la sede y separado de su pareja y hermanos por un tiempo prudencial.

No fueron pocos los días de angustias y el malabarismo que me correspondió bajo la supervisión de mi jefe de misión y autorización de Caracas que asumía el caso como de apoyo humanitario. Reto nada fácil que podía poner en riesgo una relación diplomática. Los detalles de la salida me los reservo para una ampliación futura de esta historia. Logramos su partida y su posterior reunificación con su pareja.

Los días de intensa artimaña generaron un gran acercamiento entre todos. Casualmente éramos jóvenes y aún en nuestros veintes. Cumplido el cometido y por la discreción obligada en la vida del diplomático una hazaña importante quedó resguarda en los fríos archivos secretos de nuestra Cancillería. A los personajes más nunca los volví a ver. Fue una verdadera historia de amor la de esta pareja. Para mí fue una auténtica satisfacción poder ayudarlos. Se suma a muchas otras del quehacer de la profesión y de otras historias apasionantes de nuestro servicio diplomático que poco se conocen y que seguramente encontrarán en acuciosos historiadores un despertar a su debido tiempo.

VENEZUELA IS BACK

Aún soñamos con que saldremos de esta tragedia sin que los venezolanos tengamos que llegar a un conflicto mayor producto de la locura del siglo XXI a que se ha sometido al país en los últimos 20 años. *Venezuela is back* era el mensaje que veía en grandes vallas y cuñas de televisión alrededor del mundo. Era un mensaje para recordar que habíamos superado la pesadilla y el país estaba preparándose para los nuevos tiempos. La diáspora regresando a luchar por su patria, el turismo compitiendo con el petróleo, una economía abierta, en donde el proteccionismo no existía, las medidas económicas eran para acelerar la producción y generar riquezas, en donde el gobierno se reducía para darle paso a la iniciativa privada, que los incentivos eran para sacar a los rezagados de la pobreza y en donde la palabra emprendimiento se convertía en el centro del lenguaje oficial. Llegaron miles de empresas a competir e invertir en Venezuela, las grandes petroleras con un esquema de regalías e impuestos atractivos recuperarían la producción y nos podrían a sumar cientos de miles de barriles más. El país energético venía de la mano con un turismo sustentable y verde, el turismo mundial nos descubría y apostaba a ver las maravillas de Venezuela. El parque automotor poco a poco cambiaba. En Maiquetía desaparecía la flota más antigua de este hemisferio para convertirse ahora sí en la puerta de Suramérica, un aeropuerto extraordinario para conectar al mundo. Las flotas pesqueras surcaban nuestra amplia geografía para convertirnos en exportadores de pescado y la tierra fértil volvía a florecer con siembra, ganado y cuanta oportunidad hay en esta dominio extenso y fértil. El mensaje no era subliminal, era claro, Venezuela estaba de regreso al concierto de naciones progresistas, democráticas y respetuosa de los derechos humanos. Los discursos desde la presidencia eran precisos y cortos, el mensaje era directo, nuestro objetivo era cumplir las metas del milenio y hacia allá van todas las energías, de la mano con el sector privado, de la iglesia, de las ONG, de los organismos internacionales. Se terminaba la diplomacia del insulto por la de la reflexión, la del respeto, la de escuchar a nuestros vecinos ante nuestra nueva realidad. En fin, Venezuela estaba de regreso, hasta que me despertó el televisor y de nuevo una cadena del Sr. Maduro, anunciando sus medidas económicas. No estábamos de regreso, seguimos en la espera.

RESUMEN CURRICULAR

Oscar Hernández Bernalette

Embajador de carrera. Politólogo, Internacionalista

Cursó Estudios de grado y mejoramiento profesional en la Universidad Central de Venezuela-UCV, Universidad de California, Universidad de Oregón,Universidad de Ottawa y la Universidad de Ginebra.

Desempeñó diferentes responsabilidades en el Servicio Exterior de Venezuela de Egipto, Estados Unidos, República Dominicana, Grenada, Brasil, Colombia, Ginebra-Suiza, Haití, San Vicente y las Granadinas, Dominica, Antigua y San Kitts - Nevis. Jefe de la División de Cooperación con el Caribe MRE) y Director General de Negociaciones Internacionales en el Instituto de Comercio Exterior, y Director General de Economía y Cooperación Internacionales en el MRE, República Bolivariana de Venezuela - Caracas, y actualmente se desempeña como Director de Relaciones para la Integración y Cooperación del Sistema Económico Latinoamericano del Caribe - SELA.

Multiples responsabilidades como negociador internacional y autor de Venezuela y CARICOM (1994); Diplomacia Creativa (1995); La Diplomacia en un Mundo Globalizado, Decálogo para Diplomáticos (1999) y Las preguntas que usted debe hacerse antes de emigrar (2015). Coautor en Comercio Electrónico: las fronteras de la ley (1999) y Venezuela en la OMC (1999). Inteligencia Migratoria/Me voy o me quedo (2013) Cuando Petkoff cruzó el Atlántico. Caracas 2019.

Miembro del Consejo Editorial de Pressdigital Group de Barcelona, España. Exdirectivo de la Fundación Espacio Abierto y ex Miembro Asesor del Consejo Venezolano de Relaciones Internacionales (COVRI). Fue Presidente de la Comisión de Asuntos Internacionales de Fedecámaras.

PARTE III

EMILIO NOUEL VELAZCO

GLOBALIZACIÓN Y RELACIONES COMERCIALES INTERNACIONALES

LA TIERRA DEL OLVIDO, LAS GRANDES LIGAS E IVÁN DUQUE

Son noticias que vienen de fuera y que compensan en parte a uno, venezolano atormentado por la situación particular que vive su país, hundiéndose este en el colapso social y económico más grande de su historia, y de paso, transitando un camino hacia la irrelevancia, a menos que despertemos y resurjamos.

Colombia, que es y será nuestro vecino *per sécula seculorum*, es aceptada en la Organización de Cooperación y Desarrollo Económico (OCDE), club de los países más desarrollados del mundo, e ingresará próximamente como "socio global" a la Organización del Tratado del Atlántic o Norte (OTAN).

Ambas instituciones, una económica y la otra estratégica-militar, en las que se deciden asuntos de dimensión planetaria. Y no es que Colombia pueda ser catalogada en la actualidad como país totalmente desarrollado, ni que haya acabado con todos sus problemas sociales. Sabemos que aun los tiene y que hay algunos deberes pendientes por hacer.

Sin embargo, cumple con ciertos requisitos mínimos que la hacen acreedora de las membresías en cuestión, y esto a pesar de algunos temas importantes y graves como la violencia política y el tráfico de drogas presentes todavía en el presente.

Como se sabe, la OCDE es una organización en la que se intercambian experiencias positivas que apunten al cambio social y económico. Acepta en su seno a países que reúnen unos estándares de productividad, competitividad y desarrollo institucional, adecuados para el desarrollo y el crecimiento.

Colombia hoy los reúne, afortunadamente, para enfrentar los desafíos de su propio desarrollo.

Desde el 2013 el presidente Juan Manuel Santos había venido acercándose a la OTAN y en el 2016 con ocasión de los acuerdos de Paz, inicio un proceso de colaboración con aquella.

Ser "socio global" de la OTAN implicará para Colombia realizar operaciones de cooperación estratégica militar en los asuntos relativos al mantenimiento de la paz mundial, más allá del ámbito europeo de la organización. Y esto no es un asunto de poca monta, sobre todo, visto desde nuestra región y de Venezuela.

Por otro lado, en la reciente primera vuelta de las elecciones presidenciales de ese país, el joven candidato Iván Duque del partido Centro Democrático, senador, escritor, de excelente formación académica y con experiencia política, ganó con una ventaja importante.

Para los venezolanos que lo deseábamos, es también una buena noticia ese triunfo. Él ha demostrado de manera sincera y reiterada su solidaridad con los cientos de miles de venezolanos que han debido irse a ese país. Lo ha dicho claramente: el éxito de Colombia es el mismo de Venezuela.

Ciertamente, lo que allá ocurra y lo que aquí suceda, incumbe a ambos. Nuestra existencia y los destinos de venezolanos y colombianos están cruzados inexorablemente. Todo nos convoca a la convergencia y la integración. La política, la economía y la geografía. Y hasta la sangre.

Colombia y Venezuela. Venezuela y Colombia. Dos países que deben marchar juntos y complementarse. Como ya de hecho lo han logrado, más allá de los intentos por separarnos y/o enemistarnos, a causa de puntos y rayas geográficos y de prejuicios absurdos.

Desde la Tierra de Gracia, como la llamó el Almirante de la Mar océano, a la Tierra del olvido, como alude a Colombia ese cantante telúrico Carlos Vives, corre una sola y profunda corriente subterránea de savia común que nos alimenta y nos hermana.

Es posible que el proceso que se abre para Colombia con el nuevo presidente Duque tenga repercusiones prontas e importantes para nuestra situación particular. Ojalá. Así lo anhelamos desde aquí, gozosos como estamos de las tan buenas noticias que nos llegan de más allá de San Antonio del Táchira, Paraguaipoa o Guasdualito.

¿ESTÁ O NO VIGENTE LA CLÁUSULA DEMOCRÁTICA EN NUESTRO HEMISFERIO?

En estos días aciagos que vive nuestra nación, en los que se intensifica la violación de los derechos humanos, se pisotea la Constitución y el Estado de derecho ha devenido en caricatura, no está de más volver sobre ideas y planteamientos que ya hemos recorrido por estas vías e insistir en ellos.

La llamada *cláusula democrática* es una de las formulaciones que hemos intentado hacer conocer, subrayando las dificultades que ha tenido su aplicación en el ámbito de las instituciones internacionales que la contienen como medio para sancionar a los gobiernos al margen de los estándares democráticos comúnmente aceptados por las naciones civilizadas.

Hemos dicho que en el diseño y aplicación de esta cláusula confluyen consideraciones de tres tipos: políticas, jurídicas y morales. Que estos tres enfoques coincidan frente a un caso concreto, aunque no imposible, es harto complicado.

Que a la hora de adelantar este tipo de sanciones no es fácil ni poco el debate que genera entre los actores que deben tomar este tipo de decisiones. Intereses políticos, geopolíticos y económicos, alianzas de toda naturaleza e interpretaciones diversas sobre los hechos sometidos a evaluación, marcan el proceso de eventuales sanciones.

Es en nuestro hemisferio donde la cláusula democrática, sin duda, ha sido más elaborada, si al número de textos existentes nos remitimos. OEA, CAN, Mercosur, Unasur, CELAC y Alianza del Pacífico, con sus matices y extensiones diversas, la tienen.

La más desarrollada es la que incluye la Carta Democrática Interamericana, vigente desde 2001.

Cabe preguntarse de nuevo hoy, al ver las arbitrariedades y atropellos a los derechos humanos y la institucionalidad democrática en nuestro país, si está o no vigente la cláusula.

Desde hace unos años, a partir de la entronización en Venezuela de un gobierno autoritario militarista, que en los últimos tiempos se muestra ya como una tiranía desembozada, no pocos han pedido la aplicación de la cláusula.

Pero para que tal sanción tome curso, es preciso contar con los votos en los organismos internacionales que están facultados para ello. Son los representantes de los países los que deciden, más allá de la burocracia al frente de esos entes, cuyas atribuciones y capacidad de iniciativas autónomas, son muy limitadas, cuando no, nulas.

En Venezuela se ha producido un menoscabo progresivo y sistemático de los contenidos democráticos, hasta un punto en que, en el presente, los principios pilares fundamentales del Estado de Derecho democrático están prácticamente demolidos. Todo el entramado institucional ha sido utilizado para socavar los cimientos de la democracia venezolana y destruirla paulatinamente desde sus entrañas mismas. No existe separación ni autonomía de los poderes públicos; estos son apéndices del gobierno central. Los derechos humanos se violan a diario y selectivamente contra los opositores del gobierno. No hay debido proceso. Los tribunales están al servicio del poder ejecutivo. La descentralización político-administrativa ha sido anulada. La Constitución es sólo un papel escrito que se pisotea e infringe a capricho del poder establecido.

En fin, podemos decir con toda propiedad y también dolor, que la democracia dejó de existir en Venezuela, y que lo que tenemos por régimen político es un despotismo primitivo, salvaje y corrupto, una dictadura militar, cuya ejecutoria, sin mayores interpretaciones jurídicas, calza perfectamente en los presupuestos de las cláusulas democráticas establecidas en los organismos internacionales de la región.

¿Acaso no han estado ocurriendo en nuestro país *"situaciones que pudieran afectar el desarrollo del proceso democrático"* o *"una alteración del orden constitucional que afecta gravemente el orden democrático"*, presupuestos de hecho que, según los artículos 18 y 19 de la Carta Democrática Interamericana, ameritan la intervención de la OEA?

¿No está incurso el gobierno de Venezuela en el supuesto del artículo 1º del Protocolo de Ushuaia II (Mercosur), que dispone que en casos de una *"violación del orden constitucional o de cualquier situación que ponga en riesgo la vigencia de los valores y principios democráticos"*, se podría tomar medidas sancionatorias?

¿No estableció la CELAC en su *Declaración especial sobre la defensa de la democracia y el orden constitucional*, que en circunstancias de *"ruptura del orden constitucional y el Estado de derecho"*, como son las de Venezuela hoy, ella debería tomar cartas en el asunto?

Si tal ordenamiento internacional está en vigor ¿qué impide que los gobiernos del hemisferio, de Latinoamérica, de Suramérica o de Mercosur actúen de manera inequívoca y resuelta en resguardo de la democracia y la vigencia de los derechos humanos en Venezuela?

He aquí la pregunta del millón de dólares que el lector, no me queda la menor duda, sabrá responderse.

APROBADO TLC EEUU - COLOMBIA: HORA DE PENSAR EN GRANDE

¡Al fin aprobaron el TLC Colombia-EEUU en el Congreso norteamericano! Un vía crucis de alrededor siete años, prácticamente, recorrió la negociación, firma y luego congelación de la aprobación de ese tratado, hasta que fue sancionado por la mayoría del senado.

Con la aprobación de los TLC EEUU va a recuperar en América Latina cierto terreno perdido en los últimos años. Hilary Clinton ha declarado: "Colombia, Corea y Panamá son aliados importantes en regiones estratégicamente vitales. Con la aprobación de los acuerdos, EEUU le ha cumplido a sus amigos y aliados". Son estas palabras que no deben ser echadas en saco roto.

Esta buena noticia económica, aunque ajena, cae como un bálsamo en un país que, como el nuestro, durante 13 años ha visto hundir progresivamente su economía por un gobierno enloquecido por la ideología.

Junto a ese TLC, fueron aprobados también el de Corea del Sur y Panamá, también demorados un largo tiempo.

Esta tardanza injustificada no fue ajena a los vaivenes de la política interna norteamericana. Las objeciones a los TLC fueron esgrimidas principalmente por los miembros del partido demócrata. En la oposición de estos últimos ejercieron mucha influencia los sindicatos estadounidenses, ONG de los derechos humanos y algunos sectores económicos proteccionistas. Sin embargo, los republicanos fueron más proclives a suscribirlos.

Estos grupos, en el caso de Colombia, señalaban como razón de peso para oponerse el hecho cierto de los numerosos asesinatos a dirigentes sindicales en ese país, lo que para ellos sería motivo suficiente para bloquear tal aprobación legislativa.

Esa supuesta razón, sin embargo, ocultaba otro interés, más bien, de proteccionismo comercial. Muchos parlamentarios de aquel país representaban a ciertos sectores económicos que veían algunas amenazas a sus mercados, toda vez que se abriría una cierta competencia en algunos rubros, como es lo usual cuando se pone en práctica este tipo de acuerdos comerciales. Aunque esta postura era exagerada, a mi modo de ver, toda vez que las "amenazas" de los productos colombianos no serían de gran envergadura.

La suscripción de este tipo de acuerdos comerciales −debe señalarse− es la vía menos deseable que algunos países tuvieron que adoptar, habida cuenta del torpedeo y luego paralización que sufrieron las negociaciones multilaterales del ALCA. Centroamérica, República Dominicana, Perú, Chile y Panamá se vieron obligados a concretar estos tratados bilaterales.

Al entrar en vigencia el TLC entre EEUU y Colombia, tendrán acceso al gran mercado norteamericano, libre de aranceles, el 99% de los productos que hoy exporta Colombia (cárnicos, hortofrutícolas, textil, plásticos, autopartes, tabaco, azúcar, flores, etc.). Ésta, a su vez, otorga al 82% de los productos provenientes de EEUU una desgravación arancelaria, principalmente, de bienes de capital y productos no producidos en Colombia.

Nuestro vecino espera que, en los próximos cuatro años, se creen 250.000 nuevos empleos como consecuencia del TLC. Que el PIB suba 1%. Que las exportaciones totales suban en un 6%. Y que el comercio bilateral se incremente en 6.000 millones de dólares.

Así las cosas, las perspectivas no pueden ser más halagüeñas.

Lo que viene ahora es la instrumentación del acuerdo. Los actores económicos colombianos tuvieron un largo período para prepararse de cara a la competencia que traería consigo la aprobación de este TLC.

No obstante, algunos observadores han señalado que Colombia no hizo sus deberes en este campo. La firma de este TLC demandaba la realización de obras y cambios institucionales que permitieran al país elevar su competitividad de cara al nuevo desafío, y aquella no tuvo lugar. Lo cual pudiera afectar los resultados positivos esperados, y reactivar los cuestionamientos formulados durante la discusión del tratado por los enemigos del libre comercio.

Por otro lado, hay sectores económicos que no están aún preparados para la competencia que vendrá. Son los que siempre han apostado al proteccionismo estatal y han hecho poco por adaptarse al comercio globalizado. El gobierno colombiano deberá tomar acciones al respecto.

Afortunadamente, Colombia dispone de importantes sectores económicos que se han volcado desde hace mucho tiempo al exterior y a los que este TLC, con seguridad, favorecerá e impulsará más.

Como observador desde un país vecino, cuyo aparato productivo es víctima de un demencial plan de destrucción económica jamás conocido en esta región, con la excepción de Cuba, la noticia de la aprobación de este TLC no puede sino producirle una gran envidia.

Con sus desafíos y amenazas, y con las deficiencias nacionales que puedan estar presentes en la implementación y ejecución del TLC, vemos con optimismo que un país como Colombia se abra paso firme, sin complejos, en la escena económica internacional, siempre con la mira fija en la generación de una mayor riqueza y bienestar para sus ciudadanos a través del comercio con el gigante del continente.

Razón tiene el presidente Santos cuando dice que llegó la hora de pensar en grande. Ojalá los venezolanos nos contagiáramos de ese espíritu, sumidos como estamos en un marasmo político y económico.

¿VA EN RETROCESO LA INTERDEPENDENCIA ECONÓMICA INTERNACIONAL?

Hace un tiempo expuse algunas ideas sobre el principio de irreversibilidad en los procesos de integración económica.

Allí decíamos que era muy dificultoso e inconcebible que un país que haya experimentado los beneficios que trae consigo el intercambio mercantil internacional, se devolviera a una situación de retraimiento económico, desdeñando las ganancias de la interdependencia.

Así, una vez que un país se inserta en un régimen de unión aduanera y/o mercado común, los lazos económicos y de otra naturaleza se hacen tan fuertes entre los países que conforman un bloque comercial, que desprenderse de ellos es un contrasentido y una tarea muy complicada. De allí deriva la casi imposible reversión, a menos que se esté dispuesto a soportar los daños a sus empresas, no solo las volcadas al exterior, y a los trabajadores que de esos negocios dependen.

Y eso es lo que estamos presenciando hoy con el enorme embrollo político que se ha desatado en Europa y el Reino Unido, que amenaza con la caída de la Primera Ministra Theresa May.

Es sabido que luego de producirse el insólito referéndum sobre el Brexit, se iniciaron complicadas negociaciones para concretar el "divorcio" con el resto de Europa, en un entorno británico de creciente opinión pública a favor de la realización de un nuevo referéndum que abra la posibilidad de enmendar el entuerto generado.

La señora May ha suscrito en días pasados un preacuerdo con la Unión que debe ser aprobado por el Parlamento de su país. Ese extenso documento y sus anexos establecen, entre otros asuntos, un periodo de transición que se iniciaría en marzo del 2019 y duraría 21 meses, con posibilidad de ser prorrogado.

Los temas más importantes son los relativos a: restricciones de los europeos residentes en el Reino unido y los británicos que viven en Europa; un régimen arancelario de los productos importados y denominaciones de origen; saldar compromisos presupuestarios y financieros; resolver los problemas que plantea la frontera de las dos Irlanda y el funcionamiento futuro del mercado financiero-bancario.

Este preacuerdo ha desatado una tormenta política en el Reino Unido. Se oponen a él tanto los que están de acuerdo con el *Brexit* como los que no. Conservadores, laboristas y liberales están envueltos en un duro debate, que puede llevar a un nuevo gobierno o un llamado a elecciones.

Esta situación en desarrollo, de nuevo plantea la discusión referida en mi primer artículo sobre el tema, y evidencia la importancia que cobran estos asuntos en el ámbito económico global.

La interdependencia *in crescendo* que vivimos en el mundo actual es una amplia y profunda tendencia de siglos que va a contrapelo de las manifestaciones de nacionalismo exacerbado, aislacionismo y proteccionismo comercial que han resurgido en algunos países.

Esta ola de onanismo económico conlleva también arremetidas contra los mecanismos y soluciones negociadas que propicia y puede seguir promoviendo el multilateralismo.

Es un mal que comienza a parecer endémico, sobre todo, en países desarrollados. Es ya preocupante esta deriva insólita. A tal punto, que un ministro francés en estos días, refiriéndose a la igualmente complicada circunstancia que vive la Organización Mundial del Comercio, la llama suicidio económico.

Tanto en EEUU como en Europa, han venido tomando cuerpo estas erradas visión y políticas que ponen en riesgo las economías del mundo. La guerra comercial desatada por Trump contra China es una muestra patente de este despropósito, que lleva a algunos a hablar del inicio de una nueva Guerra fría.

En Suramérica, por ejemplo, sobre la política que en este campo implemente el nuevo gobierno de Brasil, hay también ciertos temores, habida cuenta del peso regional que ese país tiene. El pensamiento expresado por el que estará al frente de Itamarati, pareciera inscribirse en esa ola ultranacionalista y en contra del multilateralismo.

Así como aspiramos, quizás muy optimistas, a que el Reino Unido eche para atrás su salida de la Unión Europea, de igual modo apostamos a que el camino irracional que algunos gobiernos están recorriendo o parecen anunciar hacia el aislamiento económico, sea reconsiderado con realismo y prudencia, de modo que la larga y compleja marcha hacia la prosperidad global y a la solución y/o alivio de los grandes problemas del planeta, no se vea aún más comprometida por políticas de comercio exterior inspiradas en ideas que han probado ser perniciosas.

BREXIT: ¿ES IRREVERSIBLE LA INTEGRACIÓN ECONÓMICA INTERNACIONAL?

Los que tenemos ya unos cuantos años frecuentando, desde la experiencia práctica y la academia, el complejo camino de la integración económica internacional en general, y la de nuestro hemisferio en particular, la noción de irreversibilidad de esos procesos se fue asentando en nuestra visión sobre ese tema.

Juzgábamos improbable que una nación que haya experimentado los beneficios que acarrea un intercambio mercantil ventajoso, se devolviera a una situación de retraimiento económico, desdeñando las ganancias que trae consigo la eliminación de los obstáculos a esa liberación comercial, bien sea con un país o con grupo de países.

Algunos llegaron a hablar hasta de un principio de irreversibilidad, el cual consistiría, dicho en palabras sencillas, en que una vez que un país se inserta en un régimen de unión aduanera y/o mercado común, los efectos positivos que éste produce en las economías integradas resultan de muy difícil reemplazo, haciendo casi imposible salirse de la suerte, sin sufrir grandes daños para sus empresas volcadas al exterior y para los trabajadores que de esos negocios dependen.

Los vínculos económico-comerciales y de otra naturaleza se harían tan fuertes entre los países que conforman un bloque comercial o una fuerte relación bilateral, que desprenderse de ellos sería un contrasentido y una tarea, que llevarla a la práctica, se presentaría muy complicada, sobre todo, cuando la integración ha durado muchos años.

Esa fuerte convicción que teníamos, en los últimos tiempos se ha visto quebrantada con dos situaciones particulares, obviamente, diferenciadas. Una, la salida de Venezuela de la Comunidad Andina, y otra, aun no consumada, conocida como *Brexit*, o retiro de la Unión Europea del Reino Unido.

La mencionada irreversibilidad la podemos ver desde dos puntos de vista. En primer lugar, la que se refiere a los compromisos formales asumidos en los tratados y demás acuerdos suscritos por los países en el seno de un régimen de integración, y, en segundo término, la irreversibilidad de los efectos concretos producidos por la interrelación económica entre los participantes durante el proceso.

La absurda salida de Venezuela de la CAN inició formalmente la reversión del proceso integrador en el año 2006, y se consumó en 2011. 38 años de integración a ese grupo se echaron de lado. Fue una decisión tomada por el gobierno sin consultar al país o a los sectores económicos que afectaría la medida. Una acción producto de una valoración político-ideológica y geopolítica unilateral, que afectó un comercio largamente establecido. La frontera colombo-venezolana era la más dinámica de la región y el volumen de negocios era cuantitativamente importante.

Este retiro, sin embargo, trajo como consecuencia que se suscribieran varios tratados comerciales bilaterales con los países que permanecieron en la CAN. La reversión de la membresía andina fue formal. A las corrientes comerciales existentes, es decir, a los efectos reales que había tenido la integración, hubo que darles una regulación sustitutiva. No obstante, los efectos de la integración, no han podido ser borrados, aunque se ha venido a menos el intercambio mercantil, además, por otras razones.

Respecto del Brexit, la también absurda reversión comienza con un referéndum promovido por fuerzas políticas euroescépticas, ultranacionalistas y populistas.

Sin embargo, en este caso esa medida no iba a ser de fácil concreción, habida cuenta de la profundidad y amplitud de la interdependencia económico-comercial del Reino Unido con el resto de la Europa comunitaria.

Las negociaciones de esta salida no han podido concluirse. Se ha pretendido en ellas mantener las ventajas, pero sin las obligaciones y cargas que la membresía comunitaria comporta, lo cual no es aceptado por la Unión. No ha sido labor fácil desanudar los nexos provechosos de toda naturaleza consolidados por décadas.

Se está hablando, incluso, de la realización de un nuevo referéndum para reafirmar o ratificar la decisión tomada.

Muchos sectores británicos que se dejaron llevar por la retórica engañosa antieuropeísta se han dado cuenta del garrafal error cometido.

La onda antiglobalización, que principalmente era comandada por las agrupaciones políticas de izquierda, en los últimos tiempos se ha proyectado más a la derecha europea, haciéndola crecer electoralmente.

Las visiones nacionalistas radicales se han ido imponiendo en algunos países europeos, sobre todo, al calor de la crisis financiera de 2009 y los más recientes problemas inmigratorios. Erróneamente, se echa culpas de las crisis a la Unión, cuando las causas son evidentemente otras.

No se trata de decir que en la Unión Europea (UE) no persistan problemas y que no se requieran algunos cambios. De hecho, las crisis que ha vivido ese bloque en su larga historia, han servido para mejorarla.

Nadie puede desconocer el extraordinario avance que, en lo político, económico y social, ha representado la UE para sus países miembros y el mundo.

Es por ello que el Brexit resulta un disparate para quienes lo observamos desde fuera y a la luz de los resultados de la Unión.

¿Cabría esperar que el Brexit, en definitiva, no se concrete y que lo de la irreversibilidad, en tal caso, sí tenga asidero, y que la salida del Reino Unido sea imposible de llevarse a cabo?

Ojalá los británicos rectifiquen. Sería una muy buena noticia para Europa y el mundo.

¿SE ACABÓ LA GLOBALIZACIÓN?

La excepcional crisis global que enfrenta la humanidad hoy ha generado afirmaciones tan variadas y polémicas como también, a mi juicio, un tanto apresuradas.

Sin duda, es muy cuesta arriba negar lo inusitado y turbador que todo el desarrollo de la pandemia del Covid-19 muestra, así como las secuelas que preanuncia en muchos órdenes de la vida.

Y aun cuando es obligante reflexionar profundamente sobre las circunstancias inéditas de aquella, luce precipitado adelantarse a los acontecimientos y sentenciar de una vez y para siempre sobre el alcance y la naturaleza de los cambios que se asoman.

¿Tienen razón los que anuncian con tono dramático —cuando no casi apocalípticos— que el mundo que hemos conocido hasta hace poco está desapareciendo y que nos adentramos en otro con rasgos sustancialmente diferentes, desconocidos?

¿Con la crisis del coronavirus la humanidad está dando un salto cualitativo esencial? ¿Será el ser humano, en lo sucesivo, otro?

¿O se trata más bien de un acontecimiento novedoso al que la humanidad dará respuesta como en otras ocasiones históricas, asimilando, obviamente, la experiencia, pero manteniendo su naturaleza esencial?

¿Se canceló lo que conocemos como globalización? Estas y otras interrogantes nos asaltan hoy, y no hay respuestas fáciles ni concluyentes.

Así, leemos que el muy conocido catedrático y filósofo político británico, John Gray, afirma terminante: *"La era del apogeo de la globalización ha llegado a su fin. Un sistema económico basado en la producción a escala mundial y en largas cadenas de abastecimiento se está transformando en otro menos interconectado, y un modo de vida impulsado por la movilidad incesante tiembla y se detiene. Está naciendo un mundo más fragmentado".*

¿No será esto que señala Gray más bien, coyuntural, que una vez retomada la actividad las cosas volverán a su cauce, con los cambios que imponga la necesaria adecuación, producto de la experiencia vivida?

¿No estaba ya el mundo, en ciertos aspectos, fragmentado?

La interdependencia global configurada durante muchos siglos ha vivido épocas de ralentización, de retraimiento, por razones políticas, económicas o de otra naturaleza. Pero el curso que ha seguido no ha parado totalmente. Las múltiples e intensas conexiones entre países, pueblos y regiones han continuado de manera sostenida gracias a los avances constantes de la tecnología y los transportes, y no hay nada que nos haga pensar que no seguirá siendo así.

Las distintas dimensiones de la globalización muestran cómo son de profundos los lazos en el planeta. ¿Quién puede negar que su dimensión física nos interrelaciona a todos sin excepción, querámoslo o no? ¿Que los problemas ambientales nos globalizan, nos colocan en un entorno compartido, en el que las distancias se han ido borrando?

El calentamiento global es un asunto de toda la humanidad, de allí que su alivio nos concierna a todos y exija acuerdos y cooperación entre las naciones.

Ni hablar de la globalización económica-financiera-comercial, cuyos aspectos positivos y los que no, también nos compelen a interconectarnos y ponernos de acuerdo para afrontar variopintos y complejos temas que aquella trae consigo.

Las facetas social, tecnológica y cultural de la interdependencia son realidades de las que es imposible sustraerse en el mundo de hoy. Las migraciones permanentes, vivir en tiempo real lo que sucede a miles de kilómetros de nuestro hogar y la comunicación e intercambio de valores, modos de pensar, costumbres y modas, son hechos que van a seguir su curso, más allá de interrupciones coyunturales.

La porosidad de las sociedades que conforman la gran sociedad mundial es ya imposible de taponar, independientemente de retraimientos temporales motivados por crisis puntuales, por muy graves que sean.

Que hoy encontremos fenómenos políticos de rechazo a ese mundo globalizado incierto y complejo —cosa que, por lo demás, no es nueva— no significa una reversión total de un proceso que viene de lejos y que ya es ineluctable, improbable de parar. Habrá adaptación, dura y costosa, es verdad, pero la habrá.

Lo que sí pareciera una evidencia aun no concluyente del todo, es que experiencias como la del Covid-19 vaya a cambiar las formas de las relaciones en el ámbito internacional, particularmente, en cuanto a niveles mayores de cooperación, coordinación y solidaridad, un acercamiento mayor de países y organizaciones internacionales que busquen preservar en lo posible la supervivencia futura.

Algunos hablan de una oportunidad para que el multilateralismo se refuerce, a pesar del resurgimiento reciente de conductas aislacionistas y proteccionistas en lo comercial, propias de nacionalismos trasnochados, de la ignorancia y/o de incomprensiones de las realidades.

Si hay algo para desear, visto lo visto, es que los líderes mundiales busquen integrarse y cooperar más. Los desafíos actuales y los de la pospandemia exigirán trabajo mancomunado. Las realidades universales han ido imponiendo por la vía de los hechos un ritmo convergente e ineludible en todas las facetas de la vida humana.

No es nada fácil poner de acuerdo a todos respecto de los distintos asuntos en que nos vemos envueltos de manera global. Cada quien tiene sus visiones, intereses y preferencias, sin hablar de las ideologías demenciales que pululan en el mundo y con las que resulta casi improbable, en general, consensuar.

No obstante, en el mundo democrático, de raíces occidentales o no, en el que las libertades y el respeto de los DDHH son norma aceptada y acatada, quizás sea más fácil concertar acuerdos básicos de cara a ese mundo atiborrado de complicaciones e inseguridades que ha ido progresivamente cambiando y seguirá transformándose, sin dejar de estar interconectado, ampliando cada día que pasa, su porosidad en todos los campos del quehacer humano, y a pesar de los recogimientos transitorios.

Si nos atenemos a la historia, lo que conocemos como globalización, a mi juicio, proseguirá su itinerario secular, con sus altibajos, frenos parciales y vueltas a empezar. Con sus problemas, desencuentros políticos y económicos, pero también con sus cambios, adaptaciones y soluciones.

La pandemia actual ha subrayado la necesidad de la ineludible concertación entre los gobiernos del mundo.

El covid-19 se superará y quedará la lección, el escarmiento y el aprendizaje.

INTEGRACIÓN

EL SEPULTURERO DE LA INTEGRACIÓN ANDINA

He afirmado que, al presidente de Venezuela, a pesar de que se llena la boca con un discurso supuestamente integracionista, no le interesa la integración; ni la latinoamericana, ni la suramericana, ni la andina.

Lo que "entiende" por tal, en su delirio ideológico, es una nebulosa idea sobre la *"unión de los pueblos"* que se construiría no con base en los indispensables y concretos lazos comerciales y económicos entre aquellos (para él, puro neoliberalismo salvaje), sino en un tipo de relaciones político-militares cuyo propósito es enfrentar, cual cruzado, a los factores de poder mundial demoníacos que obstaculizan su proyecto de sociedad colectivista y el impulso de éste más allá de las fronteras venezolana.

La idea no es nueva. En los años 60 del siglo pasado, para no ir más lejos, el marxista Rodolfo Puigross, cuando atacaba la integración propuesta por la CEPAL, colocaba como alternativa *"la integración de los pueblos"*; era el concepto de la lucha de clases llevado a lo internacional. "A la *integración* –decía Puigross- *es imposible llegar a través de medidas económicas que supongan inertes, o subordinados a ellas, a las ideologías y a los pueblos, la integración de América Latina será el resultado de tendencias profundas, de transformaciones totales promovidas por la máxima acción democrática de los pueblos, y no de la aplicación de modelos idealizados o de los consejos de un racionalismo especializado y académico que teme descender a la región peligrosa de los conflictos sociales."* Más claro no canta un gallo.

Si se revisan las declaraciones que al respecto ha hecho Chávez y sus funcionarios, se podrá constatar las similitudes, e incluso, las mismas expresiones. Para la perspectiva de Chávez, los principios que inspiran la CAN y MERCOSUR son capitalistas, y no se equivoca. Su desespero por entrar a MERCOSUR, con la nariz tapada, no tiene otro objetivo que buscar apuntalarse en su enfrentamiento con EEUU. Le tiene sin cuidado que ciertos sectores económicos privados se puedan ver perjudicados con ese ingreso. Para su cálculo político, allí se siente más cómodo que en la CAN. Entre otras cosas, porque en esta última la supranacionalidad le revuelve la sangre. En el esquema jurídico laxo, casi reversible, de MERCOSUR, puede maniobrar o retroceder cuando quiera y más le convenga; además, aprovecha la rivalidad de BRASIL con EEUU

Para el gobierno venezolano, la CAN, a pesar de que la Constitución lo obliga a someterse a ese ordenamiento jurídico, es una camisa de fuerza inaceptable. La indiferencia frente a esta comunidad en dos oportunidades, como presidente del Consejo Andino, demuestra el poco o ningún interés que tiene en ella. La marginación del sector privado, pieza clave en cualquier integración, es una prueba más de su objetivo de hacer estallar la CAN o cualquier otra organización internacional que impida sus designios. Cuando se vuelca sobre MERCOSUR, sin consultar a sus socios andinos, enfatiza esta conducta desleal. Después de que dicen que la CAN no sirve, resulta entonces esquizofrénico y cínico oír al ministro G. Márquez pedir explicaciones a Colombia sobre el TLC que firmó con EEUU.

Aún más, ya raya en la hipocresía ver al vicecanciller Rondón quejarse, cual vestal ultrajada, de que Colombia, Perú y Ecuador, viendo el intento maniobrero del gobierno venezolano de posponer las reuniones con su inasistencia, tomen decisiones que interesan a todos. Los socios andinos saben que las críticas de estos días del gobierno venezolano respecto de la normativa sobre propiedad intelectual, es sólo una excusa; que ése y los demás temas de la CAN, en el fondo, le *"ruedan"*.

Ya lo declaró el ministro Márquez en el Foro de Fedeagro sobre MERCOSUR: *"Lo político por encima de lo comercial"*. ¿Qué hacemos entonces en ese bloque de comercio, si es la política lo prioritario? ¿Para qué tomarse el trabajo de construir un discurso sobre las supuestas ventajas económicas de entrar a MERCOSUR, cuando éste es un tema subalterno? Por lo pronto, sólo resta decir que la CAN tiene los días contados, gracias al gobierno venezolano, su sepulturero.

¿ES POSIBLE Y VIABLE UN POLO
DE INTEGRACIÓN HISPANOAMERICANO?

Muy sugerente el artículo de Carlos Leáñez A. sobre el dilema Hispanoamérica o Mercosur. Es un tema de relevante actualidad; de allí que no haya resistido a la tentación de pergeñar algunas ideas al respecto. Vayamos de una vez al núcleo de lo que escribió.

Debo confesar que a medida que iba leyendo el artículo, pude evocar diversos textos de pensadores latinoamericanistas, con los cuales, de una u otra forma, se emparentan el de Leáñez. Igualmente, observé una marcada huella *huntingtoniana* en la fundamentación de su propuesta.

Según él, en un mundo que se dirige hacia la conformación de grandes polos, el país que no esté articulado a uno de ellos de manera orgánica, *"no tendrá consistencia ni pegada"*; *"será un enano en medio de gigantes."* Sólo requeriría estar adscrito al polo adecuado a su cuerpo histórico-cultural, toda vez que, de lo contrario, no dispondrá de la fortaleza para su relacionamiento óptimo con el mundo.

Para Hispanoamérica, la vía sería, entonces, la creación de un polo construido sobre la base de su cultura y lengua comunes. La cohesión y la especificidad de este polo se derivarían de aquellos elementos, que, combinados sinérgicamente con otros, *"producirían maravillas"*.

Sobre las causas de que tal polo no se haya concretado, señala los intereses y privilegios de las élites locales poco preocupadas con la unión y ligadas a factores externos que estimularían la división para poder imperar. Por otro lado, indica que la inclusión de países como Brasil y los anglófonos afectaría los intereses de ese polo, al desdibujarlo, al borrarle su especificidad cultural-lingüística, y sumirlo en una *"confusión cartográfica"*.

Concluye Leáñez que la creación de ese polo es un imperativo impostergable y viable, pues conduciría a la construcción de nuevas estructuras jurídico-políticas que permitan negociar nuestro puesto en el mundo.

Sin duda, el texto de Leáñez se inscribe en la tradición latinoamericanista; la que persiguió siempre el ideal nunca alcanzado de la integración, basado en una supuesta identidad propia derivada de la cultura, tradiciones y lengua.

Andrés Bello llegó a decir que lo importante era *"una íntima confederación entre los pueblos que ya han sacudido las antiguas cadenas por hacer causa común, entenderse con frecuencia, y nunca hacer convenciones separadas"*.

Más tarde Juan Bautista Alberdi declarará: *""aliar las tarifas, aliar las aduanas, he aquí el gran medio de resistencia americana"*. En *Memoria sobre la conveniencia y objetos de un congreso general americano* escribirá acerca de la necesidad de una organización económica, política y cultural del continente.

A finales del XIX, José Martí afirmará: *"Es hora del recuento y de la marcha unida, y hemos de andar en cuadro apretado, como la plata en las raíces de Los Andes (…) Injértese en nuestras repúblicas el mundo; pero el tronco ha de ser el de nuestras repúblicas"*. Martí desaconsejará *"precipitadas alianzas políticas y económicas con los Estados Unidos"*.

José Enrique Rodó criticó lo que denominaba la *"nordomanía"*, o sea, el apego a las ideas que venían del norte anglosajón, frente a las cuales proponía una *"emancipación mental"*.

El mexicano Leopoldo Zea, pensador ligado al tema de la integración latinoamericana desde la perspectiva de la dimensión identitaria y cultural; escribirá: *"Se quiere que Hispanoamérica sea un país a la altura del progreso universal; pero con sus características. Es decir, de acuerdo con esa realidad imposible de eliminar"*.

Estos y otros pensadores y políticos más contemporáneos se adscriben de una u otra manera a la visión lingüística-cultural que preconiza Leáñez, la cual ha sido elemento sustantivo en la ideología integracionista de nuestra región.

Dicho lo anterior, vale la pena preguntarse si es viable a estas alturas del desarrollo e intensidad de la interdependencia política, económica, tecnológica, demográfica, cultural y jurídica del planeta, la creación de un polo fundado principalmente en factores identitarios. ¿Cómo sería viable construir ese polo en un mundo interconectado, de sociedades Inter penetradas, con rasgos marcados de homogeneización en muchos aspectos de la vida, en que ya están constituidos o están por constituirse bloques político-comerciales con diversidad cultural y donde ya participan países hispanoamericanos? El tratado de Libre Comercio de Norteamérica (TLCAN), el Mercosur, el Foro Asia-Pacífico, los BRICS, los MIST y la misma Unión Europea son esquemas de integración, cooperación y alianzas establecidos, cuyos lazos trascienden lo cultural-lingüístico.

Además, cabe interrogarse si es procedente hablar de manera terminante de una cultura común o de una identidad colectiva en Hispanoamérica, habida cuenta de las expresiones diversas de la región y de los efectos de los profundos y seculares intercambios culturales en tiempos de globalización. ¿No está acaso Hispanoamérica inmersa en la cultura occidental, o como diría Huntington, en una *subcivilización occidental*?

Podemos preguntarnos también si para pertenecer a un polo que potencie a Hispanoamérica sea condición *sine qua non* lo cultural-lingüístico. A México, por ejemplo, proyectarse vigorosamente al mundo como lo ha hecho en las últimas décadas ¿se lo ha impedido el pertenecer al polo NAFTA (EEUU-Canadá)? Y qué decir de Chile, que pertenece al Foro Asia Pacífico. O de Brasil, que está en un polo con Rusia, India y China.

Vargas Llosa nos habla convincentemente de una concepción inmovilista de la cultura que no tendría el menor fundamento histórico. Y agrega: *"La noción de 'identidad cultural' es peligrosa, porque, desde el punto de vista social, representa un artificio de dudosa consistencia conceptual, y, desde el político, un peligro para la más preciosa conquista humana, que es la libertad"*. Esa noción sería reductora y deshumanizadora, de signo colectivista, que abstrae todo lo que hay de original en el ser humano; una ficción ideológica que para algunos etnólogos y antropólogos no representa una verdad. Y remata: *"Las culturas necesitan vivir en libertad, expuestas al cotejo continuo con culturas diferentes, gracias a lo cual se renuevan y enriquecen, y evolucionan y adaptan a la fluencia continua de la vida."*

Octavio Paz acompaña a Vargas Llosa cuando dice que toda cultura nace del encuentro, de las mezclas, de los choques con otras culturas; y que del aislamiento ellas pueden morir, desaparecer.

Alberto Adriani, hacia 1930, como visionario que fue, divisaba los bloques de integración futuros: *"Se redondearán grandes áreas capaces de controlar la más completa variedad de recursos, dentro de las cuales la vida económica puede alcanzar la mayor diversificación posible...van a ser los grandes actores de la historia por venir. "*

Mariano Picón Salas vio el tema con tino: *"seguramente llegaremos de una aislada economía de naciones a una economía hemisférica"*. Con base en la idea de la *"común misión de América"*, señaló que es *"urgente, que las dos porciones de América se aproximen y colaboren en una justa organización del mundo; que el desarrollo técnico de los Estados Unidos y la riqueza potencial de Hispanoamérica participen en la empresa de un orden continental más próspero y permanente."*

Ambos pensadores venezolanos no vieron lo cultural-lingüístico como obstáculo insalvable para dar el salto hacia la prosperidad anhelada.

Estoy convencido de que en el mundo interdependiente en que vivimos la conformación de polos de poder político y económico es una realidad insoslayable. No obstante, soy profundamente escéptico respecto de un polo hispanoamericano en estos tiempos de interdependencia global creciente, y no me luce acertado afirmar que la viabilidad o éxito de un polo de poder internacional dependa sólo de una identidad cultural-lingüística.

Por otro lado, observo muchas latino américas. Y comparto la conclusión de Marta Lagos (Latinobarómetro) de que América Latina no existe, sino 18 realidades distintas, a pesar de los rasgos comunes.

El ingreso espurio de Venezuela al Mercosur nos plantea, más que un problema cultural-lingüístico, uno práctico. El problema no es que en Mercosur esté un Brasil de habla y cultura portuguesas con pretensiones hegemónicas, sino que tal ingreso ha sido mal negociado y no responde a los intereses venezolanos.

Perseguir la creación de un polo hispanoamericano es, en el fondo, reincidir en una quimera, en un sueño imposible. El Sísifo latinoamericano ha fracasado consistentemente en el propósito de una unión completa. ¿Las causas? Más que en los maquiavelismos de malvados e interesados fuereños de ojos azules, hay que buscarlas en nuestra propia conducta, en los errores reiterados y en nuestra cultura política.

EL INGRESO DE VENEZUELA
¿FAVORECE O NO A MERCOSUR?

El asunto del ingreso de Venezuela a MERCOSUR sigue dando de qué hablar. Hasta el expresidente Kirchner –para algunos, presidente aún– se refirió al tema en estos días de campaña electoral en Argentina.

La polémica se ha reavivado en el mencionado país como consecuencia del pedimento formulado por un grupo del gremio de industriales, en el sentido de que se deje sin efecto la aprobación legislativa del Protocolo de Adhesión de Venezuela, sancionada tres años atrás.

La razón que esgrimen es que el gobierno venezolano ha expropiado, casi confiscado, empresas argentinas, todo lo cual sería contrario a los principios de respeto a la propiedad y a la libre iniciativa privada, derechos que están garantizados no sólo en la constitución argentina sino también en los principios que inspiran a MERCOSUR.

El estallido de la protesta se da, sobre todo, al filtrarse a la opinión pública una declaración del presidente de Venezuela en la que manifestaba sus preferencias por las empresas brasileñas, las cuales no correrían la suerte de las estatizadas argentinas, quedando aquellas exentas de cualquier medida del Estado que afecte su actividad e intereses.

Por otro lado, en Brasil, el excanciller brasileño Celso Lafer expresó en una audiencia pública de la Comisión de Relaciones Exteriores del Senado, que *"incorporar a la Venezuela de Chávez podría llegar a contribuir a condenar un innovador proyecto de integración a la irrelevancia y la disolución"*, toda vez que tal presencia podría generar conflictos. En la misma audiencia participó también el jurista Ives Gandra da Silva Martins, quien igualmente se mostró opuesto a que el bloque comercial acepte a Venezuela como miembro pleno mientras este país sea presidido por Chávez. *"No se puede olvidar que si Venezuela entra al Mercosur como miembro pleno tendrá poder de veto y eso es preocupante"*, declaró da Silva Martins.

No sabemos cuál podría ser el destino final de estos llamados. Desconocemos si la propuesta de derogatoria planteada en Argentina se dé o si las recomendaciones de Lafer o da Silva Martins, sumadas a las posiciones de José Sarney y Collor de Melo, vayan a tener eco en una mayoría de senadores. Tengo mis dudas en ambos casos.

Sin embargo, que sólo el tema se plantee con tal fuerza y sea debatido ya es ganancia política para quienes padecemos el gobierno autoritario venezolano. Es un antecedente más para engrosar el prontuario de éste, a los ojos de la comunidad internacional.

Sigo pensando que tarde o temprano Venezuela será admitida de pleno derecho en MERCOSUR; son muchos los intereses materiales y políticos que están en juego. Y aunque no nos oponemos al libre comercio y a la integración con las naciones del hemisferio y más allá, no podemos sentirnos satisfechos, como Nación, de entrar a ese bloque de comercio en las circunstancias actuales. No se han realizado las consultas necesarias con la sociedad venezolana, los empresarios, los sindicatos, especialistas y la academia; y las negociaciones que se adelantan se hacen sin disponer de una valoración adecuada de nuestros intereses y sin una estrategia con equipos de negociadores idóneos, y ya esto nos anuncia daños futuros.

Lo que en definitiva lamentamos es que no sea una Venezuela democrática la que ingrese al bloque, sino un país cuyo gobierno se ha lanzado por una pendiente demencial que está llevándonos a la ingobernabilidad y el desastre económico.

Podrán seguir realizando grandes negocios los industriales brasileños y argentinos, con o sin MERCOSUR, en virtud de las facilidades que el gobierno actual les está brindando. No podemos cuestionarlos por ello. Pero deben tener también claro que los gobiernos pasan y los países permanecen.

Otros tiempos vendrán. Igualmente, otras visiones y prioridades; y, obviamente, otras orientaciones de políticas. Un gobierno genuinamente democrático, respetuoso del Estado de Derecho y garante de las libertades políticas y económicas llegará. La cooperación, el diálogo y la integración han sido políticas tradicionales del Estado venezolano, y más temprano que tarde se retomará esa senda que el gobierno actual ha abandonado con su pugnacidad e injerencia en los asuntos de otros países, y promoviendo un proyecto político-ideológico autoritario.

No nos oponemos, en general, al ingreso de Venezuela a ningún régimen de integración —incluido MERCOSUR— que signifique producir bienestar a nuestro pueblo. Esa debería ser la orientación de las fuerzas políticas democráticas y modernas.

Sólo aspiramos a que los socios potenciales sepan valorar las circunstancias políticas y económicas de nuestro país y actúen en consecuencia. La pregunta fundamental que deben hacerse los gobernantes y parlamentarios de los países de MERCOSUR es si los principios que inspiran al gobierno de Venezuela en los ámbitos político y económico son contrarios o no a los del bloque. El ingreso de Venezuela en las condiciones actuales ¿favorece o no al bloque? Y, por último, otorgarle el poder de veto al gobierno de Venezuela, como muy bien lo recuerda el jurista brasileño mencionado, ¿no sería un riesgo que valdría la pena evaluar, habida cuenta de la posición ideológica conocida del gobierno de Chávez?

LAS LASTIMOSAS VICISITUDES
DEL INGRESO DE VENEZUELA A MERCOSUR

No tenemos noticias de que la aceptación de un país en una organización internacional, trámite por lo general expedito o al menos discreto en los parlamentos, haya sido tan accidentada, lastimosa, y hasta humillante, como ha sido la que aún está por verse de Venezuela al Mercosur.

Ciertamente, en el ámbito hemisférico o en el internacional, no recordamos un caso parecido de *via crucis* aprobatorio anterior a éste, aunque existan casos de retrasos de naturaleza bilateral como el del TLC EEUU-Colombia.

Ya han pasado tres años y medio desde que se suscribió en Caracas el Protocolo de Adhesión y dos de la amenaza aspaventosa y no cumplida de Chávez de que, si en 3 meses no se aprobaba aquel, lo dejaría sin efecto; amenaza que se volvió pura bulla, pues una vez más el bocazas quedó en ridículo al no concretar su insolente ultimátum.

En aquellas fechas, como era de esperarse, los diputados de la Asamblea Nacional venezolana ejecutaron las órdenes de su amo de Miraflores de aprobar sumariamente el Protocolo al día siguiente de firmado, sin mediar discusión, ni procedimiento parlamentario, ni consultas a los sectores políticos, económicos o sociales que pudieran tener una opinión al respecto o verse afectados por los compromisos que se estaban asumiendo prácticamente a ciegas.

Por su parte, los gobernantes argentinos, amigos y socios de Chávez, disponiendo entonces de una mayoría cómoda en el Parlamento de ese país, aprobaron con celeridad el Protocolo. Igual ocurrió en Uruguay, cuyo gobierno, también amigo, fue muy diligente en su consentimiento. En ambos casos, razones crematísticas primaron sobre cualquier otra consideración, las cuales, sin embargo, no pueden ser consideradas como únicas.

No obstante, y a pesar de gozar también con una mayoría en el senado y la cámara de los diputados, el gobierno de Brasil, primer interesado, no corrió con la misma suerte que sus socios mercosurianos, y mucho le costó complacer al amigo venezolano, al que pasaron por una suerte de horcas caudinas por lo deshonroso del episodio. Al final, después de varios retrasos y extensos debates, el Protocolo fue sancionado el pasado mes de diciembre, mediante una votación muy dividida (35 votos a favor y 27 en contra) en el Senado.

Del debate realizado allí durante varios años lo que quedó debe haber sido un sabor bien amargo para el presidente venezolano. Allí, con el gobierno de Venezuela y la imagen de Chávez, prácticamente se barrió el suelo. A tal punto fueron vapuleados que la votación favorable que pudiera haber sido considerada y explotada como un triunfo diplomático o político, se vio opacada por la andanada de cuestionamientos y denuestos contra la conducta política del régimen venezolano, cuya condición democrática fue negada o puesta en duda, incluso por quienes votaron a favor con el pañuelo en la nariz.

Por vez primera también vimos, en el marco de la discusión de un tratado, a un parlamento del vecindario pedir reuniones con sectores políticos distintos a los del gobierno que ha negociado el tratado de adhesión, a los fines de oír su opinión. Se recuerda las audiencias concedidas a los políticos venezolanos Leopoldo López y Antonio Ledezma, quienes, con matices, denunciaron la deriva autoritaria del gobierno de Venezuela y sus violaciones a los derechos humanos.

Triunfo pírrico éste, donde los haya. Ni siquiera el gobierno venezolano ha hecho alharaca del asunto, como acostumbra en estos casos. Podemos imaginar su ánimo, luego de salir "amoratado" de un brete tan bochornoso, cuya repetición ya se está dando en el país que queda por dar su asentimiento, Paraguay.

Sin duda, los gobiernos actuales mercosurianos, cuyo bloque, por cierto, sigue marchando cojitranco, se están comprando un problema, obnubilados por los pingües negocios que están haciendo con el manirroto gobierno venezolano. El inmediatismo pragmático y también la identificación ideológica de algunos, los hace olvidar que cuando esté dentro, el gobierno venezolano va a causarles más problemas de los que ya tienen (conflictos bilaterales, descontento de los países pequeños, infracciones a la normativa comercial) en términos de obstrucción de la marcha del proceso integrador. Esto sin mencionar el tema de la toma de decisiones, las cuales se dificultarán por la visión ideológica y eminentemente política que mueve a los bolivarianos. Debe recordarse aquí que aquellas deben tomarse por consenso, y si éste no se logra no podrán ejecutarse.

Por otro lado, hay que recordar también que el ingreso a MERCOSUR, según lo establece el Tratado de Asunción y el Protocolo de Ouro Preto, implica asumir la obligación de aceptar integralmente todos los instrumentos jurídicos en vigor en el bloque, entre los cuales no son pocos los que entrarían en colisión con las políticas y normativas económicas, comerciales e internacionales que han sido instrumentadas por el gobierno venezolano.

Y todo esto lo decimos desde la perspectiva de quien ve más virtudes que fallos en el libre comercio y la integración económica internacional, a pesar de los pesares. El gobierno de Chávez no cree en ellas. Es estatista y colectivista, como todo economista marxista ortodoxo. El mercado, para él, es una realidad que debe ser abolida. El capitalismo, una maldición demoníaca, generadora de todos los males del planeta.

¿Cómo esta visión puede ser congruente con la de la libre competencia, el respeto a la propiedad privada, la seguridad jurídica para las inversiones y la apertura comercial que inspira a Mercosur?

Y en materia de la vigencia del Estado de Derecho y garantía de los derechos humanos, ocurre lo mismo. ¿Cómo un gobierno que atropella a diario la Constitución Nacional, que ha suprimido la separación y autonomía de los poderes y utiliza a los jueces para perseguir a sus adversarios, puede ser conforme a las normas del Protocolo de Ushuaia de Mercosur?

Pero hay otras razones, como venezolano, que nos conducen a cuestionar la forma en que nuestro gobierno ha conducido esta negociación, si es que puede llamarse de este modo una ejecutoria realizada de espaldas a los intereses del país, rayana en la traición. Y esto deben tomarlo en cuenta los mercosurianos a la hora de sus decisiones.

Se trata del destino de las empresas venezolanas manufactureras, de servicios o del agro.

¿Han sido escuchadas éstas por un gobierno que se dice promotor de *"la participación protagónica del pueblo"*? Pues, no.

Por otro lado ¿Está consciente del impacto negativo, casi mortal, que pueden sufrir algunos sectores con un comercio indiscriminado, sin algunas protecciones arancelarias o salvaguardias comerciales, o políticas internas de "amortiguación", por la competencia de productos de Brasil o Argentina? ¿Sabe el gobierno lo que debe defender en una negociación con esos países o le tiene sin cuidado este tema?

Estoy convencido de que desconoce totalmente qué tiene entre manos. El único interés que lo mueve es el ideológico —una locura ideológica— y las únicas herramientas que utiliza para negociar es el petróleo estatizado. La protección de la empresa privada venezolana no está en su agenda nacional, y mucho menos en sus planes internacionales.

Que sepan entonces los de MERCOSUR que no nos oponemos a la integración económica o al intercambio comercial con cualquier país amigo. A lo que sí nos oponemos es a las condiciones inermes bajo las cuales nos quiere hacer ingresar Chávez, y sin haber pulsado la opinión de los venezolanos y sus sectores económicos. Lo mismo hizo con el retiro irracional e inconveniente de la CAN.

Es probable que el ingreso de Venezuela no se produzca mientras estén los bolivarianos en el poder (el parlamento paraguayo puede convertirse en un hueso duro de roer), lo cual podría permitir a las fuerzas democráticas redimensionar este importante asunto, aunque no podemos descartar que pueda concretarse antes, lo que, como hemos dicho, generará no pocos impasses en ese bloque comercial.

Si la correlación de fuerzas políticas en el hemisferio se modifica en los años venideros, como es probable, no sería aventurado decir que se producirán cambios del entorno que propiciarán relaciones entre nuestros países más armoniosas, sosegadas y fructíferas, y los temas de la integración no tendrán que pasar por episodios tan traumáticos y conflictivos como éste del ingreso a Venezuela a MERCOSUR.

LA INTEGRACIÓN ECONÓMICA EN EL PENSAMIENTO DE RÓMULO BETANCOURT

En estos tiempos turbulentos y complicados, no está de más evocar el pensamiento de los políticos excepcionales, quienes, igual que ahora, vivieron situaciones críticas y reflexionaron profundamente sobre ellas, para formular soluciones viables y realistas a los diversos problemas que debieron encarar.

La propuesta de la integración económica entre los países ha sido una de las estrategias de crecimiento y desarrollo que se han manejado tanto en Europa como en América; de allí que los líderes políticos en ambos lados del Atlántico no hayan estado ajenos a ella y sus potencialidades.

Rómulo Betancourt, sin duda, fue uno de los grandes estadistas del hemisferio, no indiferente al tema y sus implicaciones.

De una sólida formación política y vasta cultura, Betancourt es considerado padre de la democracia venezolana o de *"la democracia a la venezolana"*, como dice el historiador Germán Carrera Damas.

Fundador del partido señalado como populista-desarrollista, Acción Democrática (AD) en Venezuela, en su juventud abrazó ideas marxistas y militó en organizaciones comunistas. Posteriormente, se deslindó de esta visión y comenzó a militar en las corrientes del nacionalismo revolucionario y antiimperialista. Al final de su vida política, tuvo algún un acercamiento con la Internacional socialdemócrata, aunque Luis J. Oropeza no lo sitúa en esta familia política. Por su parte, el historiador venezolano Manuel Caballero señaló que en la concepción y la práctica política de este líder pueden identificarse rasgos muy próximos a esa corriente ideológica.

Sus planteamientos doctrinales tenían hondas raíces en la realidad latinoamericana y venezolana. En los principios filosóficos y programáticos de AD, estaban presentes el nacionalismo económico y el regionalismo latinoamericano, los cuales tenían como corolario la integración de los países del continente.

Betancourt luchó por el rescate de la industria petrolera para los venezolanos y abogó por una mayor participación de éstos en la renta que ella generaba. La OPEP es fruto directo de su política internacional.

Es conocida la doctrina que lleva su nombre, la cual planteó en 1960, en el II Congreso Interamericano Pro Democracia y Libertad, en Caracas: *"Entre las cuestiones que en mi modesta opinión son de urgente necesidad está la de complementar la carta constitutiva de la OEA con un convenio adicional bien preciso y bien claro, según el cual no puedan formar parte de la comunidad regional sino los gobiernos nacidos de elecciones legítimas, respetuosos de los derechos del hombre y garantizadores de las libertades públicas Que contra los gobiernos dictatoriales al margen de esas normas se establezca no sólo la sanción colectiva del no reconocimiento diplomático, sino también la del aislamiento en el campo económico (...) que en torno a los gobiernos dictatoriales se tienda un riguroso cordón profiláctico multilateral a fin de asfixiarlos para que no constituyan oprobio de los pueblos y amenaza permanente..."*

Su gobierno participó en la creación de la ALALC-ALADI, aunque Venezuela, de inicio, no ingresó a ella. Su enfoque regional estuvo condicionado por los principios contenidos en la Constitución de 1961 que propiciaban la integración y estaban en concordancia con el planteamiento cepaliano predominante.

Betancourt enarboló la tesis de la sustitución de importaciones, y en su famoso libro *"Venezuela, Política y petróleo"* enfatizará la necesidad de *"impulsar el desarrollo industrial"*. Para el economista Emeterio Gómez, el líder venezolano subestimó el comercio, lo cual sería un rasgo de una supuesta concepción antiliberal. No obstante, en muchos escritos y discursos, se puede observar en Betancourt su inclinación por una América Latina integrada y en cooperación estrecha con *"el gigante de la familia"*: EEUU.

En diversas oportunidades señaló la necesidad de crear amplios bloques de países pobres para defender unidos sus intereses comunes y cambiar las reglas de juego del comercio mundial. Para él, la articulación de las economías dispersas y un activo intercambio comercial intrarregional, podrían generar un vigoroso desarrollo industrial que permitiera competir en el mercado mundial no sólo con productos primarios.

Ya fuera de la actividad política, Betancourt escribirá: *"Creo que mientras no se llegue a la meta del Mercado Común Latinoamericano y a la formación de un Estado Mayor político que tome decisiones de proyección supranacional seguiremos incapacitados para defendernos y para realizar nuestros propios objetivos de desarrollo económico y de justicia social. Vivimos en un mundo de gigantes y seguiremos siendo enanos inaudibles y menospreciados, además de eso: explotados en beneficio de las naciones industriales de todos los continentes si no marchamos unidos."*

En cuanto a la integración hemisférica, Betancourt deploraba el desencuentro entre las "dos Américas", la cuales, para él, se complementan. Llegó a decir en la ocasión de la IX Conferencia Internacional Americana de 1948: *"La desnuda y escueta verdad es que Estados Unidos necesita de América Latina y América Latina necesita de Estados Unidos"*. Aspiraba a que las relaciones hemisféricas se orientaran por nuevos cauces, *"con voluntariosa decisión americanista"*.

En momentos en que en América Latina hay enfoques extraviados que proponen un absurdo enfrentamiento con EEUU o la exclusión de Norteamérica de la institucionalidad hemisférica, el pensamiento visionario y realista de un estadista como Rómulo Betancourt sigue alumbrando caminos a la necesaria reflexión acerca de lo más conveniente y eficaz para la prosperidad compartida de las naciones que pueblan el espacio continental americano.

EL DESENCUENTRO DE LAS DOS AMÉRICAS Y LA CELAC

"Estados Unidos tiende a olvidar, pero celebrando. La América Latina tiende a recordar a fin de no celebrar, quizás para celebrar a veces y criticar siempre".
Carlos Fuentes

Las "*dos Américas*" tienen una historia común de coincidencias y discordias. En lo material, los contrastes entre ellas están a la vista. A pesar de la vecindad y la interdependencia, las disparidades se han mantenido; la llamada "brecha" ha persistido en el tiempo. También las inveteradas y mutuas incomprensiones que tantos han lamentado. Así, el creciente poderío norteamericano ha ahondado la grieta existente entre ambas regiones, agrandada, sobre todo, a partir de la Segunda Guerra Mundial.

Entonces, el poder militar, económico y moral de Estados Unidos era enorme. Se había convertido en potencia indiscutida y determinante en los acontecimientos mundiales. Comenzaba el mundo a vivir una bipolaridad, que luego devino en Guerra Fría con sus consecuencias para las relaciones de las "*dos Américas*".

Tal predominio norteamericano ha ido languideciendo, aunque esto no haya significado su desplazamiento del primer lugar como actor planetario. La multipolaridad, sin duda, existe.

En tal trayectoria EEUU ha experimentado altibajos. Ha sufrido derrotas y conquistado grandes triunfos. Su conducta internacional ha sido cuestionada y/o ensalzada por propios y extraños. Ha apoyado justas y loables causas, pero también se ha expuesto al repudio cuando ha elegido –por razones políticas, de seguridad, crematísticas o estratégicas– apuntalar regímenes políticos impresentables.

En tanto que superpotencia con intereses globales, EEUU ha alcanzado una presencia espacial acorde con su tamaño económico, tecnológico y militar. Y esto, obviamente, no es bien visto por sus rivales, competidores y/o actores menores que dependen de él o se sienten, con razón o sin ella, amenazados por su poder.

Goliath nunca fue popular, dicen por ahí. Frente al grande, los medianos y pequeños sienten una mezcla de temor, admiración, repudio, adhesión, sentimiento o envidia. Y en cada caso concreto hay fuertes razones para tales sentimientos de cara al gigante.

En el caso de EEUU, país excepcional, todos aquellos sentimientos están presentes, en especial, en sus vecinos de América Latina (AL). Su poderío militar intimida o atemoriza, pero también puede causar admiración. Su dominio tecnológico maravilla, pero para algunos es sobrecogedor, turbador. Su democracia vigorosa y ejemplar, sus libertades, generan adhesiones variopintas y universales, pero algunos las consideran libertinaje, y hasta demoníacas. La pujanza y éxito de su economía han sido la admiración de muchas naciones, pero también han generado no pocos resentimientos y reservas.

Esa historia llena, sobre todo, de triunfos, ha hecho de la sociedad estadounidense blanco de todo tipo de ataques, invectivas y hasta burlas; algunos justificados y otros abiertamente absurdos, irracionales.

El antiamericanismo ha tenido buena prensa. Ha logrado gran acogida en nuestros predios latinoamericanos, desde mucho antes de que EEUU fuera potencia y su perfil internacional se acentuara.

La actitud de *"wait and see"* de EEUU en la época de la guerra independentista produjo resquemores en algunos líderes como Bolívar. Estos resentimientos, quizás, lo llevaron a no querer invitarlo al Congreso Anfictiónico de Panamá, decisión que, por cierto, no compartieron algunos.

Las relaciones tormentosas EEUU-México también abonaron ese sentimiento antiamericano. Las anexiones de territorios que habían sido parte de España y heredados por la república mexicana, llevaron a ambas naciones a la guerra.

Esto alimentó un rechazo hacia EEUU en la elite gobernante e intelectual latinoamericana, que paradójicamente siempre vio a esa nación como ejemplo, como la hermana mayor.

El poeta colombiano José M. TORRES CAICEDO, indignado por las actuaciones del aventurero Walker en Centro América, llegará a escribir en 1857 unos versos ásperos contra EEUU: *"la raza de la América latina/ al frente tiene la sajona raza/ enemiga mortal que ya amenaza/ su libertad destruir su pendón"*. Torres afirmaba que EEUU veía a Suramérica como un conjunto de patrias enanas y odiaba su raza española.

Así, con el tiempo, se fue incubando una animadversión-frustración que fue reforzada también por una visión antiamericana europea, sobre todo, francesa, con la cual muchos pensadores de América Latina se conectaron. Mucho influyeron también las intervenciones militares de EEUU de las primeras décadas del siglo XX.

Particularmente, fue en las clases altas y medias, y los intelectuales, los espacios en que esta animosidad tuvo mayor eco. El llamado *"arielismo"* (del libro *Ariel* del uruguayo José Enrique Rodó) fue una suerte de idealismo latinoamericano que debía enfrentar lo que representaba cultural y moralmente EEUU. Rodó criticaba lo que denominaba *"nordomanía"*, o sea, el apego a las ideas que venían del norte anglosajón. Enrique Krauze dice que esta fue la primera ideología alternativa que se generó en nuestros países de cara a las corrientes de pensamiento en boga entonces.

En esa perspectiva antagónica se alinearon J. Martí, J. Vasconcelos, M. Ugarte y otros.

Más tarde, con sus matices y diferencias, los venezolanos Mariano Picón Salas y Pedro Manuel Arcaya fueron críticos de ciertos valores norteamericanos y del expansionismo de EEUU Sus cuestionamientos iban dirigidos, principalmente, contra *"el ímpetu materialista"* que imperaba en ese país. No obstante, Picón Salas recordará *"la común misión de América"*, abogará por la necesidad de recuperar *"la voluntad totalizadora"* y señalará *"la mutua incomprensión de las Américas"*, producto de prejuicios y de la *"incapacidad de elevarnos sobre las ruinas y convenciones de la propia tribu"*. Planteó que, a pesar de los valores diferentes, que los había también, era posible el *"intercambio y el complemento"*.

Por otro lado, el pensador venezolano Carlos Rangel, desde otra perspectiva, dirá, acertadamente, que el exitoso recorrido de EEUU, mostrado desde sus inicios como país independiente, representó desde siempre *"un escándalo humillante para la otra América"*, la cual no daba al mundo ni se daba a sí misma una explicación aceptable de su fracaso relativo. El atraso, las carencias y los diversos problemas de América Latina, serán atribuidos al país triunfador convertido en potencia.

Este antiamericanismo obviaba las culpas propias. No explicaba por qué los países de AL, que no eran muy distintos en cuanto a su desarrollo material en la primera mitad siglo XIX (todos eran monoproductores-exportadores de materias primas e importadores de manufacturas europeas, incluido EEUU), al arribar al XX, Norteamérica los había superado y se había convertido en un emporio industrial y comercial, que desplazaba la primera potencia de entonces, Inglaterra. ¿Qué no hizo o dejó de hacer la América hispana, para estar tan distanciada y a la cola de aquel país después de 200 años?

Si los latinoamericanos teníamos recursos en abundancia ¿por qué no supimos utilizarlos?

El destacado profesor español de las relaciones internacionales, Tomás Mestre V., se preguntará: *"¿Por qué en la originaria fachada al mar que fueron las iniciales 'trece colonias', éstas se fortalecieron, se multiplicaron y presionaron hasta el punto de medir por segunda vez su fuerza contra la poderosa ex metrópoli, en tanto que colonias más hechas partieron a la guerra civil sempiternamente, a guerras entre fragmentos independizados, como Hispanoamérica, y cuando no lo hicieron así, como en el caso de Brasil, aun aumentando el territorio no incrementaban sustancialmente su poder? ¿No será que la organización interna de los Estados sea el estímulo imprescindible para hacer posible lo demás? "*

Responder estas interrogantes quizás arroje más luces sobre los resultados históricos — *"la brecha"* — en términos económicos y sociales que ha alcanzado la AL, que buscar en las conductas de otros las causas de nuestros fallos. ¿Por qué seguimos echando culpas de nuestros males al *imperialismo yanqui*? ¿Por qué —como dijo Borges respecto de México— AL *"vive fija en la contemplación de las querellas de su pasado"*?

Hoy, EEUU sigue bajando la pendiente de su declinación como única gran superpotencia hegemónica y comienzan a aparecer en el horizonte actores que le disputan su primacía.

En este contexto, de nuevo se plantea un proyecto de integración que excluye a EEUU y Canadá. ¿Por qué no terminamos de suprimir esta costumbre de concebir a esos países separados del continente y asumir con pragmatismo unas relaciones que nos permitan crecer y desarrollarnos juntos en un marco desprejuiciado de complementación, respeto y de equidad?

No son pocos los valores y principios que las "Dos Américas" compartimos. Estamos unidos por la geografía y la historia, a pesar de los desencuentros e incomprensiones. Se impone iniciar conscientemente un camino convergente gradual, más allá del que imponen las realidades inexorables. Sabemos que hay factores anacrónicos y enemigos del progreso que han conspirado y conspiran contra la propuesta. No desconocemos las dificultades, complejidades e intereses presentes.

Empero, aquellas no son insuperables. No es tarde para retomar ese espíritu de vieja data que soñó con una América como proyecto. Pretender crear organizaciones internacionales en el continente que marginen al norte anglosajón, como es el caso de la proyectada Comunidad de Estados Latinoamericanos y del Caribe (CELAC), es un absurdo, un despropósito, un desfase con los tiempos que corren. No es sólo reincidir en un error derivado de una nefasta manía refundacionista que fracasa una y otra vez, es colocarse de nuevo en el terreno de los antagonismos innecesarios y estériles, contrarios a las corrientes profundas que tarde o temprano conducirán ineluctablemente a la confluencia hemisférica.

INTEGRACIÓN ECONÓMICA, IDEAS E IDEOLOGÍAS

Es una verdad de Perogrullo que las ideas, ideologías y creencias en toda época y actividad humana juegan un papel fundamental, tienen consecuencias en la realidad en que son divulgadas. Y en el curso que han seguido la interdependencia y la integración económicas en el hemisferio americano, y en particular, en América Latina, aquellas han ejercido, sin duda, una influencia decisiva, y siguen siendo inspiradoras de muchos gobernantes y líderes políticos o empresariales. De allí que las políticas que éstos formulan y/o acometen sean el producto directo de aquellas ideas y visiones. Vislumbrar con claridad el itinerario que seguirán la dinámica integradora comercial y sus negociaciones en el ámbito regional, así como la suerte que correrán en lo inmediato o a mediano plazo los distintos esquemas de integración vigentes, no resulta una tarea fácil, por la complejidad de los asuntos envueltos, los diversos actores, las variables en liza y, obviamente, los puntos de vista que entran en acción.

Porque en esta materia no se trata sólo de analizar los aspectos técnico-económicos generales del problema (mecanismos de liberación e intercambio de mercancías y servicios, tarifas y niveles arancelarios, flujo de capitales, inversiones, solución de controversias y otros temas no menos importantes) o las fortalezas y debilidades individuales de cada uno de los países involucrados tiene (nivel de desarrollo industrial, comercial, agrícola o de servicios, ahorro interno, capacidad institucional, competitividad, productividad, recursos humanos, tecnologías disponibles, comunicaciones, transporte, seguridad jurídica). Además del examen de estos factores relevantes, es obligante también escudriñar la dimensión política (geopolítica) y cultural del asunto, las expectativas y planes de los actores en competencia, sobre todo, de aquellos con más poder para determinar el curso del proceso.

Una idea como la integración en general y la hemisférica en particular, que puede ser deseable y factible en lo económico, requerirá también de un análisis que tome en cuenta una variable decisiva: la política continental, en la cual son factores fundamentales las ideas.

Determinar las conveniencias, riesgos, oportunidades, ventajas, desventajas y expectativas económicas para cada país en un hipotético bloque hemisférico o en esquemas más limitados, siendo de por sí complejo. Resulta, sin embargo, menos complicado que su análisis desde el ángulo de la factibilidad política. Porque aquella complejidad en lo económico y en el juego de intereses se multiplica cuando nos adentramos en el plano de las fuerzas que pugnan por la hegemonía en el continente.

La viabilidad económica no siempre coincide con la viabilidad política, incluidas las consideraciones geopolíticas. La economía podría indicarnos un itinerario a seguir que la política rechace o no acepte de entrada; o que, compartiendo los fines, exija ritmos distintos o no concurrentes en el tiempo.

De modo pues, que es menester también recorrer el camino de las ideas que sobre la materia han movido o mueven a las fuerzas políticas y sociales en nuestro hemisferio, toda vez que ellas, en gran medida, determinarán la trayectoria de los acontecimientos futuros, propiciando, viabilizando, obstaculizando u oponiéndose a cualquier proyecto de integración.

El pensamiento que han preconizado las distintas corrientes políticas y los intelectuales más destacados a lo largo de la historia latinoamericana y hemisférica, ha sido decisivo en los resultados alcanzados.

El nacionalismo latinoamericano, el marxismo y el neomarxismo, el estructuralismo, el dependentismo, el socialismo, la socialdemocracia y la democracia cristiana, el indigenismo, el tercermundismo, el antiamericanismo y el liberalismo han marcado su huella en los políticos y gobernantes, en las visiones que, sobre las relaciones internacionales en general, y el tema de la integración en particular, han querido poner en práctica.

Éste es un tema que es necesario indagar en profundidad para avizorar el futuro que nos espera en materia de inserción internacional de nuestros países.

¿PUEDE REHACERSE EL MERCOSUR?

En días pasados se reunió el Mercosur y hubo algunos discursos que podrían hacer pensar que quizás el bloque retomaría una senda que había dejado de lado varios años, cuando una contraproducente ideologización política lo marcó, profundizando su ralentización y llevándolo a un estancamiento.

No hay duda de que, sin una revisión profunda y cambio de sus principios y mecanismos básicos, difícilmente el bloque pueda afrontar los nuevos desafíos del mundo de hoy. Han pasado 28 años desde su fundación, y las circunstancias actuales son sustancialmente distintas. O se transforma o muere.

Obviamente, las vicisitudes políticas en cada uno de sus países miembros debemos tenerlas presentes a la hora de analizar el presente e intentar prever las perspectivas futuras.

El país más grande y de mayor gravitación en Mercosur, Brasil, está gobernado por un presidente que inicialmente se mostró displicente de cara al bloque. Incluso su ministro de Economía, Paulo Guedes, llegó en cierto momento a minimizar su importancia, no era prioritario el tema en el programa de gobierno de Bolsonaro.

No obstante, como dice un editorial reciente de *O Estado de Sao Paulo*, pareciera que Bolsonaro al fin descubre Mercosur. En la mencionada reunión habló de su necesaria renovación, lo cual coincidiría con la política de apertura comercial que está adelantando en su país.

Por lo que respecta a Argentina, surgen las dudas sobre si la política que siga el nuevo presidente, Alberto Fernández, asuma las últimas decisiones tomadas por el bloque, incluidas las anteriores a la presidencia de Bolsonaro, las cuales buscan abrirlo más al mundo. Como se sabe, están pendientes la ratificación aún dudosa del Acuerdo con Europa y los posibles arreglos con la Alianza del Pacífico.   Un punto muy importante y álgido que será motivo de discusión en lo sucesivo es el del Arancel Externo Común (AEC). Hay posiciones encontradas al respecto. Este asunto ha hecho que los técnicos sobre la materia señalen a Mercosur como una unión aduanera imperfecta, en virtud del número importante de excepciones que tiene. El gobierno actual de Brasil quiere reducirlo, y desde Argentina habría resistencia de parte del gobierno entrante.

Más allá del tema puntual controvertido del AEC, lo crucial en el futuro del bloque es acometer una honda reforma que lo ponga a tono con las realidades actuales. Mantenerse o reincidir en posiciones proteccionistas a ultranza es condenarse a seguir la deriva que lo puede llevar a la irrelevancia definitiva.

En otras oportunidades he manifestado mi escepticismo respecto del futuro de Mercosur, y no le ha dado mucha vida si no se abre a los nuevos desarrollos en materia de relaciones económicas que se vienen imponiendo en el planeta. La integración económica global, a pesar de sus problemas eventuales, crisis y repliegues coyunturales, continúa su curso ineludible.

La integración dejó de ser un asunto arancelario y ha pasado a convertirse en un tema de producción compartida transfronteriza. Hoy, los paradigmas que fueron dogma en el ámbito de la integración son otros.

La mera reducción de tarifas forma parte de esquemas que han devenido *demodés,* sobre todo cuando casi todo el universo arancelario está prácticamente liberado. Hoy los asuntos a considerar son la facilitación y simplificación de los trámites del comercio, el libre flujo de las inversiones, la integración de los mercados bursátiles, una real unificación jurídica, coordinación de políticas económicas, los encadenamientos globales de valor y la incorporación y utilización de las nuevas tecnologías y el comercio digital, porque las distancias ya no son tan determinantes como antes, la geografía ya no es un limitante. Se impone a los países de nuestro entorno continental, la necesidad insoslayable de pensar en términos hemisféricos y globales, no desde las estrechas subregiones que tienden a cerrarse sobre sí mismas y a establecer barreras defensivas ineficaces y contraproducentes

Si Mercosur insiste en mantenerse al margen de esos aspectos, no le podemos arrendar la ganancia. Queda aún vigente la interrogante: ¿se podrá rehacer Mercosur a pesar de las diferencias en su seno sobre temas sustantivos que tocan sus principios básicos?

¿VOLVER A LA COMUNIDAD ANDINA ES UNA OPCIÓN CONVENIENTE PARA VENEZUELA?

Debatir sobre el reingreso de Venezuela a la Comunidad Andina es un asunto de mucho interés, no solo político o, si se quiere, geopolítico.

No es tampoco una cuestión de buenos deseos, de conveniencias coyunturales o de apelación a supuestas hermandades o identidades latinoamericanas, andinas y/o bolivarianas.

Como bien conocen los entendidos, en esta materia están envueltos obvios aspectos de carácter económico y comercial muy prácticos, sin mencionar los jurídico-institucionales.

La situación calamitosa que vive Venezuela en todos los sentidos y que perdurará aún después de salir del régimen desastroso que hemos padecido, exigirá de quienes tengan las palancas de mando del país, tener bien claro cuáles serán las políticas a instrumentar en un proceso de transición que desconocemos cuánto durará.

Definir una política comercial integral para una transición y un espacio de más largo aliento, que vaya acoplada a las demás políticas, la macroeconómica y la política exterior, entre otras, se nos presenta como materia crucial.

Reingresar o no a la Comunidad Andina se inscribe en ese entorno complejo.

Ciertamente, deberá hacerse una evaluación realista y pragmática de ese contexto económico-financiero-comercial, sin caer en precipitaciones, ni dejarse llevar por retóricas inflamadas. ¿Conviene volver a ese bloque restringido o es mejor una apertura amplia e inteligente hacia el mundo que responda de mejor forma a las necesidades y prioridades de un proceso de recuperación?

La salida de Venezuela de la CAN, en su momento, fue un grave error, producto de una visión ideológica y geopolítica totalmente disparatada. El perjuicio económico causado a la economía de Venezuela no pudo ser mayor en términos de inserción comercial internacional. Fue un retiro inconsulto, obra de un solo hombre, arrastrado por su capricho político y su ignorancia. Como igual fue la incorporación a Mercosur.

En ambos casos, no se pidió la opinión a los sectores económicos que podrían verse afectados, ni se consultó a los especialistas sobre la materia.

De un plumazo salimos de la CAN y con otro entramos a Mercosur. Dos decisiones equivocadas, donde la voluntad del mandamás fue la regla.

En aquel entonces Venezuela (año 2006) no estaba viviendo la terrible situación de hoy. Los ingentes recursos financieros disponibles consentían acometer cualquier aventura, cualquier desaguisado.

Se trataba, así, de sumarse al bloque comercial donde estaban los amigotes políticos del déspota venezolano, no importando si económicamente nos convenía o no, si estábamos preparados para ello, pues sobre la marcha, iríamos ajustándonos a los no pocos compromisos, incluidos los jurídicos, que comportaba la pertenencia a Mercosur.

Y, sin embargo, la admisión formal duró alrededor de 5 años, y ya sabemos cómo fue el ingreso irregular, violando el mismo Tratado constitutivo mercosuriano. Hoy estamos suspendidos en ese bloque, aunque seguimos siendo miembros de pleno derecho.

En lo jurídico-institucional, reingresar a la CAN significará, según las disposiciones del Acuerdo de Cartagena, seguir un procedimiento de adhesión y negociación, cuyas condiciones deberá determinar la Comisión de la organización órgano facultado por el Tratado.

Pero ese no es el único asunto por resolver.

Venezuela sigue siendo miembro de Mercosur, y en éste toda negociación comercial que adelante un miembro con terceros países, en principio, deberá consultarse con el resto. Lo establece el Tratado de Asunción en su artículo 8, literal C: *"Celebrarán consultas entre sí siempre que negocien esquemas amplios de desgravación arancelaria tendientes a la formación de zonas de libre comercio con los demás países miembros de la Asociación Latinoamericana de Integración"*, y en la Decisión No. 32 del año 2000: *"Art. 1. Reafirmar el compromiso de los Estados Partes del MERCOSUR de negociar en forma conjunta acuerdos de naturaleza comercial con terceros países o agrupaciones de países extrazona en los cuales se otorguen preferencias arancelarias"*.

Aunque en Mercosur se ha discutido el tema de la posibilidad de suscribir acuerdos comerciales con terceros de forma individual, de la normativa se desprende que debería concertarse previamente entre sus miembros.

De modo pues que además del problema de fondo presente en el debate de reingresar o no a la CAN, está también el de cómo compatibilizar la pertenencia a Mercosur.

Bien se haría en consultar a los técnicos venezolanos con experiencia en esta materia, antes de tomar decisiones apresuradas.

Venezuela requerirá en un eventual proceso de transición tener las manos libres para enfrentar las exigencias y retos que implicará reconstruir nuestra economía y encaminar un proceso de reinstitucionalización democrática del país que lo ponga en una vía cierta hacia una sociedad libre y próspera.

Adelantar y mantener buenas y estrechas relaciones políticas con nuestros vecinos hemisféricos es un elemento fundamental para nuestra recuperación, eso está fuera de discusión. Pero en materia de comercio exterior se impone un sano pragmatismo más allá de la retórica y de los mitos a los que somos muy dados en estos pagos.

LA CELAC O LA MANÍA REFUNDACIONISTA

"La desnuda y escueta verdad es que EEUU necesita de América Latina y América Latina necesita de EEUU".
Rómulo Betancourt

En estos días que corren se está suscribiendo en Caracas el documento constitutivo de la Comunidad de Estados Latinoamericanos y caribeños (CELAC) que fue acordada en la XXI Cumbre de América Latina y el Caribe sobre Integración y Desarrollo de 2010.

32 presidentes del hemisferio nos visitan con motivo de ese evento, aunque la prensa de esos países, con la excepción de la oficial venezolana, ha mostrado poco interés por esta reunión en los días previos. ¿Qué importancia real conceden los presidentes a la concreción de ese nuevo ente interestatal, supuestamente de integración, más allá del verbo grandilocuente?

Es más que sabido que la estructura institucional de relaciones políticas y económicas del último siglo en nuestro continente se ha ido tejiendo a partir de organizaciones diversas, como la OEA, CEPAL, el TIAR, el BID, el SELA, el Grupo de Río y los regímenes de integración económica, entre otras.

Todas ellas, en el fondo, han tenido como propósito consolidar el hemisferio como un bloque cooperativo frente al resto del planeta, dados los lazos históricos de amistad y comercio, manteniendo, obviamente, las peculiaridades de cada país.

En este largo camino, entre las *"dos Américas"* se han cruzado los desencuentros, incomprensiones y conflictos, sobre todo, porque en esta región está la potencia más grande, envidiada, admirada y cuestionada del orbe, cuya hegemonía vive un proceso menguante y paulatino que durará algunas décadas, sin que eso signifique su derrumbe como gran nación que es.

En la naciente CELAC, un rasgo primero a resaltar por incomprensible, es que es una organización que excluye a EEUU y Canadá, dos países que forman parte del hemisferio, y con los cuales se han tenido por siglos relaciones político-económicas estrechas.

La idea de este nuevo invento latinoamericano no tiene otra explicación, a mi juicio, que ese prurito anacrónico que hoy ya no tiene sentido en un mundo amplia y profundamente interdependiente, de una supuesta identidad exclusiva o de unos presuntos intereses comunes que la historia, los valores o la etnia latinoamericana nos impondrían, y los cuales nos enfrentan a los de EEUU o Canadá, países que se presumen adversarios o ajenos a nosotros. Como si los problemas y las soluciones del mundo actual no trascendieran las fronteras, distancias, economías, lenguas, razas, religiones y tradiciones, y se pudieran asumir desde la "parroquia", en este caso, *"latinoamericana y del Caribe"*. Como si esos dos países no fueran nuestros socios comerciales, y allí no vivieran millones de familias originarias de Latinoamérica. En fin, como si no nos necesitáramos.

Me temo que la CELAC, por otro lado, y principalmente, es una expresión más de la manía refundacionista —¡el eterno retorno— de que adolecemos por estos pagos. No hemos terminado de consolidar o perfeccionar las organizaciones existentes, cuando ya creamos una nueva, con otra denominación, que se superpone a las anteriores, entrando en colisión de objetivos y competencias, redoblando o triplicando esfuerzos y consumiendo recursos que necesitamos para fines mejores. Es una suerte de *"fuite en avant"* permanente, que pretende enmascarar sin éxito nuestros fracasos; que evidencia la inconstancia y nos da una falsa sensación de progreso.

Sobre el objetivo de esta organización hemos leído y oído interpretaciones incongruentes de parte de gobernantes. Unos, los resentidos históricos, la ven como un ariete contra EEUU, y otros, los realistas y pragmáticos, la conciben como una instancia intergubernamental latinoamericana más que no pretende enfrentar a nadie. Unos la ven como instancia política (geopolítica) y otros la ubican en el campo de la integración futura.

Lo cierto es que no sabemos de manera transparente qué se busca con CELAC, que otras organizaciones vigentes no tendrían. ¿Qué sentido tiene crear una nueva organización cuando existen otras que a pesar de sus imperfecciones pueden ser mejoradas?

Con seguridad veremos en esta reunión de Caracas una retórica desbordada e inflamada de nacionalismo latinoamericano. En el altar de la *"Patria Grande"* se harán las ofrendas de rigor, y ¡ay del que no se anote en el ritual! ¡Golpes de pecho y nuevas promesas de unión y de integración férreas no faltarán en los discursos! Evocaremos a Bolívar, San Martín y Tiradentes. A Tupac Amaru, Lautaro y a Guaicaipuro. A Martí, Rodó y Vasconcelos. ¡Ahora sí será alcanzada la ensoñación bolivariana!

Pero lo concreto, lo eficaz, lo pragmático, los mecanismos reales que efectivamente traerían bienestar a las mayorías irredentas de nuestros países, estoy seguro, pasarán al segundo o tercer plano, como siempre ocurre.

Y en medio de los vapores hipnotizantes de la hermandad reencontrada y traicionada tantas veces, callaremos antes las violaciones a los derechos humanos en Venezuela, Cuba, Nicaragua y Ecuador. Voltearemos hacia otro lado, al ver el irrespeto cotidiano y perverso del Estado de derecho en el país anfitrión. El realismo pérfido del que una vez habló Octavio Paz seguirá en vigor.

¿Qué hará la CELAC para evitar que las autocracias militaristas de nuevo se enseñoreen en nuestra región?

Tienen la palabra los 32 presidentes visitantes.

LA INTEGRACIÓN SEGÚN CHÁVEZ

El régimen político venezolano actual cambió las opciones estratégicas tradicionales del país de cara al mundo, uniendo su destino a sistemas y gobiernos despóticos, forajidos y/o fallidos del planeta, con los cuales no tenemos ni compartimos valores ni intereses comunes.

La política exterior venezolana, una política de Estado, la convirtieron los gobiernos de Hugo Chávez y su sucesor, en una al servicio de un liderazgo populista y de una parcialidad política autoritaria y militarista.

En el ámbito de la integración y cooperación internacional embistió contra los principios contenidos en la institucionalidad regional establecida y distanció a Venezuela de sus socios tradicionales, provocando graves perjuicios a los intereses económicos y comerciales del país.

Junto a sus gobernantes amigos, los regímenes de integración sufrieron desviaciones de los propósitos comerciales originales, para enfatizar lo político-ideológico, afectando así su funcionamiento de manera inconveniente y generando ralentización, estancamiento y enfrentamientos entre sus miembros.

En el entorno nacional, ha marginado y acosado a los sectores productivos privados, sin cuya participación no se podrá dar a cara a los retos de la integración global.

Por otro lado, promocionó una supuesta integración dependiente totalmente de los recursos financieros de Venezuela -la ALBA-, a la cual concurrían gobiernos de países identificados ideológicamente o que se aprovechaban de forma oportunista de un reparto derrochador de dádivas, sin compartir, por cierto, las mismas orientaciones económicas en la práctica.

La ALBA formó parte de un plan político continental que se autodenomina revolucionario y antiimperialista, y en el que están comprometidos sectores radicales e incluso violentos de la región, cuyo pensamiento y obra encarnan un retroceso político y social en nuestro continente.

La desintegración, la división y la confrontación han sido las características de del accionar concreto del régimen chavista, a pesar de la retórica latinoamericanista. La *petrodiplomacia* venezolana sirvió a ese propósito, aunque su vigor inicial comenzó a debilitarse aceleradamente por causa de la caída de los precios petroleros.

Esta realidad particular aunada a la que experimentó la región luego de finalizada la *"Década dorada"* de los *commodities*, abrió nuevos caminos hacia la recuperación de la democracia, las libertades y una visión innovadora de la prosperidad económica, cuyo curso está aún por consolidarse.

En un mundo de creciente interdependencia, el pensamiento y las creencias van y vienen a la velocidad de los electrones, a través de los satélites y de los cada vez más rápidos y menos costosos medios de transporte. Ya habitamos, prácticamente, la aldea global de la que hace cincuenta años hablaba el filósofo canadiense Marshall McLuhan.

Somos ciudadanos del mundo con múltiples identidades y raíces que vamos tripulando una nave llamada Tierra en un entorno preñado de grandes incertidumbres, formidables obstáculos y enormes desafíos.

Las dificultades complejas del planeta son compartidas por todos con diversos grados e intensidades, de allí que las soluciones también deban ser buscadas de forma mancomunada, a pesar de las variopintas diferencias y de la tendencia creciente y negativa hacia el resurgimiento de *"sentimientos tribales"* y nacionalismos exacerbados, que nos enfrentan y alejan.

Las llamadas *"fronteras emocionales"* pueden ser eventualmente factores de separación negativos aún más fuertes que las político-territoriales. No pocos estudiosos de la geopolítica y de las relaciones internacionales las incorporan a sus análisis.

No podemos sustraernos de un mundo de intereses, pasiones y rivalidades. Son dimensiones naturales de la vida en sociedad a tener presentes a la hora de avanzar, siempre conscientes de que el retroceso es una probabilidad; la historia lo enseña así.

Nuestro planeta tiene ante sí grandes desafíos: ideologías políticas siniestras, terrorismo, ultranacionalismos, el cambio climático, enfermedades, proliferación de armamentos de destrucción masiva, delincuencia transnacional y los derivados del comercio ilícito, los cuales, para enfrentarlos, exigen de los países vías de acuerdos, amplios consensos e instituciones.

Estamos experimentando una nueva era de transformación global, en la que ya no pesan tanto, para comprenderla, las categorías y mapas mentales consagrados, como dicen algunos autores.

El mundo sufre en estos momentos una crisis cuyas consecuencias de toda índole y el tiempo de duración aún no están muy claras. Lo cierto es que sus efectos negativos serán de envergadura.

Para superarla se impone asumirla de manera multilateral reforzando los vínculos cooperativos, la coordinación de políticas, la instrumentación de mecanismos conjuntos y también la integración de las economías.

De modo pues que, deslastrados de dogmatismos, de proyectos fantasiosos y del llamado *"orgullo de parroquia"*, podremos avanzar hacia un mundo gobernable, sin absurdos y anacrónicos arrebatos nacionalistas o *excepcionalismos identitarios*, mediante la construcción de fuertes lazos con actores de la escena internacional cercanos o más distantes. Es el destino entrelazado y realista que nos queda por ampliar y consolidar, en especial, en nuestro hemisferio, el cual será exitoso si también se abre con confianza e inteligencia a la sociedad global en su conjunto.

MIRANDA, BOLÍVAR Y LA INTEGRACIÓN HEMISFÉRICA

Los reiterados intentos de integración en nuestro hemisferio tienen raíces seculares. Los insatisfactorios o incompletos resultados, producto de los desencuentros entre "las dos Américas" y entre los latinoamericanos entre sí, también vienen de lejos en el tiempo.

Uno de los más tenaces propulsores de una América independiente y unida fue, sin duda, el venezolano Francisco de Miranda, entre cuyas propuestas estaba la creación de una gran patria americana que llevaría el nombre de *"Incanato"*.

Entre 1790 y 1808, Miranda presentó varios proyectos, y en ellos el precursor habla de la creación de una federación americana, de un poder ejecutivo, un ejército y unos comicios americanos. Para la consecución de estos planes, buscó y obtuvo el apoyo de la Gran Bretaña, país en el que tenía amplias relaciones personales y políticas. Posteriormente, en sus gestiones ante el gobierno de EEUU, logró un soporte importante. Este apoyó norteamericano le causó fricciones a ese país con España, con la cual mantenía una alianza entonces.

miranda, al hacer comparaciones, se lamentaba que la América española no hubiese adoptado muchos de los valores y costumbres de la América anglosajona. *"Dos grandes ejemplos* —decía— *tenemos delante de los ojos: la revolución americana y la francesa. Imitemos discretamente la primera; evitemos con sumo cuidado los fatales efectos de la segunda."*

Miranda, según el escritor Arturo Uslar Pietri, *"la más extraordinaria personalidad que había florecido en el vasto territorio del nuevo mundo"*, fue un liberal de pensamiento. Éste se resume en lo que escribió a Thomas Payne: *"La conservación de los derechos naturales, y, sobre todo, de la libertad de las personas, seguido de sus bienes, es incuestionablemente la piedra fundamental de toda sociedad humana, bajo cualquier forma política en que ésta sea organizada."*

La simpatía por Miranda en EEUU se tradujo en apoyo político y material. No hay que olvidar el financiamiento de la expedición invasora de El Leander en 1806, en la que vinieron norteamericanos, entre ellos, un nieto de John Adams que cayó prisionero.

Es conocida la nota que escribió Adams a John Jay, en 1786, en la que manifestaba que una revolución en Sudamérica, sería de gran provecho para EEUU, y que, en este caso, ese país no pondría obstáculos a ella.

Los planes de Miranda fueron apoyados ardientemente por otro *founding father*, Alexander Hamilton. Asimismo, el Secretario de Estado, James Madison y el presidente Thomas Jefferson discutieron esos planes.

Empero, hay que recordarlo, EEUU no se comprometerá de manera abierta (sí vendió a armas a los patriotas) sino al final de la guerra de independencia.

Simón Bolívar también puso su empeño en plasmar en los hechos la idea de una América hispana integrada en una sola nación, objetivo romántico que nunca pudo lograr a causa de las divergencias políticas.

En cierta ocasión (1827), Bolívar escribirá al general y político inglés, Sir Robert Wilson: *"No se sabe en Europa lo que me cuesta mantener el equilibrio en estas regiones".*

El Libertador expresó muchas veces la idea de la unificación. Desde 1810, cuando fue a Londres en una misión diplomática de la Venezuela naciente, se mostró partidario de una confederación de las colonias para asegurar la independencia, la misma de Miranda. Posteriormente, en 1814, conceptuará en una sola frase su pensamiento sobre el continente: *"Para nosotros, la Patria es América."*

Bolívar explayará su visión unitaria en la Carta de Jamaica (1815): *"Yo deseo más que ningún otro ver formar en América la más grande nación del mundo, menos por su extensión y riqueza que por su libertad y gloria".* En este documento hará sus pronósticos acerca el curso político que podría seguir la América española. El 12 de junio de 1818, en carta a Juan Martín

Pueyrredón nuevamente declarará: *"Una sola debe ser la patria de todos los americanos, ya que en todo hemos tenido perfecta unidad."*

Al año siguiente de la liberación de Venezuela, escribirá a Pedro Gual que *"Nada interesa tanto al gobierno de Colombia como la formación de una liga verdaderamente americana. La confederación proyectada no debe fundarse únicamente en el principio de una alianza defensiva u ofensiva ordinaria : debe en cambio ser más estrecha que la que se ha formado recientemente en Europa contra la libertad de los pueblos. Es necesario que la nuestra sea una sociedad de naciones hermanas, separadas por ahora en el ejercicio de su soberanía por el curso de los acontecimientos humanos, pero unidas, fuertes y poderosas, para sostenerse contra las agresiones del poder extranjero."*

El general Daniel F. O'Leary, quien estuvo muy cerca de Bolívar, evocará los propósitos de Bolívar, al escribir: *"Pensó en confederar los nuevos estados en una república que se defendiera de Europa, sirviera de contrapeso a Brasil y a los Estados Unidos y pesara en las decisiones políticas del mundo (…) Según este plan, cada una de las repúblicas confederadas conservaría su independencia en cuanto a su administración, y sólo la dirección de las relaciones exteriores y la defensa del país seria de la peculiar incumbencia del Gobierno Federal. Consideraba que la parte de soberanía que cada Estado cedía en favor del bien general quedaba ampliamente compensada con la mayor respetabilidad y fuerza que derivaría de la Unión".*

De manera pues, que, para el Libertador, la *"unidad de la América meridional"* será un punto que reiterará en muchos de sus escritos, proclamas y correspondencia a lo largo de su vida pública. No obstante, al final de sus días las realidades lo obligarán a renunciar a tal propósito.

La utopía bolivariana se topará entonces con las duras y amargas realidades de la política. Su proyecto no era compartido por todos en virtud de las diferencias de ópticas, intereses y rivalidades que afloraron entre los que condujeron la guerra de independencia. Particularmente, los líderes estaban más interesados en mantener el poder en cada uno de sus feudos, que, en crear una confederación de naciones bajo un gobierno único, incluso sí ésta sólo fuera de carácter defensivo frente a las potencias europeas.

La oposición que tuvo la propuesta, sobre todo, en la Gran Colombia, no era ajena a los planteamientos que Bolívar hizo sobre la forma de gobierno a instaurar y las relaciones particulares que esa nueva república tendría con países como Inglaterra, EEUU y otros. Recuérdese al respecto, la observación que el historiador Pedro Manuel Arcaya hizo sobre el pensamiento de Bolívar: *"Estúdiese la historia de Bolívar imparcialmente y se hallará que como doctrina de gobierno sustentaba la necesidad de un poder ilimitado, la tutela ejercida sobre la Nación para salvarla, a su modo de ver, de la anarquía y el desorden; en una palabra, la dictadura suya considerándose él como llamado a misión providencial; en el fondo la misma concepción de los monarcas españoles."*

Es harto conocida la idea insólita del Libertador de convertir a la Gran Colombia en un protectorado inglés: *"Entreguémonos en cuerpo y alma a los ingleses. No podemos existir aislados, ni reunidos en federación sino con el beneplácito de los ingleses. Toda América junta no vale una armada británica".*

Esta propuesta, que evidenciaban una inclinación exagerada por una potencia colonial, cuya ayuda a la emancipación no se podía desconocer, sin embargo, encontró rechazo. Intentar traerla de nuevo al continente no podía ser una idea más imprudente. Enfrentaba a la Doctrina Monroe, igualmente.

Para el escritor e historiador colombiano Germán Arciniegas, la ausencia de Bolívar en el Congreso Anfictiónico de Panamá, cuyo objetivo era el de concretar la idea de la confederación, dice mucho de lo poco que ya él mismo creía en la viabilidad de la propuesta.

En cualquier caso, vale la pena destacar que en ese congreso no se aprobó un documento que al menos esbozara algún interés en los temas de integración comercial. Incluso, el planteamiento de formar una unión, liga y confederación de carácter defensivo para protegerse de la dominación extranjera, no obtuvo la solidaridad del resto del continente. Sólo el peruano Manuel Vidaurre presentó un documento calificado de amplio y audaz, titulado *"Bases para el pacto de la Unión entre estados de América",* en el que se planteaba una unión aduanera.

Tampoco la propuesta de crear una *"autoridad sublime"*, *"con rigor y autoridad verdaderamente soberana"* —la supranacionalidad en términos de hoy— que uniformara las instituciones y principios que unen a los países asociados, tuvo la acogida esperada.

Rechazado y abandonado el modelo confederado, incluso por sus defensores más entusiastas, como Vidaurre, quien luego de ser un bolivariano comprometido con el proyecto de Bolívar, más tarde dirá a éste: *"Te aborreceré tirano como te admiré héroe",* el desarrollo político post independentista de las ex colonias seguirá un curso caracterizado por una suerte de *"balcanización".*

Arciniegas dirá al respecto que América quedó convertida en *"una colección de islas, en un archipiélago"*. El signo será la desunión y los enfrentamientos entre ellas, a pesar de los reiterados intentos a lo largo de los siglos XIX y XX para materializar la integración.

Al final de la primera década del tercer milenio, los latinoamericanos seguimos, una y otra vez, refundando la integración que soñaron Miranda, Bolívar y otros, y rechazando extraña y absurdamente la integración con *"la otra América"*, la anglosajona. ¿Comprenderemos, al fin, la inconveniencia para todos en el hemisferio de que excluir a EEUU y Canadá es un disparate político y económico, producto de prejuicios y resentimientos históricos anacrónicos?

LA INTEGRACIÓN LATINOAMERICANA
Y EL PROFESOR ELÍAS PINO

"Canta la música tuya, que yo cantaré la mía"
Willie Colón

Semanas atrás, el historiador Elías Pino Iturrieta puso sobre la mesa el tema de la unidad/identidad latinoamericana vinculada a la integración, el cual, por cierto, no ha sido muy debatido entre los especialistas sobre la materia.

Como se sabe, aquella ha sido tratada en nuestra región, principalmente, desde el ángulo económico-comercial, dando por descontado que existe una homogeneidad de base entre los países de América Latina, derivada de la cultura y lengua heredadas de su pasado colonial, todo lo cual sería el soporte esencial para levantar el proyecto integrador de nuestros países.

Así, alrededor de la idea de la unión y/o integración de *"Nuestra América"* (José Martí dixit) −para contrastarla con la otra, la anglosajona del Norte− se fue creando una suerte de culto cuasi-religioso, de una mitología.

El árbol genealógico de esa *unión* hundiría sus raíces en Viscardo y Guzmán, Miranda y Bolívar. Creció con Torres Caicedo, Arosemena, Bilbao y Alberdi, y se potencia con Rodó y Vasconcelos, entre otros personajes de nuestra historia, cuyas ideas dieron a luz el llamado *nacionalismo latinoamericano* en sus distintas versiones, del que se nutren pensadores y políticos posteriores, desde la derecha más rancia a la izquierda más extrema.

Para tal culto, quien no comulgara con ese ideario, sería poco menos que un latinoamericano descastado, que no honraría debidamente el legado que nos habrían dejado los próceres de esa '*Patria Grande*', particularmente, el general Bolívar, con su fallido intento en el Congreso Anfictiónico de Panamá y el fracaso de su proyecto más querido: la Gran Colombia.

El artículo de Pino se titula 'La fantasía de la Integración Latinoamericana' (La Gran Aldea, 21/2/2021). Título, sin duda, que habrá escandalizado a más de uno, no solo en nuestro patio.

Pino arranca diciendo que la Integración latinoamericana es una quimera, que la "*América toda*" no existe en nación, como dice nuestro Himno Nacional. Que ese sentimiento de unión proclamado desde siempre, no ha existido jamás. Que lo de que formamos "*una parentela de pueblos unidos*" no es más que pamplinas. Y muestra de esa desunión serían las reacciones xenofóbicas hacia la migración venezolana.

Para apoyar sus afirmaciones, el historiador acude, en primer lugar, al argumento geográfico. No pueden integrarse países cuyas precarias y/o inexistentes vías de comunicación han impedido la creación de una comunidad de naciones. A tales obstáculos se uniría el problema de las demarcaciones territoriales y las rivalidades. Animadversión y subestimación hacia el vecino, las maneras de hablar diferenciándonos y poniéndonos en guardia frente al otro.

Dice Pino que "*el territorio que terminaremos llamando Hispanoamérica, o América Latina, no será el resultado de una historia común, sino de la evolución de una diversidad de historias que deben influir en la posteridad pese a que las vistamos con un solo uniforme desinteresado y patriótico.* Que, con excepciones, "*cada país se limita a desarrollar la memoria de los suyos*".

Al final, Pino admite que lo planteado por él requiere de mayor elaboración, y que está formulado a partir de las reacciones ante la diáspora venezolana.

No he resistido a comentar el texto en cuestión; en mi caso, por haber estado ligado al asunto unos cuantos años.

Es posible que hace 60 o más años, la estrategia de una integración comercial estrictamente latinoamericana no haya sido una idea descabellada, a pesar de los múltiples obstáculos, sin duda, presentes entonces, los cuales, por cierto, no todos son exclusivamente atribuibles a la realidad y dinámica internas de nuestros países, a pesar de que en éstos podemos encontrar las causas principales. El desarrollo económico de la región y su relacionamiento externo, con sus matices, no puede soslayarse a la hora del análisis, más allá de ciertos axiomas contradichos por la realidad de los muy famosos *"dependentólogos"*.

El resultado no satisfactorio de la integración en nuestra región no es ajeno a la inmadurez de nuestros países, a sus gobernantes, a las políticas adelantadas y las ideologías predominantes. Socialdemócratas, democrata-cristianos e incluso liberales compartían enfoques respecto de este asunto. No olvidemos que la CEPAL, a cuya cabeza estuvo el argentino Raúl Prebisch, hizo su trabajo de convencimiento de las élites. La estrategia cepaliana la adornaron los políticos, precisamente, con la retórica que remachaba la hermandad latinoamericana como mandato sagrado de los próceres.

No obstante, nuestros regímenes de integración parecieran tener una significación distinta para cada uno de los miembros que los conforman. La pertenencia a ellos estaría dictada por razones geopolíticas o por la mera conveniencia diplomática de no ser mal vistos o aislados, no necesariamente por las ventajas económicas que puedan reportarles.

Acompaño a Pino en que la tal nación no existe en nuestro continente a pesar de las afinidades y experiencias compartidas. América Latina no es un todo indiferenciado. Esa identidad colectiva no es cierta. La *"uniformidad esencial"*, atemporal e inmutable de la que algunos hablan no está por ningún lado, a pesar de lo que decía Bolívar de que *"en todo hemos tenido perfecta unidad"*. En cualquier caso, si bien esto no ha sido así, hoy en el nivel de un mundo globalizado, las fronteras lingüísticas, culturales, económicas, sociales y políticas se han ido disolviendo.

Todo ello, sin embargo, no invalida la estrategia integracionista y su conveniencia, sobre todo en un entorno en que la interdependencia se ha profundizado, gracias a la creciente porosidad entre las regiones y fronteras nacionales del planeta, a pesar de nacionalismos trasnochados que emergen de vez en cuando y de las contramarchas y ralentizaciones episódicas de aquella.

La geografía no es más una limitante, y las rivalidades y *"la diversidad de historias"*, presentes en nuestro hemisferio ayer y hoy, siendo impedimentos, no son, empero, insuperables para el intercambio mercantil y el flujo de las inversiones, para lograr una mayor integración al mundo y al hemisferio, en definitiva.

La integración concebida a mediados del siglo pasado, dejó de tener pertinencia. No se trata solo de un problema de barreras arancelarias, sino más bien de producciones conjuntas y de libre circulación de inversiones.

Aquel modelo de integración, empujado por los mitos de una presunta unión inmanente latinoamericana, pasó a mejor vida. La crisis actual de ese modelo tiene que ver con su inadecuación a los nuevos tiempos. Y los estancamientos y ralentizaciones que experimentan, no se curarán con proclamas voluntaristas aludiendo a esa monserga alrededor de una extraviada *"Patria grande"*, sino con políticas que se ajusten a las nuevas realidades de un mundo en intensa interconexión, visiones endógenas aparte.

La integración es un asunto pragmático en la nueva era global. Los latinoamericanos, en la medida de sus conveniencias y posibilidades, deben abrirse *aux quatre vents*, como ya de hecho ocurre.

Los impulsos xenofóbicos hacia nuestros compatriotas, expresión repudiable de lo que algunos llaman *"fronteras emocionales"* o *"sentimientos tribales"*, conspiran, sin duda, contra la integración, pero tampoco son cortapisas infranqueables.

BERGOGLIO, "EL BOLCHEVIQUE"

De arrancada, debo decir que el nuevo Papa me cayó muy bien desde los primeros días de su nombramiento. Lo que sabemos de su conducta como pastor de almas y hemos visto una vez asumido el cargo, me han reafirmado en esa primera impresión. Su sencillez, su *"fuerza tranquila"*, buen humor y la seguridad que transmite me llamaron la atención.

En estos días que corren está visitando nuestro patio, y aunque no practico religión alguna, soy un *"católico sociológico"*, pertenezco a ese nebuloso grupo que llaman agnósticos, a pesar de estar debidamente bautizado en la fe católica, no dejo de estar atento a las cosas que dice y hace Bergoglio.

Ciertamente, en su discurso y en las pocas acciones que ha tomado, debemos advertir que con él posiblemente venga una onda de renovación que no sé si será exitosa o si de verdad produzca cambios profundos en la iglesia católica, lo que muchos, por cierto, están pidiendo.

Obviamente, por más que él sea quien es, no basta con su disposición y sólida voluntad para empujar las transformaciones que, barrunto, quiere concretar. La iglesia católica es una institución no ajena a la pugna de intereses, a la lucha por el poder. No es sólo lo espiritual lo que allí se debate. De todo hay en la viña del señor, diría el padre Luis, mi profesor de religión en bachillerato.

No traigo oro ni plata, sólo a Cristo, palabras más, palabras menos, le oí decir a Francisco I a su llegada a Brasil. En esas sencillas palabras, ya hay una definición, una postura existencial, una doctrina, una vocación, que preanuncia por dónde van los tiros. Una iglesia pobre para los pobres, dicen que es la idea-fuerza que predica. Algunos lo llaman *"el Papa de la gente"*. Llama a enfrentar a los ídolos que se ponen en el lugar de Dios. Amanecerá y veremos.

Le han querido comparar con otros papas. Algunos dicen que sería una mezcla de Juan XXIII con Juan Pablo II. Pero me temo que estamos frente a alguien diferente, con un perfil específico.

A Bergoglio, lo siento, más allá de líder, un militante. Un hombre entregado en cuerpo y alma a una fe, a una idea en la que cree con fervor intenso, convicción y abnegación. No parece quedarse en las alturas doctrinales, como su antecesor. Sabe lo que quiere, ésa es la percepción que tengo a la distancia.

Para rematar, y esto no es despectivo, es jesuita. Dato que por más que se diga que no tiene relevancia, la tiene.

La *Societas Jesu* es una congregación que históricamente ha sido centro de polémicas. Rechazados por unos, respetados por otros. A ella, los que la adversan, le atribuyen una conducta particular, sinuosa, sibilina, interesada, ambigua. Cuántas veces no hemos oído decir de manera despectiva: *"eso es muy de jesuitas"*.

Los que la bien ponderan, piensan que es una congregación que ha dado trascendentes aportes a la fe católica y su propagación en el planeta. No soy de los primeros y tengo un buen concepto sobre la mayoría de los jesuitas que he conocido, parte de mi educación es de ellos. Quizás mi opinión esté sesgada también, porque aprendí con ellos cosas que valoro como positivas. Su preparación intelectual, inusual en otras congregaciones en general, me hace simpatizar con la orden.

El premio nobel mexicano Octavio Paz llamaba a los jesuitas, los bolcheviques del catolicismo, por el papel que jugaron siempre en la defensa militante y disciplinada de la iglesia, mediante una estructura cuasi militar y habilidades gerenciales para el financiamiento de sus actividades.

Bolchevique, más allá de su referencia ideológica al comunista ruso que luchó contra el zarismo, es sinónimo de militante férreo, disciplinado, comprometido, sacrificado y abocado a construir una sociedad en la que creía, con devoción cuasi-religiosa, aunque estuviere equivocado.

A Bergoglio lo siento un militante de ese talante, muy jesuita en ese sentido, entregado a su misión. Un militante al estilo bolchevique, sin duda. Aunque quizás pueda ser al revés la cosa, que los bolcheviques fueran los jesuitas del marxismo-leninismo, digo yo.

Pablo VI dijo en cierta oportunidad que: *"Donde quiera que en la Iglesia, incluso en los campos más difíciles o de primera línea, ha habido o hay confrontaciones, en los cruces de ideologías y en las trincheras sociales, entre las exigencias del hombre y mensaje cristiano, allí han estado y están los jesuitas"*.

Me temo que Bergoglio es uno de esos. De repente me equivoco, después de todo, quien escribe estas líneas no es especialista en los menesteres de la iglesia católica, y éstas son sólo elucubraciones que hago en momentos en que visita estos pagos un hombre que se las trae, y que, quién sabe, podría torcer el rumbo de su iglesia.

¿CUÁL DE LOS DOS BOLÍVAR ES EL VERDADERO?

Es superior a las desgracias, al infortunio y a los reveses; su filosofía lo consuela y su espíritu le suministra medios para repararlos; sabe aprovecharse y valerse de ellos, cualesquiera que sean; su política no perdona ninguno, pero, como conoce *a fondo el corazón humano, sabe dar o negar su estimación. Es susceptible de mucho entusiasmo. Grande y constantemente generoso, su desinterés es igual a su generosidad. Le gusta la discusión; domina en ella por la superioridad de su espíritu,*

pero se muestra algunas veces demasiado absoluto, y no es
siempre bastante tolerante con los que le contradicen.
Perú de La Croix

En estos días en que se pretende fastidiarnos la Navidad promoviendo una enmienda de nuestra constitución en la materia relativa a la reelección presidencial, los que se oponen a esa propuesta, han citado mucho a Bolívar con el propósito de apuntalar su posición de rechazo.

Desde el campo del gobierno, se oyen también voces que hacen otro tanto con el pensamiento de Bolívar.

Ante este bombardeo de citas bolivarianas, cualquiera pudiera legítimamente preguntarse, un poco confundido ¿Se están refiriendo al mismo personaje? ¿Podría haber dicho Bolívar cosas tan contrapuestas sobre el mismo tema? ¿Quién tiene la razón? ¿A cuál de los Bolívar nos remiten? ¿Cuál es el verdadero?

En el campo de la oposición, quienes echan mano del legado bolivariano puede que estén cometiendo el mismo error que le hemos venido cuestionando desde hace mucho al proponente de la enmienda: el uso indiscriminado, descontextualizado y distorsionado del pensamiento de El Libertador.

En la vida de Bolívar, concretamente en su pensamiento político, los aficionados a la historia, incluido en este grupo quien escribe estas líneas, podemos identificar, ciertamente, varios Bolívar, aunque, obviamente, existan aspectos fundamentales que mantuvo hasta su muerte.

Esos varios Bolívar tienen que ver, desde luego, con cada suceso complicado que vivió; no por casualidad se llamó a sí mismo, *"el hombre de las dificultades"*. Así, los que de él conocen sólo sus momentos estelares y frases más célebres, podrían verse sorprendidos por conceptos emitidos en ciertos momentos, que no encajarían bien con la idea general que tenemos del pensamiento bolivariano.

¿Conocen muchos, por ejemplo, esta frase del Libertador: "Entreguémonos en cuerpo y alma a los ingleses? *No podemos existir aislados, ni reunidos en federación sino con en el beneplácito de los ingleses. ¿Toda América junta no vale una armada británica"* (Carta a Santander)? ¿Era Bolívar un piti-inglés? ¿Un lacayo del imperialismo británico? ¡Fin de mundo! ¿Qué diría al respecto el *imán* Pérez Arcay?

O esta otra, refiriéndose a EEUU: *"han sido, y son el pueblo modelo: ellos que reúnen la mayor suma de dicha social al poder que da el orden, al poder que da la libertad. Los Estados Unidos, hijos de Inglaterra, fueron los primeros que nos enseñaron el sendero de la independencia, y esta tierra cifra su dicha en imitar los ejemplos de gloria, de libertad y de virtud que recibe de los Estados Unidos. "* (Carta al primer embajador de EEUU ante la Gran Colombia, Mr. Beaufort T. Watts).

¿Cómo se compadece entonces esta opinión con la que la izquierda siempre saca por allí atribuida a Bolívar de que EEUU *«está condenado por la providencia a plagar de miseria a los pueblos de América en nombre de la libertad"*? ¿Era El Libertador pitiyanqui y luego se volvió antiyanqui? ¿En qué quedamos?

En relación con lo de la presidencia perpetua que hoy se pretende imponer a troche y moche, violentando la Constitución, vale, igualmente, preguntarse a cuál de los Bolívar nos estamos refiriendo.

¿El del Congreso de Angostura (1819) o el de la Constitución de Bolivia (1826)? ¿Con cuál nos quedamos?

En el primero dijo: *"La continuación de la autoridad en un mismo individuo frecuentemente ha sido el término de los gobiernos democráticos. Las repetidas elecciones son esenciales en los sistemas populares, porque nada es tan peligroso como dejar permanecer largo tiempo en un mismo ciudadano el poder. El pueblo se acostumbra a obedecerle y él se acostumbra a mandarlo; de donde se origina la usurpación y la tiranía. Un justo celo es la garantía de la libertad republicana, y nuestros ciudadanos deben temer con sobrada justicia que el mismo magistrado, que los ha mandado mucho tiempo, los mande perpetuamente"*.

Sin embargo, 7 años después, la misma persona, en su Discurso a la Asamblea Constituyente de Bolivia, expresa lo que sigue: *"El Presidente de la República viene a ser en nuestra Constitución, como el Sol que, firme en su centro, da vida al Universo. Esta suprema Autoridad debe ser perpetua porque en los sistemas sin jerarquías, se necesita más que en otros, un punto fijo alrededor del cual giren los Magistrados y los ciudadanos, los hombres y las cosas. Dadme un punto fijo, decía un antiguo, y moveré el mundo. Para Bolivia, este punto es el presidente vitalicio. En él estriba todo nuestro orden..."*

¿Cuál de los Bolívar es el verdadero?

Por cierto, ese gran intelectual, historiador y hombre público venezolano que fue Pedro M. Arcaya, señalaba sobre el tema que nos ocupa lo siguiente: *'Estúdiese la historia de Bolívar imparcialmente y se hallará que como doctrina de Gobierno sustentaba la necesidad de un poder ilimitado, la tutela ejercida sobre la Nación para salvarla, a su modo de ver, de la anarquía y el desorden; en una palabra, la dictadura suya considerándose él como llamado a misión providencial; en el fondo la misma concepción de los monarcas españoles".* ¿Bolívar también monárquico?

Definitivamente, nuestro Bolívar fue un hombre de carne y hueso, con grandes virtudes y grandes defectos, genial y contradictorio, que durante su vida estuvo sometido a situaciones tan diversas, que sólo un cierto sentido político pragmático pudo permitirle sortear tantas dificultades, mientras que la suerte política y las energías vitales lo acompañaron.

Todos sabemos cómo terminó esta historia. Y no está de más recordar otras palabras, ya al final de sus días, muy decepcionado, y que pueden asimismo impactar a los adoradores del culto bolivariano. En carta a su amigo Estanislao Vergara (1830), Bolívar dijo nada menos y nada más que esto: *"Créame usted, nunca he visto con buenos ojos las insurrecciones; y últimamente he deplorado hasta la que hemos hecho contra los españoles".*

¿En cuál Bolívar creemos? ¿En el joven e impetuoso que se comía el mundo o en el acabado y desilusionado que se lamentaba de haberse levantado contra España? ¿Cuál de los dos tuvo la razón?

Y en materia de elección del presidente del poder ejecutivo ¿Angostura o Bolivia?

¿No sería mejor dejar tranquilo a Bolívar en el sitial de gloria que le ha conferido la Historia, y tratar más bien de sustentar con argumentos actuales, propios de nuestras sociedades modernas, la necesidad democrática de que nuestros gobernantes no tengan la posibilidad de eternizarse en el poder, y que el principio de alternabilidad sea un rasgo fundamental de nuestro sistema político?

¿Acaso no nos corresponde a los venezolanos de hoy analizar con nuestras propias cabezas los eventos que nos afectan y generar los argumentos y las acciones que nos permitan avanzar hacia la democracia próspera y libre que nos merecemos?

LA FRAGILIDAD ESENCIAL DE LAS DEMOCRACIAS Y EL COVID-19

> *"…a las democracias les resulta más difícil*
> *tomar decisiones realmente difíciles"*
> David Runciman

En estos días fatídicos de pandemia mundial, hay una profusión de opiniones en paralelo de personalidades y analistas, sobre el rol que deben cumplir los gobiernos frente a la grave emergencia que se vive y sus repercusiones en el tejido democrático y la economía.

Ciertamente, ante el gran potencial de expansión global que ha mostrado el Covid-19 y el descuido e indolencia que los ciudadanos en general y algunos gobernantes han tenido cara a los riesgos que se corren, se ha hecho necesaria la adopción no solo disposiciones de carácter económico-financiero excepcionales, sino también medidas duras restrictivas, limitadoras de las libertades públicas, que en tiempos "normales" pudieran verse como atentados contra las libertades.

Obviamente, los ordenamientos jurídicos contemplan salvedades para este tipo de situaciones delicadas de seguridad colectiva. Sin embargo, siempre pueden darse excesos, y en algunos casos, gobiernos autoritarios pueden aprovecharlas para incrementar su represión sobre los opositores; de allí que se hable de que las circunstancias actuales pudieran conllevar un quebrantamiento o detrimento descomedido de la democracia.

En los días que corren, hemos podido leer expresiones variopintas para referirse al asunto.

En un artículo interesante en *The Guardian*, David Runciman, profesor de la Universidad de Cambridge, habla de que el Covid19 no ha suspendido la política, sino que ha revelado la naturaleza del poder, y se pregunta *"¿Cómo ejercerán los gobiernos los poderes extraordinarios que les damos? Y ¿Cómo responderemos cuando lo hagan?* Y de seguidas afirma, realista, que no se puede eliminar el elemento de arbitrariedad en toda política.

Otros nos recuerdan la frase *"democracia vigilada"* de Putin, y Ana Palacio, ex ministra de Relaciones Exteriores de España, se pregunta si la democracia liberal sobrevivirá al covid-19.

Y en lo económico, el *Financial Times*, en su editorial del 3/4/2020, dice: "*Los gobiernos deben aceptar un rol más activo en la economía. Deben ver los servicios públicos como una inversión y no como un lastre*".

Por su parte, el expresidente español, Felipe González, viene de escribir un notable artículo al respecto ("*El interés general y el papel del Estado*", *El País*), en el cual nos dice que "*es importante reflexionar sobre dos elementos esenciales de la democracia: la defensa del interés general y la dimensión política que existe en toda crisis*". Subraya la necesidad del diálogo entre los actores sociales, sin pretender sustituir a éstos ("*la tentación estatalizadora*"), lo que conduciría al fracaso, sino tomando decisiones con todos los medios públicos y privados, que permitan sortear la crisis sanitaria, evitando el mayor daño posible.

En el ámbito político de las relaciones internacionales, Henry Kissinger, hombre destacado no solo en la academia, sino también en la experiencia práctica al frente del Departamento de Estado de EEUU y por muchos años asesor de mandatarios y grandes empresas, ha opinado también sobre el tema.

Ha subrayado la idea de que en un país dividido como es hoy EE. UU, se impone la necesidad de "*un gobierno eficiente y con visión de futuro*". Agrega que debe mantenerse la confianza en las instituciones públicas con vistas a la solidaridad social, y además para la preservación de la paz y la seguridad internacionales.

Advierte Kissinger que, si bien la pandemia actual será temporal, la perturbación política y económica desatada podría extenderse por generaciones. Para él, ningún país, ni siquiera Estados Unidos puede superar la crisis solo. Es necesario una visión y un programa de colaboración global y enfatiza el hecho de que el orden liberal mundial debe ser salvaguardado y los valores de la Ilustración defendidos. Y finaliza diciendo que "*un retroceso global del equilibrio entre el poder y la legitimidad hará que el contrato social se desintegre tanto a nivel nacional como internacional*".

En nuestro país, Venezuela, se han tomado medidas también para impedir la propagación del virus. La grave y crítica situación política y social venezolana es harto conocida. El estado desastroso de nuestros servicios sanitarios, entre otros servicios y carencias, ha hecho pensar que a la calamidad que hemos vivido estos años, ahora se sumaría una catástrofe mayor de incalculables e indeseables consecuencias.

La preocupación por el deterioro de la democracia que vemos en los países democráticos frente a la pandemia, en Venezuela no está presente. Simplemente, porque no existe democracia, ni siquiera hay lo que algunos descaminados en nuestro país han denominado *"déficit democrático"*, copiando así un concepto que corresponde a la realidad europea de cara a los poderes de la Unión.

En nuestra atroz realidad, la tiranía, en los días que corren, ha seguido cometiendo violaciones a los derechos humanos, persiguiendo a la oposición democrática, médicos y periodistas. Se llega a hablar hasta de *"los presos del coronavirus"* en Venezuela.

De modo pues, que cuando vemos que los gobiernos democráticos del mundo, disponiendo de muchos recursos, se han visto sobrepasados por los acontecimientos, y han asumido un papel más activo en el combate de la pandemia, es dable dudar de la idoneidad de un Estado fracasado y arruinado para afrontar la emergencia, como el venezolano.

Los regímenes políticos con libertades plenas no pueden dejar de tomar medidas difíciles ante calamidades como la pandemia. Lo importante es que, pasada esta enorme desgracia, los valores democráticos y las libertades se preserven, y se asuma que el orden planetario va a cambiar en lo sucesivo, como dice el viejo sabio Kissinger.

¿ESTÁ PERDIENDO EL "HEGEMÓN BENÉVOLO" SU LIDERAZGO GLOBAL?

Desde hace varios años se viene hablando de un debilitamiento del poder preponderante de EEUU y de su influencia.

Obviamente, su poder actual no es comparable al indiscutible que tuvo en el período que sucedió a la Segunda Guerra Mundial. A partir de ésta, como se sabe, fue casi determinante, convirtiéndose en lo que se llamó *"el hegemón benévolo"*.

Ese híper poder ya no existe en los términos que fue conocido entonces; ha menguado; es discutido y hasta ignorado, incluso por *micropoderes* cuya influencia proviene de las nuevas tecnologías de la información y la comunicación, como bien lo ha señalado Moisés Naim en *The end of Power*.

Líder indisputable EEUU por muchas décadas, su significación y peso han ido disminuyendo, a pesar de seguir siendo la potencia más grande en los campos económico, tecnológico y militar.

Con el tiempo, otros actores mundiales han surgido para hacerle sombra, lo que vino a comportar una competencia apreciable, sobre todo, en el ámbito económico-comercial con la presencia de China.

Desde hace un tiempo, estudiosos norteamericanos y europeos han comenzado a preguntarse si el liderazgo norteamericano no está ya de retirada, y la evidencia sería la conducta de sus últimos gobernantes, principalmente la de Donald Trump, con su particular visión nacionalista y de retraimiento hacia el interior de sus fronteras.

Recientemente, el especialista francés en geopolítica, Barthelemy Courmont (¿'Fin de partie pour le leadership des Etats-Unis?' en Diploweb) ha señalado que en EEUU ciertas debilidades estructurales están cobrando una mayor importancia, denotando su pérdida de poder creciente de cara al mundo.

Él habla, entre otras cosas, de una falta de cohesión de la sociedad norteamericana y de un fracaso de su multiculturalismo, hechos que se patentizan recientemente en los disturbios desencadenados por el asesinato del ciudadano norteamericano, George Floyd, por causa de trato brutal policial.

Desprovista de una visión estratégica renovada, según Courmont, la política de EEUU, muy dependiente de la Casa Blanca, corre el riesgo de ser cambiante e incoherente, y afirma que la desestabilización política actual de ese país conduce también a una acción exterior vacilante.

Coincide aquel con Joseph S. Nye Jr., quien hace un tiempo se refirió a la particular ejecutoria de Trump, afirmando que éste, además de carecer de experiencia en asuntos internacionales, tiende a proyectar eslóganes antes que una estrategia en política internacional.

Por su parte, el presidente del Consejo de Relaciones Internacionales de EEUU, el norteamericano Richard Haass, admite también que la crisis interna de ese país, lo está haciendo vulnerable en el exterior.

Así, una carencia de visión estratégica y una diplomacia irresoluta harían que EEUU se exhiba disminuido y perdiendo su liderazgo mundial.

¿Estamos entrando entonces a un mundo con ausencia de liderazgo?

¿EEUU terminará volviéndose sobre sí mismo en lo sucesivo?

¿Las potencias se circunscribirán a sus áreas de influencia, a falta de un liderazgo global?

¿No traerá esta nueva situación focos de inestabilidad dispersos en el mundo?

Vargas Llosa ha llamado acertadamente a EEUU *"La sociedad punta de nuestro tiempo"*. De allí que podamos decir que es, sin duda, sin que pongamos de lado sus problemas, el único país en el presente con capacidad para el liderazgo global, rol sobre el cual no se avizora un sustituto en lo inmediato.

No obstante, la redistribución del poder mundial en la que actores distintos a EEUU cobran mayor incidencia y peso, es una realidad que no podemos soslayar.

Cabe preguntarse, finalmente, por cuánto tiempo el poder global norteamericano y su influencia se mantendrán y si su dirigencia política podrá corregir el rumbo, hasta cierto punto errático, que la política exterior y su diplomacia han adelantado en los últimos años. Recordemos los desencuentros en la OTAN, con China y la Unión Europea, así como en los acuerdos comerciales, que han afectado negativamente la imagen de ese gran y admirable país.

ALMAGRO, UN DEMÓCRATA HACIENDO LO QUE DEBE HACER

Una real comprensión de la tragedia política que ha vivido en sus últimos años Venezuela ha costado mucho a quienes desde más allá de nuestras fronteras la observan.

La Comunidad internacional ha tardado en reconocer en toda su dimensión la crisis, dejando a su suerte a los demócratas venezolanos, con sus aciertos y errores.

La OEA, institución multilateral necesaria que debe velar por el derecho a la democracia de los pueblos de nuestro continente, hasta hace poco no había asumido plenamente el caso Venezuela. Los países que la integran, en general, habían volteado hacia otro lado, por distintas razones e intereses. Una percepción equivocada de la naturaleza del gobierno chavista y de la crisis, por un lado, y por otro, las coaliciones político-ideológicas que se configuraron en la región, hoy redefinidas como consecuencia de los cambios políticos que han tenido lugar en países muy importantes, perjudicaron la lucha por impedir que se consolidara el autoritarismo y se recuperara la democracia en nuestro país.

La llegada del uruguayo Luis Almagro a la Secretaría General de la OEA ha significado un punto de inflexión sustancial. La inercia anterior dejó mucho que desear. El descuido y la inacción de Secretario General que precedió a Almagro, en no poco contribuyeron a que cogiera vuelo el chavismo en la región.

Con el uruguayo, ese cargo experimentó una transformación esencial, principalmente, moral. De forma adecuada ha usado sus atribuciones legales para hacer efectivos el derecho a la democracia y la vigencia de los DDHH frente al drama venezolano.

El compromiso sincero y consecuente de Almagro con las libertades, su generosidad y valentía y, sobre todo, su estatura ética, han quedado patentizados en 2 Informes sobre la grave situación política y social de Venezuela. Con rigurosidad, objetividad y un alto sentido de la responsabilidad que le ha tocado, el Secretario General del ente hemisférico ha descrito el cuadro cierto de un país casi destruido, que, de no ejercerse presión sobre él desde fuera, va a crear problemas serios a la región.

Hay todavía margen para medidas e iniciativas que eviten sanciones extremas en el marco de la Carta Democrática Interamericana, entre las cuales no está —como dice mentirosamente el gobierno para asustar a la gente desinformada y utilizar el expediente manido de un supuesto enemigo externo— la invasión militar. En manos de los gobiernos del continente está la oportunidad de evitar males mayores no solo para el sufrido pueblo venezolano, también para el resto de los países vecinos que podrían verse afectados con una desestabilización política y consecuente caos social en Venezuela.

Almagro ha percibido y medido de manera correcta tal riesgo. En sus certeras palabras están las claves de una salida democrática y pacífica para nuestro país, que, en definitiva, es la que los venezolanos anhelamos.

"Ya no queda otro camino. Se necesita que los países de la región demuestren unidad y que las 33 naciones adopten una postura en favor de la defensa de la democracia agredida.", ha dicho Almagro.

Ojalá los gobiernos de la OEA lo acompañen en la adopción de las decisiones urgentes que deben tomarse frente a la tiranía chavista.

CHANTAJES PATRIOTEROS Y ACHAQUES ANTINORTEAMERICANOS

"Las bases en Colombia no amenazan a nadie"
Ricardo Lagos, expresidente de Chile

Con el escándalo que ha armado el chavismo hemisférico por el acuerdo suscrito entre Colombia y EEUU sobre el uso de bases militares colombianas por los norteamericanos para el combate de la narcoguerrilla y el terrorismo, se ha pretendido colocarnos a los venezolanos frente a dos dilemas.

Desde la perspectiva del gobierno, si no te pones del lado de Chávez y no condenas tal acuerdo por ser una supuesta agresión o amenaza a Venezuela y el subcontinente, eres un vendepatria, apátrida o lacayo del imperialismo yanqui, y si te opones a él, pues serás todo lo contrario: un digno representante de la dignidad nacional, la Patria de Bolívar y de una larga lista de paparruchas cursis.

Desde el enfoque de cierta izquierda no chavista, si bien no están siempre presentes aquellas acusaciones e insultos, en el fondo el dilema es similar: la utilización de las bases son una amenaza de EEUU y por tal razón hay que expresar rechazo o desacuerdo, de lo cual se infiere que quien las apoye estaría sirviendo objetivamente a los intereses del imperio y su complejo militar-industrial. El dilema es el mismo: a favor o en contra de la utilización por parte del imperio norteamericano de las referidas bases.

En ambas perspectivas se inscriben personas de distinta procedencia política, aunque debe reconocerse que hay matices. Por ejemplo, entre los segundos están los que creen que no es necesario el acuerdo para los fines que se persiguen (T. Petkoff), y no entran en mayores profundidades, a pesar de que me temo que ésa no sea la única razón de éstos para cuestionarlo. El antiamericanismo irracional sigue gozando de buena salud por estos predios.

Al margen de éstos nos topamos con otros que temerosos de que se les acuse de traidores a la patria, se colocan en una posición no menos cuestionable y, a mi juicio, inútil, porque al estar opuestos al gobierno, no se salvarán de ser señalados de repudiables antipatriotas. En estos casos, el discurso, por ejemplo, equipara erróneamente a Uribe y Chávez, cuando sabemos que sus conductas son distintas en relación con el tema en cuestión.

Obviamente, no tratamos con este enfoque de suscribir o avalar cualquier cosa que haga Uribe, ni mucho menos apoyar o criticar la utilización que él hace en política interior de este conflicto, algo que, por lo demás, cualquier político haría, verbigracia, el presidente de Venezuela.

Quien suscribe estas líneas por ningún respecto aceptará tales chantajes, ni caerá en la trampa del patrioterismo de los demagogos.

Colombia es un país soberano que puede firmar acuerdos con quien le venga en gana, y no debemos meternos en ese asunto. (¿Acaso el gobierno venezolano no ha suscrito convenios militares incluso secretos con otros países recientemente?). Está suficientemente claro que este acuerdo es la continuación y ampliación de otros que los mismos actores han firmado desde hace 50 años. Nada nuevo bajo el sol.

Por otro lado, si se examina bien, el acuerdo de marras no constituye una amenaza para nuestro país, sino todo lo contrario. Nuestra población en general, y la fronteriza en particular, que rechaza el narcotráfico, el secuestro y el terrorismo, podría sentirse mejor y más segura, si los que viven de esos crímenes en el vecino país son combatidos y aniquilados. Falta saber si al gobierno de Venezuela le interesa que eso ocurra. Hoy, lamentablemente, podríamos afirmar que no, conocidas como son las evidencias que corroboran las relaciones político-ideológicas, y quién sabe de qué otra naturaleza, tiene con esos grupos de delincuentes.

Las preguntas que resta hacer a los venezolanos demócratas que creen en la cooperación, la integración y la paz con los hermanos colombianos, son las siguientes: Mientras estemos amenazados por un gobierno autoritario militar y con vocación totalitaria ¿ese acuerdo nos ayuda o no? ¿Qué piensan de ese acuerdo los productores del campo, los ganaderos y las familias que viven en la frontera con Colombia, cuyas actividades están afectadas por los diversos crímenes de la narcoguerrilla? ¿Apoyan o no el acuerdo? En definitiva: ¿Nos conviene a los venezolanos o no? ¿A quién amenaza el acuerdo? ¿A los ciudadanos decentes y trabajadores o a aquellos que son sus cómplices en nuestro territorio?

VENEZUELA: SANTUARIO SEGURO PARA LOS NARCOS

Mientras el gobierno venezolano, sin ningún disimulo, se inmiscuye agavillado en los asuntos de un pequeño país como Honduras, para el que pide bloqueo económico, amenaza con agresión armada y demanda la intervención —¡fin de mundo!— de EEUU, todo ante la mirada indiferente de una OEA de la cual es principio fundamental la no injerencia; mientras esto ocurre, los venezolanos estamos indefensos en manos del hampa y del narcotráfico, dentro y fuera del gobierno.

En los días que corren ha sido reseñado en la prensa otro récord, uno más, alcanzado por el gobierno revolucionario.

Según un informe de Naciones Unidas, Venezuela es el principal país de tránsito de la cocaína cuyo destino es Europa. 40% de las incautaciones de esa droga allá procede de Venezuela, y uno de cada 10 narcotraficantes que apresan, por ejemplo, en Portugal, es venezolano.

Ya el gobierno bolivariano no se conforma con ganar los primeros puestos en corrupción, en crear el peor clima para las inversiones extranjeras y nacionales, en poner más trabas burocráticas para la actividad de las empresas, en convertir al país en el más inseguro del continente o en tener la más alta inflación.

Ahora nos hemos convertido en el paraíso de los narcotraficantes, quienes en nuestro territorio operan a sus anchas, gracias a la incompetencia y, no me extrañaría, la complicidad de las autoridades a las que corresponde reprimir estas actividades ilícitas. Mucho se ha hablado del Cartel del Sol, y todo el mundo sabe el porqué del nombre.

Una observación que hace la opinión referida es que el gobierno de Venezuela no informa sobre este tema, y uno se pregunta el porqué.

Tan bajo hemos caído en este tremedal delictivo, que va a ser difícil salir de él en el futuro, una vez que se consoliden estas mafias asesinas que envenenan a nuestros jóvenes. Con nuestra irresponsabilidad, pareciera que estuviéramos tomando el triste relevo de otros países en ese campo.

Gracias a las relaciones estrechas con la narcoguerrilla terrorista de las FARC, la que según muchos indicios se ha mudado a territorio nacional, nuestro país se está exhibiendo ante la comunidad internacional como otro santuario de la más cruel de las versiones de la delincuencia organizada.

Incluso, en estos días en que Honduras ocupa gran parte de las noticias, nos hemos podido enterar de que en ese país han sido capturadas o se han precipitado a tierra un sinnúmero de aviones con matrícula venezolana cargadas de narcóticos.

¡Esto era lo que nos faltaba! Además de sufrir un hampa desembozada, precios por las nubes, un gobierno militarista autoritario, la persecución de los medios de comunicación libres, la judicialización de la política, contracción fuerte de la economía, politización de la administración de justicia, la eliminación de los sindicatos, la supresión de la libre iniciativa privada, estatizaciones injustificadas y la perversión de la vida política, entre otras plagas, ahora nos cae la maldición de unos narcotraficantes enseñoreados y tolerados, que utilizan libremente nuestro país para proyectar su negocio nefasto hacia el mundo.

Mientras el gobierno ocupa todo su tiempo en lo que pasa en otras latitudes, poniendo sin autorización los recursos materiales de los venezolanos al servicio de sus aventuras imperiales, la Nación se hunde poco a poco en el caos social y económico, y nuestros jóvenes son masacrados a diario en las calles.

Mientras al gobierno lo vemos financiando la locura irresponsable de un hombre montado en un avión para allá y para acá sin rumbo y buscando un imposible, ni una pizca de preocupación observamos en nuestros gobernantes por tratar de evitar que la opinión mundial nos siga viendo como santuario y puerto seguro para los *narcos*.

EL MANSO CORDERITO BOLIVARIANO
Y LAS LENTEJAS DE URIBE

> *"¿Cuánto hacía que no nos veíamos?"*
> *Uribe a Chávez:*
> *"Desde la última vez que nos peleamos, ...*
> *digo, que nos contentamos"*

Siempre que el presidente enfrenta un evento electoral nacional, hacia la exterior monta su tinglado para transmitir una imagen de estadista serio, responsable, comedido y demócrata.

Su incontrolable pugnacidad desaparece momentáneamente por efecto de no sabemos cuál brebaje mágico que le suministran.

En los encuentros diplomáticos coincidentes con campañas electorales, los sapos y culebras que lanza por la boca en toda ocasión que le toca darse baños de multitudes, se truecan en suave y cálida voz, en manso talante.

Fue lo que ocurrió en Cartagena de Indias en estos días que corren.

Se le vio reflexivo, moderado, condescendiente y amistoso; hasta habló de negocios económicos capitalistas con sus interlocutores, sin soltar espumarajos por las fauces. "Debemos subir nuestro comercio a 10.000 millones de dólares en el 2010", dijo el presidente anticapitalista.

Su lenguaje soez, insultante y difamatorio entró en receso. Las condenas al neoliberalismo salvaje y el imperialismo dieron paso al discurso de las conveniencias crematísticas, la cooperación y la amistad entre los pueblos hermanos.

Qué bicho le habrá picado, cualquiera podría preguntarse, cuando se le escuchó recomendar prudencia frente a las relaciones tirantes entre Ecuador y Colombia.

Así las cosas, olvidadas quedaron las acusaciones de "peón del imperio", mentiroso o farsante de que han sido también acreedores otros presidentes del hemisferio y más allá.

Es muy ilustrativo lo que acaba de ocurrir en Cartagena el fin de semana pasado, en el encuentro mencionado.

Llamó la atención que en los atuendos de la comitiva de ministros de Chávez no predominó, como en anteriores oportunidades, el color rojo; a excepción de los espalderos. Guayaberas blancas muy finas lucían Maduro, Diosdado, Arias Cárdenas y otros.

Allí, se olvidaron las razones por las que se sacó a Venezuela de la Comunidad Andina, esgrimidas, por cierto, por quien es el nuevo embajador de Venezuela en esa nación, el señor Gustavo Márquez.

Para los que lo olvidaron, debemos recordar las palabras de entonces.

Márquez planteó que, de firmar el TLC con EEUU, Colombia reduciría las importaciones provenientes de Venezuela y eso generaría cierre de empresas y desempleo en Venezuela. Si bien este argumento no tenía un asidero real, lo cierto es que, sin ese TLC, que aún hoy no está vigente, las exportaciones venezolanas, igualmente, se han reducido de manera sustancial, alarmante.

Pero no contento con ese argumento "técnico" muy endeble, el señor Márquez arremetió contra Colombia señalando que, junto a Perú, se había vendido por un plato de lentejas a EEUU, país que, según él, los chantajeó para que firmaran los TLCs respectivos. Sus palabras fueron: "Vendieron por un plato de lentejas la posibilidad de desarrollar un comercio entre andinos, fructífero y productivo...pretendiendo liquidar la Alternativa Bolivariana para las Américas (ALBA)...en el trasfondo, la intención de EEUU es imponer por la vía de los hechos el modelo neoliberal a través de los TLC".

Mediante esos TLCs, según Márquez, se intentaría introducir "de carambola" en Venezuela los principios "demoníacos" del ALCA estadounidense.

Olvidadas quedaron también aquellas palabras del mandón de Miraflores: "Mientras el presidente Uribe sea presidente de Colombia yo no tendré ningún tipo de relación, ni con él ni con el gobierno de Colombia. No puedo, no puedo."

No obstante estas agresiones verbales, el comercio entre ambas naciones alcanzó en 2008 la cifra de 7.200 millones de US-dólares, y de estos sólo 1.200 son exportaciones venezolanas. Debe recordarse que, en 1998, el comercio bilateral se ubicó en 2.458 US-dólares, y de estos 1.312 eran exportaciones venezolanas. Es decir, que durante el gobierno bolivariano la tortilla se volteó a favor de Colombia. (Datos de Cavecol) ¿Qué lleva a Chávez a adoptar esta actitud dulcificada hacia Colombia y en este momento? Porque la del presidente colombiano la entendemos perfectamente, los negocios de su país con Venezuela son lo primero.

¿Por qué entonces tanta hermandad de parte del venezolano? ¿Por qué la maniobra de desmarcarse de las FARC de manera expresa («tengan la seguridad que, si apoyara a grupos al margen de la ley, hoy no estuviera en esta bella ciudad»)? ¿Sólo son razones electorales, habida cuenta del número importante de colombianos que votan en Venezuela? ¿Razones económicas? ¿Es la necesidad del gobierno venezolano de contar con una salida al Pacífico para sus productos energéticos, tal y como dicen los comunistas colombianos? ¿Fue realmente la crisis financiera global la causa principal de esta reunión? ¿Son los nubarrones económicos que se asoman en el horizonte venezolano? ¿Que buscó el gobierno venezolano con esta reunión? ¿Salir del aislamiento creciente? ¿Busca puentes hacia

Obama? ¿Puro protagonismo para que se hable de él? Esta distensión con Colombia ¿no le crea roces con Correa y Ortega? ¿Forma parte de una estrategia que recomienda el gobierno de Cuba? ¿O tiene que ver con un plan brasileño? ¿Cuánto le durará este disfraz de manso corderito?

¿MONROÍSMO DEMODÉ O DEFENSA DE LA DEMOCRACIA HEMISFÉRICA?

Aunque EE.UU. sigue siendo, y quien sabe por cuánto tiempo más, el país más poderoso del planeta en muchos sentidos, su peso e incidencia en el ámbito internacional ha ido mermando.

No hay estudioso o analista que no reconozca esa realidad incontrovertible. Su poder no es el de hace medio siglo a pesar de que compartía entonces con la Unión Soviética el protagonismo en un mundo bipolar.

Ha corrido mucha agua bajo el puente, y esa ya no es la situación actual. La correlación de fuerzas y los equilibrios geopolíticos son otros; y hoy hasta se habla de un *"Nuevo orden chino"*, y quizás sea este mundo "balanceado" lo más conveniente para la gobernabilidad del planeta que vivimos. Pero independientemente de que a uno le parezca positivo o no ese hecho, cualquier análisis que se haga sobre el papel global que ha adquirido y mantiene EEUU, debe partir de esa constatación, lo cual, por supuesto, no resta a ese país el carácter de nación admirable, ejemplar y determinante en diversos campos.

Sin embargo, cuando leemos por ahí que a algún descaminado se le ocurre pedir la aplicación de la Doctrina Monroe para llamar la atención a los gobernantes estadounidenses sobre las andanzas de Rusia en nuestro continente, concretamente en Venezuela, no deja de producirnos cierto asombro, sobre todo, por venir de personas que supuestamente tienen ciertos conocimientos y experiencia política en lides nacionales e internacionales.

Echar mano de la célebre Doctrina en estos tiempos es poco menos que un anacronismo, un recurso demodé y un despropósito político. Ni siquiera los mismos norteamericanos apelan a tal visión en pleno siglo XXI.

Resulta curioso como la utilización de ese expediente va al encuentro del discurso de líderes del Foro de Sao Paulo y/o de la izquierda latinoamericana, que plantea para nuestro hemisferio el dilema absurdo de *"Monroísmo versus bolivarianismo"*, a lo Indalecio Liévano Aguirre.

Como es harto conocido, la *Doctrina Monroe*, formulada más bien por John Quincy Adams, siendo este Secretario de Estado de EEUU, fue presentada por el presidente James Monroe hace 194 años y respondía a unas circunstancias particulares. Tal declaración está sintetizada en la frase *"América para los americanos"*. Al momento de ser proclamada, por cierto, no tuvo el rechazo de los latinoamericanos, sino más bien fue bienvenida. Era vista como el símbolo de una ideología compartida por todos los americanos que enfrentaba a los Imperios europeos de entonces. Posteriormente, ha sido mitificada por unos y demonizada por otros.

La doctrina se resumía en 4 puntos: 1) EEUU no intervendría en las colonias europeas existentes; 2) Se mantendría apartado de Europa, sus alianzas y guerras; 3) El continente americano, en lo sucesivo, no podrá ser colonizado por las potencias europeas; 4) Cualquier intento de extender el sistema político de Europa a los territorios americanos sería considerado peligroso para la paz y seguridad americanas.

Sin embargo, con base en esa doctrina algunos gobernantes norteamericanos se sintieron autorizados para intervenir en el entorno continental. Así, Henry Kissinger lo ha admitido al decir que tal doctrina convirtió al océano que separaba a Europa de EEUU en un foso protector, al tiempo que daba a este país *"la libertad para conquistar el continente americano"*.

Se ha dicho, a mi juicio, equivocadamente, que el ideal panamericanista enarbolado por muchos líderes y pensadores de nuestro hemisferio es monroísmo que esconde el propósito de dominio norteamericano.

El ideal panamericanista parte de la primigenia visión de principios compartida por los que se rebelaron contra las potencias europeas. Mariano Picón Salas pondera ese ideal cuando refiere la común misión de América, que había aproximado el pensamiento emancipador de todo el hemisferio y hecho dialogar a Jefferson y Miranda.

Según algunos, el monroísmo y el bolivarianismo habrían marcado tempranamente las Américas. De un lado los *anglos*, y del otro, los *hispanos*.

La historiadora Silvia Hilton ha señalado que sin embargo las propuestas de Bolívar y Monroe coincidían en los puntos más importantes, particularmente en la promoción de un sistema americano.

No obstante, la Doctrina Monroe debe ser considerada hoy una antigualla. Al igual que el bolivarianismo supuestamente rescatado por el populismo militarista izquierdizante. Traer aquella visión a estos tiempos para justificar una intervención, es una sugerencia inconveniente, un exabrupto histórico sin sustento alguno en la realidad actual, una estupidez política.

En efecto, Rusia, en su afán por recuperar el poderío perdido —*"siempre tentada por los demonios del imperialismo"* dice Kissinger— hoy venida a menos, está apuntalando un gobierno tiránico y corrupto en nuestro país, al asistirlo financieramente a cambio de petróleo, impulsados por un interés geopolítico evidente.

EEUU ha sido un país amigo y socio durante siglos. Nos vinculan fuertes lazos históricos, políticos, económicos y valores compartidos. De eso no hay duda. Más allá de los desencuentros e incomprensiones mutuas, nos hermanan intereses estratégicos hemisféricos; de modo que tiranías como la rusa, la venezolana o cualquiera otra, con seguridad encontraran a las naciones de América unidas en defensa de la democracia y las libertades, y no a partir de ideas desfasadas en el tiempo.

VENEZUELA Y COLOMBIA EN LA ESCUELA DE GOBIERNO ALBERTO LLERAS CAMARGO

Sin duda, lo que acontece en nuestro país es motivo de alta preocupación para el entorno cercano y más allá. No solo se interesan los gobiernos, también las instituciones internacionales y hemisféricas, sobre el destino inmediato de nuestro país.

Las repercusiones del desastre venezolano ya se están sintiendo en otras sociedades. Y las perspectivas a corto y/o mediano plazo, de seguir agravándose la crisis, no son muy halagüeñas. Brasil, Colombia y algunas islas cercanas empiezan a ver como posible una inmigración eventual de venezolanos aventados por nuestra situación.

Ya se cumplen 18 años de un gobierno que ha perturbado las relaciones de Venezuela con el mundo. De una política exterior de Estado se ha pasado a un activismo internacional al servicio de una ideología que ha arremetido contra la institucionalidad establecida y los valores del mundo occidental.

Una acentuación de la ingobernabilidad política y de la crisis humanitaria en Venezuela podría tener efectos indeseables en naciones aledañas; de allí que los observadores del entorno, estén mirando con mucha atención el desarrollo de los eventos, no vaya a ser que les tomen por sorpresa hechos inesperados, sin disponer de planes contingentes que amortigüen sus efectos.

Como consecuencia de tales inquietudes, recientemente, en Bogotá, tuvo lugar un evento organizado por la prestigiosa Escuela de Gobierno Alberto Lleras Camargo (Universidad de Los Andes), con el propósito de debatir las consecuencias que el chavismo ha tenido en las relaciones colombo-venezolanas y las perspectivas futuras.

No son pocas y de menor monta las secuelas negativas que el desgobierno chavista ha traído para aquellas, y a ese asunto dedicamos algunas horas en el país hermano.

Quienes asistimos no podemos menos que sentirnos muy agradecidos por el interés manifestado por los organizadores respecto del destino de nuestra Nación, en la hora tan aciaga que vivimos.

Más allá del análisis de las repercusiones políticas, económica, sociales o migratorias que pueda comportar para Colombia la deriva de la situación venezolana, recibimos muestras muy sentidas de solidaridad hacia los sectores políticos y sociales que están librando una dura lucha por recuperar la democracia y las libertades, hoy pisoteadas por un gobierno tiránico y destructor.

Desde nuestro punto de vista, como lo recalcó el embajador Leandro Area en su intervención, todo lo que suceda en Colombia, no es un problema de política exterior, sino interno. Así como, quizás, para muchos colombianos, lo venezolano también sea visto desde la misma perspectiva.

En el mundo de hoy, el de la interdependencia global, entre las políticas nacionales y las internacionales el deslinde se ha ido borrando desde hace mucho tiempo. La porosidad entre los países cercanos o no, se ha ido ampliando y los vasos comunicantes de variopinta naturaleza entre las sociedades convierten los problemas en asuntos comunes. Por supuesto, también sus remedios e implementación.

Pero esta dinámica "interior" se da, sobre todo y principalmente, entre países fronterizos, como es el caso que nos ocupa.

Venezuela y Colombia han estado y estarán una al lado de la otra por los siglos de los siglos.

Sus tribulaciones son similares a las nuestros y algunas nos envuelven a ambos. Lazos políticos, económicos, culturales y familiares nos reúnen, para lo bueno y lo no tan bueno.

Desencuentros no han faltado. No obstante, las relaciones se han llevado con un espíritu amistoso, cooperativo y en la búsqueda de beneficios mutuos. En lo comercial, llegamos a convertirnos en la frontera más dinámica de la región. El intercambio mercantil, bajo el paraguas integrador de la Comunidad Andina, llegó a alcanzar más de 7.000 millones de dólares en el año 2008, cifra ésta que se logró a partir de un ascenso progresivo desde varias décadas atrás. Hoy, lamentablemente, un relacionamiento que se cultivó todo ese tiempo se ha descalabrado por causa de un gobierno, el venezolano, que ha hecho lo indecible para destruirlo. El año 2017, el comercio apenas sumó alrededor de 700 millones de dólares, y esta caída es tan brutal como injustificada.

Los que participamos en el evento de Bogotá: Leandro Area, Oscar Hernández Bernalette y quien escribe estas líneas, reiteramos a quienes de manera deferente fueron a vernos y oírnos que en Venezuela los demócratas valoramos los lazos que nos han unido e integrado con Colombia por muchos años. Dejamos claro que un gobierno distinto al que padecemos en el presente, retomará una senda que nunca se debió torcer: la de la estrecha asociación sinérgica y el provecho social compartido. Solo así, estamos convencidos, ambas sociedades podrán dar de sí los frutos que sus ciudadanos esperan no solo de sus gobernantes.

Desde nuestro país hundido en una calamitosa crisis, celebramos, no obstante, que la Escuela de gobierno Alberto Lleras Camargo, dirigida por el doctor Eduardo Pizano, se coloque en la tesitura de ventilar los asuntos que atañen a ambas naciones, y ojalá estos encuentros, aquí y allá, se mantengan permanentemente, animados de un espíritu amplio, sincero, solidario, democrático e integrador.

LA CORTE DE LOS MILAGROS DE SAO PAULO

En el medievo parisino había un sector de la ciudad en el que se juntaban malvivientes que en el día mendigaban por las calles simulando ante el viandante ser tullidos, mancos o ciegos, pero que, en la noche, por arte de magia, se curaban, los paralíticos bailaban y los ciegos veían.

Estafadores, farsantes y pícaros de toda laya engrosaban este contingente de seres humanos que no pocos escritores reflejaron en sus obras.

En la política, como sabemos, no han faltado personajes que podríamos también clasificar como miembros conspicuos de una suerte de *Corte de los milagros*, por sus semejanzas en cuanto al modo de actuar, en sus engaños y propuestas de carácter social fantasiosas.

Se presentan estos como representantes genuinos del pueblo y de sus intereses, enemigos del capitalismo salvaje, del neoliberalismo. Se llenan la boca hablando de utopías, de soberanía popular y de derechos humanos, pero voltean hacia a otro lado cuando quienes cometen arbitrariedades y violan los principios constitucionales, forman parte de su bando político-ideológico o son los que pagan sus facturas.

Lo cierto es que estos campeones del populismo y la demagogia, adalides de la revolución izquierdista mundial, al caer la noche, cual pícaros de la *Corte de los Milagros* medieval, se quitan el disfraz y se muestran tal como son: hipócritas y embaucadores de la gente sencilla que no alcanza a ver la verdadera naturaleza de ellos, obnubilados por el humo de una retórica quimérica y de promesas imposibles de cumplir. Son los que se aprovechan de la ignorancia y la buena fe de la gente sencilla, para obtener beneficios propios, robando los dineros públicos o recibiendo las prebendas de los gobernantes amigos.

El Foro de Sao Paulo (FSP), sin duda, es una típica *Corte de los Milagros*, si nos atenemos a los que allí se congregan; los más disímiles especímenes de la política latinoamericana y más allá, que se han aprovechado del financiamiento de presidentes como Lula Da Silva o Chávez, entre otros, para montar tinglados como el que hoy tiene lugar en Caracas.

En 1990, el Partido de los Trabajadores (PT) de Brasil fundó el FSP. Está conformado por partidos y movimientos de izquierda radical, y su objetivo primigenio era debatir sobre el escenario internacional después de la caída del Muro de Berlín. El papel que juegan los partidos comunistas y de izquierda radical del continente en este Foro es determinante; todos son miembros formales de él.

El PT brasileño, los Partidos Comunistas de Argentina, Cuba, Chile Colombia, Bolivia, Perú y Uruguay, el PRD mexicano, las FARC, el Partido de la Liberación dominicana y el PSUV, entre otros, y hasta organizaciones al margen de la ley en sus países, son miembros del FSP; es decir, lo "mejor" de cada casa.

El secretario general de esta organización, el brasileño Valter Pomar, reconoció en mayo de 2011 en Managua que el triunfo electoral de Hugo Chávez en 1998 catapultó el potencial del FSP, y señaló que este último ha tenido dos grandes momentos históricos: el primero fue el inicio de la *"resistencia en contra del neoliberalismo"* y el segundo fue en 1998 con la elección de Hugo Chávez.

Este Foro ha servido de escenario para uniformar ópticas sobre variados asuntos y también para la coordinación política de sus miembros, lo cual ha incidido en las iniciativas y políticas que adelantan esas organizaciones en sus países de origen.

Es una suerte de *"internacional comunista"*, que repite, en el fondo, el mismo discurso anacrónico marxista-leninista de hace más de 100 años.

Pero, sobre todo, la retórica de supuesta defensa de los DDHH que estas organizaciones enarbolan, contrasta con su apoyo a un gobierno destructor de la economía de un país (Venezuela), perpetrador de crímenes de lesa humanidad y corrompido hasta los tuétanos como el venezolano. Un gobierno de "ciegos" y "paralíticos", que tienen sus cuentas millonarias en Andorra y otros paraísos fiscales, y hablan de honestidad y pulcritud a la luz del día para en la oscuridad gozar de lo estafado. Igual que los políticos brasileños que recibieron las coimas de Odebrecht.

El chavismo es financista principal de la *Corte de los milagros*.

Los del Foro no solo comparten una ideología tóxica, se benefician también de prebendas y dádivas provenientes de dinero mal habido, de los fondos públicos obtenidos por prácticas corruptas.

Caracas es hoy punto de encuentro de los propagadores de una ideología probadamente fracasada. Millones de dólares que debieron ser utilizados para aliviar el hambre de un pueblo, son dilapidados por el gobierno chavista para obsequiar y congraciarse con la izquierda comunista y gorrona de la región.

La Corte de los milagros de Sao Paulo en Caracas no tiene otro propósito que el de apoyar a sátrapas autoritarios y corruptos del hemisferio.

Esta internacional funesta debe ser combatida sin descanso por los demócratas del mundo.

PERPETRADORES DE DELITOS DE LESA HUMANIDAD EN EL CONSEJO DE LOS DD.HH. DE LA ONU

El día de ayer fue elegido como miembro del Consejo de los DDHH de las Naciones Unidas, el régimen autoritario venezolano, cuya performance abominable en la materia que le corresponde vigilar a ese ente ha sido constatada por la misma organización.

Era lo que se esperaba, no hay que extrañarse mucho de ello, habida cuenta de cómo se negocian esos asuntos en esa organización internacional y de quienes deciden.

Se sabía, como es la costumbre allí, que tratativas previas ya habían tenido lugar con muchísimos meses de antelación, y que una vez se concretan los llamados endosos, es decir, los compromisos entre los representantes de los países sobre diversos temas —*"te doy para que me des"*— el resultado de una votación está, prácticamente, "cantado".

Como es obvio, lo decisivo en un triunfo cualquiera es el número de votos que hayas logrado "cuadrar", asegurar, antes del evento electoral previsto.

En el caso de nuestro país, no hay que olvidar que muchos gobiernos de países africanos, asiáticos y unos cuantos americanos, se identifican con la retórica anti-EEUU y seudo-revolucionaria del régimen chavista. A éste lo consideran *"el enemigo de mi enemigo"*, por tanto, votan por él.

Por otro lado, no pocos han recibido dádivas del chavismo. Y hay uno que se mueve muy bien diplomáticamente en ese grupo "tercermundista" y que ha vivido en los últimos años de los enormes regalos del chavismo: Cuba.

Por cierto, el gobierno castrista ha estado en el Consejo y en la instancia que lo precedió, por muchos años, junto a otros que violan igualmente los DDHH. Es decir, que allí se han sentado y siguen sentándose, paradójicamente, grandes perpetradores de crímenes de lesa humanidad.

De modo pues, que admitir a un régimen despótico como el venezolano en esa oficina internacional no resulta nada extraño, ni nuevo, y esto a pesar de los Informes condenatorios de la Alta Comisionado de los DDHH. Son las condenables incongruencias de la política con las que tenemos que lidiar también en el ámbito global.

Sin embargo, los gobiernos de los países democráticos y los representantes del presidente Juan Guaidó, ante tal resultado "cantado" se movilizaron, e impulsaron la posibilidad, remota pero posible, de que fuera Costa Rica la elegida y así impedir que el régimen chavista lograra lo que buscaba desesperadamente.

Costa Rica obtuvo lo que algunos diplomáticos experimentados han denominado una proeza. Reunir 95 votos en un lapso de dos o tres semanas lo es. Y esto a pesar de que incluso Brasil, que resultó electo, no fue muy proactivo con la aspiración costarricense, sino a última hora.

Debe recordarse para los no conocedores que la conformación de los miembros del Consejo de los DDHH está repartida entre todos los continentes. En el caso de América Latina y el Caribe, son 8 los asientos que le corresponden, 13 para los países africanos, 13 para Asia y 7 para Europa Occidental. En los 193 países miembros de las NN.UU, la mayoría son de África y Asia, y allí está la clave de la votación final.

El régimen chavista, como es obvio, desde su aislamiento internacional está tratando de sacarle partido a ese resultado absurdo, lo que los sectores democráticos no deberíamos magnificar, más allá de lo que realmente es.

La comunidad internacional democrática, que representa política y económicamente el poder decisivo en el mundo, está más que clara respecto de lo que significa el régimen autoritario venezolano y conoce ampliamente las violaciones de los DDHH que ha cometido éste.

Flaco favor le hace a las NN.UU los gobiernos que permitieron con su votación la entrada del régimen chavista al Consejo en cuestión. Un lamentable hecho que afecta negativamente la credibilidad de la organización.

"EL PERFECTO IDIOTA LATINOAMERICANO"
Y ARGENTINA

"Sufrimos una forma grave de amnesia y esto hace que seamos el
continente perdido, o para citar al viejo Baroja, el continente tonto".
Jorge Edwards

El resultado de las primarias (PASO) argentinas es desconcertante no solo para muchos argentinos, también para quien desde cualquier rincón del mundo haya pensado que ese país estaba dejando atrás el nefasto legado peronista.

Aun cuando sabíamos que Mauricio Macri la tenía difícil, habida cuenta de su performance económica, condicionada por la enorme y espinosa cuesta que debía remontar luego del desastre kirchnerista, enorme corrupción desatada incluida, no nos esperábamos tal desenlace, esa gran distancia de votos frente a un contendor que representa a una dirigencia política y moralmente desacreditada.

Cuatro años no son suficientes para enderezar los grandes entuertos económicos que arrastra Argentina, ni para convencer a un país que lleva en su ADN el populismo peronista, de la necesidad de cambiar su visión cortoplacista de las cosas.

Pero, sobre todo, creímos que los grandes escándalos de obscena corrupción de los Kirchner y su banda, iban a enajenarles el apoyo popular y, en consecuencia, la mayoría se iba a decantar en las urnas, por una opción política moderna que ha demostrado ser responsable y trasparente en su ejecutoria gubernamental, a pesar de los errores.

No fue así, y como dijo el presidente Macri, el *"voto bronca"* lo vapuleó en estas primarias, es decir, el voto motivado por el malestar económico con sus necesidades inmediatas, el de los que no ven los logros positivos en otros campos de la actividad del gobierno.

El respaldo que ha cosechado el *kirchnerismo* populista y corrompido, hasta cierto punto, es explicable. Los latinoamericanos seguimos dando muestras de desmemoria o de que nos importa un bledo que los gobernantes roben a manos llenas el patrimonio público y trafiquen con el poder en su propio interés.

También el discurso demagógico, propio de una izquierda anacrónica y trasnochada, se ha impuesto en Argentina.

"El perfecto idiota latinoamericano", ese consumidor inveterado de mitos absurdos, genéticamente estatista y, por supuesto, antinorteamericano, que nos describieron hace unos años Carlos A. Montaner, Plinio A. Mendoza y Álvaro Vargas Llosa, ha vuelto por sus fueros (aunque no se haya ido nunca) a la tierra de Alberdi y Borges.

Los latinoamericanos continuamos dando estos tristes espectáculos de inmadurez política, que, por cierto, en años recientes los europeos inexplicablemente emulan. El nacionalismo populista, incluso en expresiones extremas, con su estrechez de miras, se ha apoderado también de los espíritus del viejo continente, y ni hablar de los norteamericanos trumpistas.

Pio Baroja dijo en cierta ocasión que Latinoamérica es un continente tonto, es decir, uno que comete muchas tonterías. Y aun cuando esto quizás sería injusto afirmarlo rotundamente, no parecen exclusivas de los latinoamericanos las tonterías políticas.

Pero lo cierto es que este episodio argentino, aún no concluido, pero que ya asoma un *remake* de los fracasos tantas veces visto, deja mucho que desear de un pueblo que pudo haber estado entre los primeros del planeta.

Hoy da su beneplácito popular a personas incompetentes para las tareas de gobierno y de una conducta política y moral altamente repudiable. Una escogencia determinada por lo económico y a lo Barrabás, cuando evidencias de una grosera corrupción están a la vista en los tribunales.

Ya los mercados financieros han tenido su primera reacción a lo que avizoran para ese país. ¿Qué pasará con la deuda, la sempiterna espada de Damocles sobre Argentina? ¿Qué sucederá con la ayuda condicionada del Fondo Monetario Internacional, si los compromisos asumidos los desconoce el posible nuevo gobierno? ¿Será excluida nuevamente Argentina de los mercados financieros mundiales?

¿Será Alberto Fernández una marioneta de la corrupta Cristina Kirchner, su vicepresidente?

"Si hubiera sabido que eran tan boludos, les robo el doble" es una lastimosa frase que se lee por las redes sociales.

Obviamente, no la pronunció quien todos pensamos, pero podría haber sido cierta. *Se non é vero, e ben trovato.*

Una nueva batalla, sin duda, ha ganado el perfecto idiota latinoamericano. Y otra pareciera haber perdido el latinoamericano del futuro en nuestra querida Argentina.

LÁGRIMAS DE A TOQUE

Unos viandantes con caras de angustia, temerosos de que los agarre la noche en la calle porque no termina de aparecer un transporte que los regrese a casa al final de la tarde, luego de un día de trabajo agotador.

Unas abuelas, o quizás bisabuelas, enredadas ante la caja registradora de un supermercado cualquiera, contando ceros y sacando cuentas de un fajo de billetes que cada día valen menos y apenas alcanzan para medio comer.

Unos estudiantes que se duermen, o peor, se desmayan en los salones de clases porque no pudieron llevarse a la boca siquiera una arepa rellena de queso blanco rayado o una tacita de café con leche, antes de salir de casa en la mañana.

Unos trabajadores que almuerzan mangos arrancados de un árbol cercano, o que con suerte pudieron comprar dos cambures, para luego seguir la jornada.

Unos jóvenes y adultos escudriñando en los botes de basura de una avenida o calle de la ciudad, buscando algo que pueda servirles para aplacar el hambre que vienen arrastrando desde hace varios días.

Crisis de transporte, crisis de hiperinflación, crisis educativa, crisis alimentaria.

Crisis de los servicios, crisis económico-financiera, crisis humanitaria, crisis social, crisis moral.

El país es un espacio lleno de zozobra, lamentos, tensiones, desconsuelos, desesperanza y espanto.

Una Venezuela que nunca conocimos está mostrándose con su peor rostro por obra y gracia de unos desquiciados.

Los que decidimos resistir quedándonos en nuestro país, unos porque, a duras penas, tenemos aún con qué hacerlo, y otros porque no les queda otra, vivimos cotidianamente esa experiencia desoladora que nos golpea duramente, nos deprime, nos llena de ira, nos desgasta.

Ver a los ojos de esos compatriotas que la están pasando muy mal por cualquiera de esas situaciones, no es nada fácil, es desgarrador. Mantener la cabeza fría es casi imposible. El esfuerzo que debemos hacer para sobreponernos y seguir bregando es agotador.

Cualquiera persona con una pizca de sensibilidad no puede mantenerse al margen, hacerse de la vista gorda, ante tal inaudita calamidad humana.

Estamos de a toque ¡Cuánto llanto hemos ya derramado!

Por los maltratados, vejados y asesinados en manos de la bestialidad política.

Por los que pasan días sin probar bocado.

Por los que no tienen como trasladarse de un lugar a otro para cumplir con sus obligaciones laborales o estudiantiles, o resolver un problema de salud.

Por los niños y adultos que mueren de mengua en hospitales devastados, o porque no pueden obtener los medicamentos necesarios para su cura.

Por los padres y abuelos que se han quedado solos a la buena de Dios porque sus hijos han debido emigrar.

Por esos niños y jóvenes desnutridos a los que les han pretendido arrebatar el porvenir en su propio país.

Sí, por tales desgracias estamos de a toque, es verdad.

Pero a pesar de esa tragedia, hay un deber moral, del que no podemos sustraernos. Y es el de sobreponernos, el de no rendirnos ante la barbarie.

Es muy probable que hoy estemos más cerca de la recuperación de nuestro país.

No perdamos la esperanza.

CHILE: DEMOCRACIA O BARBARIE

Sudamérica está revuelta. Diversos eventos sociales y políticos, con sus características y especificidades particulares, llaman nuestra atención, manteniéndonos a la expectativa por lo que pueda traernos en lo sucesivo.

Perú, Ecuador y Bolivia han sido escenario de acontecimientos cuyos desarrollos aún no definitivamente solventados, son motivo de preocupación en términos de estabilidad institucional y democrática.

Lo que nos traigan las elecciones próximas en Argentina y Uruguay es también de gran interés para los que habitamos esta región.

Como a muchos observadores, los recientes sucesos de Chile nos han tomado por sorpresa. Sobre todo por la intensa violencia mostrada en ellos. La saña destructiva de grupos manifestantes hacia bienes públicos y privados es perturbadora y da cuenta de hasta dónde han llegado los ánimos.

Chile es un país que ha sido visto, no solo en nuestro hemisferio, como una democracia sana y una economía pujante con una institucionalidad bien asentada.

Si a sus cifras macroeconómicas nos remitimos, está colocado en los primeros lugares de Latinoamérica, en términos de crecimiento, competitividad, captación de inversiones extranjeras y en bajas tasas de inflación.

A los venezolanos ver lo ocurrido ahora en Chile los traslada a los aciagos sucesos del Caracazo (1989). Entonces, un aumento moderado del precio de la gasolina, justificado en términos de racionalidad económica, desencadenó días de protestas violentas y saqueos generalizados nunca antes vividos por nuestra población durante el siglo XX.

¿Cuáles situaciones, malestares y/o resentimientos estaban larvados en la sociedad chilena que propiciaran tal reacción rabiosa, desproporcionada, ante un incremento del precio del transporte en el metro? Sin duda, nos luce que en el fondo de la sociedad chilena habría otros descontentos que afloraron para potenciar la protesta frente a aquella medida.

Observado desde lejos este lamentable estallido social, cuyos orígenes de naturaleza económica lucen claros, nos dejan, sin embargo, interrogantes acerca de las formas que adoptó y de los actores políticos que suben a escena de manera oportunista apuntando a cuestiones distintas, que van más allá del malestar puntual por un aumento del precio del transporte público.

Analizados los hechos, incluso los vandálicos, algunos observan una acción organizada y coordinada de grupos políticos, internacionalmente orquestada, que habría aprovechado lo meramente espontáneo, todo lo cual buscaría defenestrar al presidente Piñera y desatar un proceso conducente a una Asamblea Constituyente. Para estos sectores radicales el objetivo no sería revertir la medida gubernamental disparadora del conflicto, sino encaminar al país por otros derroteros políticos. A estos no interesaría que Piñera instrumente medidas en favor de los sectores más vulnerables, como ya lo ha planteado al reconocer necesidades y reivindicaciones postergadas por mucho tiempo, no solo por su gobierno. El propósito de aquellos grupos sería desmontar la institucionalidad democrática chilena para instaurar un sistema de gobierno autoritario.

Se colocan otros en la tesitura que señala aquellos problemas no resueltos y muy sentidos como causantes del estallido y derivados de la indiferencia y/o la inacción de la dirigencia política y la elite empresarial acusada —como ocurre siempre en estos casos— de neoliberal. La desigualdad en los ingresos sería así, una causa profunda.

En la protesta, tampoco han faltado las expresiones ideológicas contra el sistema capitalista proferidas por algunos entrevistados en las calles, que hasta al inefable Che Guevara han resucitado.

Lo cierto de todo es que lo de Chile, junto a otras situaciones críticas en el entorno, han producido un hervidero político en la región, que podría repercutir negativamente en la estabilidad y la seguridad colectivas. Ya la enorme migración venezolana provocada por un régimen en descomposición política y moral representa un caldo de cultivo peligroso y una gran preocupación para todos los gobiernos vecinos. Solo resta esperar que los chilenos, con sabiduría, firmeza institucional, apego a la Ley y un amplio diálogo social, logren encaminarse por sendas de prosperidad y paz, ajustando lo que haya que ajustar en el campo socioeconómico.

Nuestra región está lo suficientemente agitada en la actualidad, para que otro país, por caso Chile, se hunda también en una crisis que a nadie en el hemisferio favorece, excepto los que sacan provecho de la ocasión para introducir el caos e intentar imponer regímenes tiránicos forajidos.

CARLOS RANGEL, CONCIENCIA VIVA

*"¿Por qué la gran mayoría de los intelectuales latinoamericanos
hicieron suya, sin reservas, en el siglo XX, la causa del marxismo
y sus derivaciones tercermundistas? ¿Por qué han asumido como
posición de avanzada los dogmas de dicho pensamiento?*
Plinio Apuleyo Mendoza

Años atrás, retomé la lectura de ese extraordinario y agudo pensador venezolano que fue Carlos Rangel, con ocasión de un ensayo que escribía sobre las relaciones comerciales hemisféricas.

Sin duda, era obligada consulta, particularmente, en el asunto de los vínculos de EE.UU con Latinoamérica, los desencuentros y animosidades entre ellos, los contrastes en los niveles de desarrollo y sus causas, entre otros temas.

Evocaba lo que él decía acerca del exitoso recorrido de EEUU y lo que representaba como *"escándalo humillante para la otra América"*, la cual no daba al mundo, ni se daba a sí misma una explicación de su relativo fracaso; de allí que con el tiempo se comenzara a racionalizar y a atribuir su situación de rezago y carencias a aquel país convertido en gran potencia.

Su reflexión acerca de Latinoamérica es esclarecedora. Señalaba los mitos políticos y económicos que han distorsionado y desviado el análisis de las causas de los problemas de nuestras naciones. Las observaciones certeras de este intelectual sobre el antiamericanismo y el tercermundismo, dos *creencias-ideologías* que han contaminado la opinión y la ejecutoria de muchos políticos y gobernantes latinoamericanos, aún hoy no parecen ser comprendidas por nuestras élites. Esa visión equivocada fue desmontada admirablemente por Rangel, pero sigue siendo causa de la reincidencia en los mismos errores.

A Rangel lo había leído por allá lejos, recién egresado de las aulas universitarias, en su célebre texto *Del Buen Salvaje al Buen Revolucionario*, que fue, como era de esperarse, blanco de ataque de la izquierda marxista de entonces. Más tarde leí su libro *El Tercermundismo*, en el que demuele toda esa faramalla retórica llena de mitos, mentiras y medias verdades, que, por cierto, Hanna Arendt, calificó de ideología.

Debo confesar que la real dimensión, el alcance de su visión, no la capté del todo entonces, aunque no se me escapaba la lucidez y la solidez de argumentos que mostraba.

En días pasados, la escritora Milagros Socorro publicó un oportuno artículo en el que recuerda los planteamientos premonitorios que formuló Rangel, lo cual me da pie para reiterar las ideas de este respecto de cómo la visión tercermundista ha repercutido negativamente en nuestro comportamiento económico, y de la que los venezolanos tenemos amargas pruebas en los últimos 22 años.

El *tercermundismo* es un concepto acuñado por el economista francés Alfred Sauvy, que utilizó para designar al conjunto de los nuevos estados independientes, antiguas colonias europeas. Según él, a ese Tercer Mundo, *"explotado y olvidado y despreciado"* a semejanza del *Tercer Estado* de la Revolución francesa, no le prestaban atención ni el mundo capitalista, el primer mundo, ni el comunista, el segundo.

Por muchas décadas, la noción logró cautivar a intelectuales y hombres públicos, incluso, más allá del ámbito de la izquierda política. A sus propuestas básicas se engancharon un número significativo de políticos moderados en nuestro continente, y ellas tuvieron eco en las ideas sobre las relaciones internacionales.

Sobre ese asunto, Rangel nos entregó una lúcida reflexión, en la que desmonta los fallos de una ideología, marxista en el fondo, que escamotea la verdad sobre las causas de los males que aquejan a los países en vías de desarrollo o emergentes. Así, los ideólogos del *tercermundismo* han pretendido convencernos de que el capitalismo sería la causa directa y fundamental de la situación de minusvalía política y económica de los países más pobres.

Dice Rangel que para el *tercermundismo "los cargos contra el capitalismo y su influencia en el Tercer Mundo son, en síntesis, que la condición de los países pobres es hoy peor de lo que nunca antes había sido, y que esa pérdida de una supuesta beatitud anterior es enteramente debida al rol de complementariedad que los países 'imperialistas', es decir, los países capitalistas avanzados, han impuesto a los 'países proletarios'. En otras palabras, el mundo desarrollado es rico porque el mundo subdesarrollado es pobre, y viceversa".*

De este modo, el subdesarrollo de los países de la periferia capitalista se debe exclusivamente a relaciones de dominación-dependencia política y económica que ha ejercido el imperialismo, y no al papel de los factores internos de los países. En consecuencia, estos países, para poder crecer y desarrollarse, deberán romper los lazos de dominación-dependencia, y emprender la senda del socialismo revolucionario, como dirían algunos *dependentistas*.

En el prólogo del libro, Jean François Revel observa, certero, sobre el papel de la izquierda en la difusión mundial de esta ideología. Señala que la izquierda en los países ricos "*ha trasladado al Tercermundismo su imaginación ideológica y su sed de culpabilidad, fuentes de su deseo de omnipotencia eterna. Pero esa imaginación y esa sed, lo mismo que hasta hace poco la ilusión comunista, no se originan en ninguna preocupación por curar, en la práctica, la pobreza en el mundo. El objetivo del tercermundismo es acusar, y si fuere posible, destruir las sociedades desarrolladas, no desarrollar las atrasadas. Un éxito específico contra el subdesarrollo implicaría una revisión dolorosa de lo esencial de la ideología tercermundista*".

Rangel estaba muy claro en este tema. Valientemente se enfrentó a la corriente predominante que no solo incluía a la izquierda política. Para algunos políticos, incluso hoy, sigue siendo un ideario inspirador.

El término *tercermundismo* se mantiene en la retórica política, a pesar de que las circunstancias que dieron lugar a la expresión desaparecieron en gran parte, despojándola de sentido. Los fundamentos que explicaban la existencia de esta categoría de países han sido refutados por los hechos.

Tal visión quedó para los discursos de los populistas y demagogos de todo pelaje. Con ella, en lugar de ayudar a los países en desarrollo a superar sus problemas, los han hundido más en la pobreza; verbigracia, Eduardo Galeano con su libro *Las venas abiertas de América Latina*, del cual él mismo admitió la inconsistencia de sus fundamentos económicos.

Carlos Rangel, también tempranamente, pudo adelantarse en el cuestionamiento de esa monserga tóxica, o como diría Octavio Paz, de esos "*velos que interceptan y desfiguran la percepción de la realidad*", que nos han mantenido en el rezago en términos de desarrollo político, institucional y económico, mientras muchos países emergentes, supuestamente condenados al subdesarrollo por el Imperialismo capitalista, han avanzado reduciendo la pobreza y alcanzado altas y/o medianas cotas de bienestar colectivo.

Carlos Rangel: pensamiento vivo, conciencia viva.

LAS SANCIONES DE EEUU A LA CÚPULA CHAVISTA

Está claro que la ley acordada por el Congreso estadounidense apunta a un grupo de la *nomenklatura* autoritaria que gobierna a nuestro país, que a juicio de los parlamentarios norteamericanos está envuelta en flagrantes violaciones a los Derechos Humanos.

Era esperable que la reacción de la cúpula chavista fuera la de proyectar hacia todo el país la idea de que es éste el sancionado, cuando no es así. Con tal discurso se busca lo de siempre, cerrar filas a lo interno de cara a un supuesto enemigo foráneo.

Este objetivo, en alguna medida, pero cada vez menos, lo logra en aquella parte de la ciudadanía más sencilla y menos informada. De allí la importancia que cobra el que la oposición democrática haga un esfuerzo mayor para explicar al pueblo de qué se trata el asunto y no sea manipulado.

Lo primero que debe decirse es que el Congreso de EEUU está en su derecho de legislar en su territorio acerca de los temas que considere conveniente. Al igual que lo puede hacer la Asamblea Nacional de Venezuela. Los parlamentos regulan las más variadas materias, y estas normativas tendrán aplicación y alcance nacional. Así, todo aquel individuo o bien que esté bajo esa jurisdicción sería afectado si se ajusta a los presupuestos de la ley.

El Congreso estadounidense, después de los "afeites" al proyecto inicial, aprobó una ley que establece que el presidente Obama podrá imponer sanciones a cualquier persona extranjera que él determine, incluidos funcionarios o exfuncionarios del gobierno de Venezuela, o que hayan actuado en nombre de este último, en virtud de la comisión de actos violentos o serios abusos contra los derechos humanos durante las protestas escenificadas en Venezuela en el año 2014.

Podrá sancionar a las personas que hayan ordenado o dirigido el arresto de personas que ejercieron su legítimo derecho de expresión o de reunión, o que hayan asistido, patrocinado o proveído significativo apoyo financiero, material o tecnológico, para tales actos.

Las penas contempladas son de dos tipos: a) bloqueo de activos y prohibición de todo tipo de transacciones y b) exclusión de EEUU o pérdida de la visa u otros documentos.

La ley remite a otras leyes vigentes y establece también ciertas excepciones, como, por ejemplo, los casos en que el presidente podría suspender sus efectos cuando esté envuelto el interés nacional de EEUU o en ciertos casos de importación de bienes (¿petróleo, por ejemplo?)

La Ley, entre otros asuntos, reafirma en su texto que es política de aquel país apoyar al pueblo venezolano en sus aspiraciones de vivir en paz y en democracia representativa, tal y como lo establece la Carta Democrática Interamericana, y trabajar mancomunadamente con otros miembros de la OEA, así como de la Unión Europea, en asegurar una solución pacífica de la actual situación venezolana y el cese de la violencia contra manifestantes opositores.

Muchas interpretaciones exageradas han salido por ahí que no se corresponden con el alcance de la ley.

Sobre su contenido y motivaciones reales y/o aparentes, hay comentarios varios. Particularmente, en relación con la conveniencia o no para la oposición democrática venezolana, y sus efectos, habida cuenta de la experiencia con iniciativas parecidas.

Es lícito entonces preguntarse si tal instrumento legislativo ayudará o no a salir del atolladero crítico en que está nuestro país, más allá de sus buenas intenciones, las cuales, para algunos, tienen más que ver con la política interna norteamericana.

Como venezolano uno agradece con sinceridad la preocupación de los parlamentarios norteamericanos acerca del destino de nuestra democracia en decadencia y la persecución y cárcel de políticos venezolanos. Y nada tenemos que objetar a eventuales sanciones que se apliquen en su territorio contra violadores de los derechos humanos. Están en su pleno derecho soberano de hacerlo.

Sin embargo, se debe comprender que visto desde Venezuela el asunto es mucho más complejo que la aplicación de esas sanciones merecidas, aunque es probable que no perjudiquen a los que ya pusieron a buen resguardo sus activos mal habidos, transfiriéndolos a otras jurisdicciones o a testaferros.

Queda ahora a Obama refrendar la ley y determinar a quiénes concretamente castigará, tarea que no luce sencilla. Listas van y vienen por las redes sociales, incluyendo a algunos que no podría alcanzar la ley, por no estar entre los sujetos sancionables. En esto los *wishful thinkings* abundan.

¿Esta ley con efectos en EEUU nos ayudará? ¿En qué medida?

Que el lector juzgue y no se equivoque en la apreciación de las consecuencias que puede producir esa ley.

Los problemas del país son en extremo graves y demandan diálogo y acuerdos de los venezolanos. Los que gobiernan no muestran capacidades ni deseos de solucionarlos. Mucho menos disposición para llamar a todas las fuerzas políticas y económicas del país en función de salir de la crisis actual y del desastre que se nos viene encima.

Sólo lo que hagamos aquí, más allá de las sanciones que acuerden otros países, determinará el camino a seguir. Y es la unidad de las fuerzas democráticas la que garantizará el triunfo.

EL HAITÍ QUE CONOZCO O LA REPÚBLICA IMPOSIBLE

Al pueblo atribulado de Haití,
en la esperanza terca de que algún día
no muy lejano se enrumbe hacia
el desarrollo

Lo que está ocurriendo al pueblo haitiano es espeluznante. Leyendo el relato que hace un escritor de allá, Dany Laferrière, a *Le Monde*, uno experimenta una sensación terrible ante tanta desolación y muerte. El terror que produjo el sismo mientras tenía lugar y sus efectos devastadores tal y como él lo cuenta, es sobrecogedor, impresiona. Y es imposible permanecer indiferentes ante tanta catástrofe.

Haití siempre me ha parecido un pueblo en extremo desafortunado, salir de abajo le ha sido casi un imposible. Me he negado siempre a verlo condenado a un destino de oscurantismo, atraso y violencia política.

A pesar de lo que ya sabemos de su historia, de que fue el primer país que se independizó en Latinoamérica y el Caribe de las potencias europeas de entonces, sus gobernantes, desde los inicios mismos de la República, nunca pudieron sacar adelante a esa sociedad. Partían con un handicap sobre sus hombros que resultaba casi insuperable. La clase que hizo la independencia no tenía herramientas intelectuales suficientes ni los recursos materiales para conducir un proceso de desarrollo que levantara y consolidara las instituciones públicas necesarias para tal fin.

Era de tal naturaleza la carencia de recursos humanos medianamente preparados para atender las distintas actividades, que durante y después de la guerra de independencia, debieron tomar medidas para que en las matanzas que se producían se exceptuara a los civiles blancos franceses o mulatos que conocieran de oficios diversos.

Así, se derrumbó un régimen esclavista cruel, que fue sustituido por el caos, al frente del cual estaban autoridades, en su mayoría, ignorantes, muy resentidas y no pocas llenas de odio alimentado por más de un siglo y medio de humillaciones y desmanes.

Pocos líderes de la nueva república tenían preparación para enfrentar los retos de la nueva situación política. Lamentablemente, se impusieron los más atrasados y violentos. Muy parecido a lo que ocurrió en otras latitudes de nuestro hemisferio, aunque en este caso fue peor. No era lo mismo un Petión o Rigaud, ambos mulatos educados en Francia, que un Toussaint Louverture o Dessalines, *"héroes testiculares"*, como diría Rufino Blanco Fombona.

No hay que olvidar igualmente las reservas que hubo siempre frente a la nueva república de exesclavos, y si a ello agregamos un entorno internacional que la mantuvo marginada hasta pasados muchas décadas del siglo XIX, el cuadro no era el mejor para la concreción de un proyecto viable de país.

No obstante, y parecerá extraño a algunos que endiosan a los próceres, los gobernantes haitianos de la primera hora fueron también imperialistas. Invadieron la parte oriental de La Española, hoy República Dominicana, y la gobernaron hasta 1844, momento en el cual se da la independencia política definitiva de ese país.

Haití fue la colonia más rica del Caribe, pero esos recursos naturales, en lugar de potenciarse, se fueron destruyendo y consumiendo hasta el punto de que hoy es la nación más pobre del hemisferio, que muy pocas cosas produce, sin hablar de la destrucción de sus bosques, los que han sido utilizados como combustible por la población. Hoy vive de la caridad internacional, sumido en la mayor ignorancia y la superstición.

Quien esto escribe tiene un particular afecto y simpatía por ese país. Lo he visitado varias veces, la primera por curiosidad y las otras por trabajo.

La curiosidad venía por la vía familiar. François Nouel Naulin, natural de Angouleme, Francia, capitán de navíos mercante, masón destacado de las logias caribeñas, la Logia de Oriente, se estableció en esa isla precisamente en aquellos momentos en que coincidieron las Revoluciones americana y francesa, y pudo ver y sufrir la de los haitianos en tanto que francés, a pesar de ser un librepensador. Hoy hemos sabido que el Terror robespierrano en su país lo asqueó y alejó para siempre. Como masón amaba el progreso y la libertad, pero el desorden que se apoderó de Francia, la guillotina y la persecución política que se desató, no iban con él.

Mi tercer tatarabuelo conoció ese drama que lo llevó a huir con su esposa a la ciudad de Santo Domingo, lugar de donde tuvo que huir, junto con los demás franceses, al ser expulsado por las fuerzas haitianas que tomaron esa ciudad en 1808. Evacuado por un barco inglés, terminó recalando en Curazao, para después morir en Bonaire, al comienzo de la guerra de independencia de Venezuela (1812), sin haber podido ver nunca más a sus dos pequeños hijos, los cuales quedaron con su madre, en Santo Domingo, confinados en la finca familiar en Boca de Yuma, por órdenes del gobierno haitiano. El hijo varón, Jean-Baptiste Adolphe Nouel Gubert creció bajo el dominio haitiano, y sería, tres décadas después y hasta su muerte en 1856, Cónsul de Haití en Curazao, nombrado por el emperador haitiano, Faustin I, otro de los tantos autócratas que padeció ese país. No sé, pero cuando veo al presidente que tenemos los venezolanos hoy, de inmediato evoco a aquel emperador de opereta o cualquiera de los otros que como él lo fueron de Haití.

De mi primer viaje a Haití (1982), debo contar que fui detenido en el aeropuerto junto con otro venezolano amigo, por el espacio de una hora, por unos *Tonton Macoute* del régimen de "Baby Doc" Duvalier. Éramos sospechosos de algo que nunca supimos qué fue. Lo cierto es que nos vigilaron durante los cuatro días que allí estuvimos. Nos vimos en la necesidad de hablar con el embajador venezolano, para anunciar nuestra llegada; era el Doctor Peinado, quien, muy amablemente nos atendió, y si mal no recuerdo, se comunicó con el gobierno de Haití, reclamando el maltrato de que habíamos sido objeto. Eso no impidió que los Tonton Macoute llamaran continuamente a nuestro hotel para saber si estábamos o no. Debo confesar que mientras estaba detenido recordé aquella película "El expreso de Medianoche", en la que aquel joven americano fue a dar con sus huesos a una cárcel turca espantosa.

En las otras oportunidades que visité Puerto Príncipe y sus adyacencias, ya caído el régimen duvalierista, pude ver un pueblo que, a pesar de las grandes penurias, lo sentí trabajador, bregador, alegre, amistoso, negociadores natos, con deseos enormes de vivir. Bastaba caminar por sus calles y mercado, repletos de gente, los *taptap* —así llaman a los autobusetes muy coloridos del transporte público— llenos hasta los techos y ver a una gente laboriosa que sobrevivía con lo que podía, en condiciones muy precarias de salubridad, empleo, alimentación y educación, pero que a pesar de todas sus carencias, la veía con cierto potencial para salir adelante; por supuesto, siempre que, por un lado, tuviera gobernantes responsables, honestos y claros con lo que debían hacer, y por otro, dispusieran de una ayuda sustancial de parte de la comunidad internacional. La tarea, por supuesto, no sería fácil, sin embargo, no la veía imposible.

Recuerdo que, con dos amigos haitianos, ambos políticos y uno de ellos médico, pude visitar sitios a los que no van los pocos turistas que visitan a ese país. (¿qué les habrá pasado en esta tragedia? ¿Estarán vivos? me pregunto).

A un enorme barrio fui, que me impresionó por las condiciones lamentables y cuyo nombre era una monumental ironía, "*Cité Soleil*". Era todo lo contrario a lo que su denominación aludía. Eran miles y miles de casas hechas con cualquier material de desecho, sin luz, ni agua, ni cloacas, todas amontonadas, sin solución de continuidad, un descomunal hacinamiento Era, más bien, la noche, horrible noche ese tipo de vida. Hablé con algunos de sus pobladores, afables, simpáticos, de una gran sencillez, no hallaban qué hacer para ofrecernos lo que no tenían. Recuerdo que una chica muy hermosa, suerte de princesa senegalesa, me preguntó si podía traérmela a Venezuela.

Conocí el vudú y su ceremonia, visité una cofradía: tambores ensordecedores por más de 4 o 5 horas seguidas, en el centro de un gran bohío, mujeres en trance, baile, contorsiones, animales degollados, sangre, cal y arena, y uno con el corazón latiendo a velocidades nunca antes sentidas; al fondo el mar y su oscuridad insondable fungían de marco de este misterioso y mágico teatro. Todo un espectáculo, nada comparable con los rituales que vi, muy joven, también, en mi querido Yaracuy, en la montaña de Sorte.

En uno de los viajes, me entrevisté también con el presidente del Banco Central de Haití. Allá es el *Gouverneur*, o Gobernador. Estábamos tratando de utilizar una línea de crédito que el Banco Central nuestro había abierto a Haití para exportaciones venezolanas, creo que, de 2 millones de dólares, la cual nunca había sido utilizada. Fui también a una estación de radio, en donde me entrevistaron, no recuerdo hoy sobre qué tema; quizás, acerca de la democracia recién llegada, creo. Era presidente del país, Leslie Manigat, a quien había conocido en Venezuela, duró muy poco porque fue derrocado meses después.

Desde entonces no he vuelto a ese país, aunque he estado tentado de hacerlo al visitar Santo Domingo.

Su destino, de verdad, me ha dolido, conociendo las necesidades de ese pueblo. A veces pienso que no tienen otra salida que la de convertirse en una suerte de protectorado de un grupo de países por un tiempo largo, tal y como prácticamente lo son hoy, bajo el control de fuerzas de las NN.UU. Quizás a partir de allí y después de unos cuantos años, puedan tomar vuelo y surgir de manera independiente. A la par será necesaria igualmente, la conformación de una dirigencia política nueva, moderna, honesta y consciente de su responsabilidad histórica; será esto lo más difícil.

La catástrofe que han sufrido en estos días que corren ojalá sirva para abrir oportunidades a un pueblo que lo necesita desesperadamente. Hagamos votos porque la difícil reconstrucción que habrá de emprender después de tanto dolor, logre encaminar un país inestable y violento que hasta ahora ha sido un imposible.

Siempre llevaré a ese país conmigo en el corazón, a pesar de que nunca he vivido allí. Conocer esa realidad sobrecogedora es una experiencia que me marcó. Quizás sea el pueblo más pobre y desamparado que he visitado en mi vida. En esta hora tan terrible, desde nuestra impotencia, sólo nos resta abogar por que todos los que puedan, lo ayuden, cada uno dentro de sus posibilidades, y que las grandes naciones con más recursos, no abandonen Haití en lo sucesivo.

En un *taptap* que salió por TV en estos días se lee una frase que resume la aspiración de un pueblo azotado por la violencia, el caos político, los huracanes y la ignorancia: *qui sait demain?* Quién sabe si mañana, después de esta terrible destrucción producto de la naturaleza, pueda Haití retomar la vida y abrirse a otro destino de progreso y prosperidad. Son nuestros deseos solidarios.

¿LAS SANCIONES INTERNACIONALES SON CAUSANTES DE LA FALTA DE GASOLINA EN VENEZUELA?

En la opinión pública nacional e internacional rueda la fábula de que en Venezuela no hay medicinas, alimentos, repuestos, electricidad, agua y gasolina, entre otros productos y servicios, por causa de las sanciones internacionales acordadas en contra de los tiranos que usurpan el poder. Hasta se llega a hablar de bloqueo siguiendo la retórica mentirosa que le sirvió al castrismo cubano largo tiempo para presentarse como víctima.

No obstante, lo más llamativo para cualquiera que se asome a la tragedia que vive nuestro país petrolero es la carencia de gasolina. Situación insólita, incomprensible, absurda.

No hace falta esforzarse mucho para demostrar que la causa fundamental del descalabro económico venezolano y de su industria energética en particular, es una conducción gubernamental funesta, consecuencia de la ignorancia y la incompetencia, amén de una ideología letal que puso en práctica durante dos décadas una horda de desalmados.

No son las relativamente recientes sanciones las que nos han hundido como país, a pesar de que algunos, no solo desde Miraflores, quieran convencernos de lo contrario.

Las cifras del país están a la luz, y basta examinarlas superficialmente para constatar que el desastre arrancó hace muchos años, antes de las sanciones. Una ideología demencial, estatista, colectivista y expropiadora acabó con nuestra estructura productiva.

Al oír decir que la gravísima situación de falta de gasolina se debería atribuir a las sanciones mencionadas, no le queda a uno sino compararnos con Irán, país que tiene sanciones desde hace más de 40 años, pero que sigue produciendo petróleo y hasta nos vende gasolina, que, por cierto, pagamos con oro.

Las sanciones contra los jerarcas del régimen tiránico chavista comenzaron en 2017. Las de EEUU, en 2017 y 2018, de carácter financiero y comercial y por razones políticas y de corrupción, dirigidas a funcionarios del gobierno, y las de la Unión Europea, en 2017 (embargo de compra de armas), y en 2018, contra funcionarios gubernamentales por elecciones no justas y libres. Es decir, que, para Venezuela, las sanciones tienen 3 años de vigencia. En ese momento, Venezuela ya producía aproximadamente 1 millón cien mil barriles diarios, cuando en 2011 produjo el doble, 2 millones 400 mil aproximadamente. Debe recordarse que cuando Chávez llegó al gobierno la producción alcanzaba 3.5 millones de barriles.

Vayamos al caso de Irán.

Las primeras sanciones tanto de EEUU como de la Unión Europea, comenzaron en 1980, después de la revolución de los ayatolas. A estas se agregan, desde entonces, las de 1987, 1995, 2006 (del Consejo de Seguridad de las NNUU), 2010, 2011, 2012, y la más reciente este año 2020, por parte de EEUU. Estas sanciones han sido, prácticamente, de toda naturaleza. Financieras, bancarias, comerciales, nucleares, equipos para enriquecimiento de uranio, etc., excepto las de naturaleza humanitaria.

Y uno se pregunta: ¿Dejó Irán de producir petróleo y gasolina a causa de las múltiples sanciones? ¿Los iraníes destruyeron su industria petrolera como sí lo han hecho los chavistas en Venezuela?

Veamos las cifras iraníes de producción y exportación de petróleo.

Desde 1986 hasta el 2012 (año de nuevas sanciones), Irán mantuvo su exportación de petróleo en unos niveles en ascenso y estables, a pesar de las sanciones en vigor. En 2018, alcanzó casi 4 millones de barriles diarios producidos, después de dos años de caída de la producción (cifras del Banco Central de Irán e ÍNDICE IATBXOIL).

Desde 1996 hasta 2017, Irán se ha mantuvo, según la OPEP, en un rango de exportador de petróleo de alrededor del 8 % del total de exportación de todos los miembros de esa organización.

En 2019, las exportaciones petroleras iraníes alcanzaron unos niveles inesperados, según lo reporta Royal Global Energy. El 22% fue a China, el 18% a Unión Europea, 14% a Japón, 13% a India y 10% a Corea del Sur, entre otros destinos.

Un país sancionado durante tantas décadas como Irán, por lo visto, y con sus altibajos, no ha destruido su industria energética. Esta sigue funcionando.

¿Cómo es entonces que la de Venezuela esté destruida, supuestamente, con apenas tres años de sanciones a jerarcas del régimen y un año a PDVSA? La exportación de crudo ha caído a los niveles de comienzos del siglo XX. Y sobre la carencia de gasolina no hay nada más que agregar, el drama está frente a nosotros a diario. El transporte de personas, productos y alimentos, ha devenido una calamidad social, que comienza a movilizar en protesta a la gente a lo largo y ancho del país.

¿Es culpa de las sanciones la destrucción de nuestras refinerías y por eso no tenemos gasolina? ¡A otro perro con ese hueso!

Aquí, no hay más responsables que tiranos incompetentes y ladrones que aún siguen en Miraflores, que como siempre en estos casos, echan las culpas propias a terceros y pretenden resolver el problema aprobando leyes bufas como la que llaman de "antibloqueo", cuyo objetivo es solo presentar una imagen engañosa ante el mundo.

Los problemas de la gasolina, la electricidad, la hiperinflación, la incompetencia y la corrupción, por solo mencionar estos pocos asuntos, no tendrán solución con la gentuza usurpadora del gobierno que nos oprime. Solo su salida permitirá que iniciemos un proceso de recuperación institucional en libertad y hacia la prosperidad anhelada.

BIDEN, NUESTRO HEMISFERIO Y VENEZUELA

Saldado el embrollo que el resultado electoral en EEUU produjo, vale la pena intentar otear el futuro sobre lo que pudiera traer consigo el nuevo gobierno norteamericano en materia de política internacional, y en particular, para las relaciones hemisféricas, sobre todo, en momentos en que de nuevo se agita el entorno político a lo largo de la Cordillera Andina.

En su campaña pudimos ver las posiciones que sobre algunos temas globales sostuvo el señor Biden; en su mayor parte, contrastantes con las orientaciones que marcaron la ejecutoria trumpiana.

El lema *America First,* enarbolado en épocas pasadas de EEUU, asomaba por dónde irían los tiros. Iba a significar cambios importantes de conducta internacional, que recibieron en contrapartida, de parte de aliados y amigos maltratados, una respuesta de desaprobación, que no pocas veces creó tensiones innecesarias.

No solo en lo político, también en lo militar y ambiental, la administración Trump puso en práctica políticas a contravía de muchos de los que hasta su llegada eran pilares fundamentales de la conducta exterior de ese país.

Tales políticas quebrantaron las relaciones con sus aliados tradicionales. Estos estropicios incomprensibles perjudicaron la imagen exterior de EEUU, por un lado, y por otro, la del mismo presidente, a pesar de que éste mantuvo amplio apoyo a lo interno.

Para esta animadversión no hizo falta que se acometiera acción militar alguna, la cual siempre genera condenas en la opinión pública internacional. Bastaron decisiones inconvenientes sobre los acuerdos comerciales negociados durante la administración Obama, la denuncia del Acuerdo de París sobre el medio ambiente, el menoscabo a las relaciones atlánticas, las fricciones en la OTAN, la disputa con China, entre otros asuntos, para que se potenciara una opinión internacional de rechazo hacia ese país.

Obviamente, en este balance muy sumario que hago no deben olvidarse algunas iniciativas que pueden ser bien vistas como positivas. La defensa de la democracia frente a las tiranías cubana, venezolana y nicaragüense forma parte de lo positivo en nuestro entorno hemisférico, lo que, en lo particular, muchos venezolanos agradecen. Las más recientes iniciativas en el Medio Oriente.

Pareciera que Biden viene a revertir la mayoría de las decisiones de Trump en los asuntos diplomáticos. En esta área el lema sería ahora: *Diplomacy First*, como el instrumento prioritario del poder estadounidense, apartando la visión endógena que inspiró al presidente ahora en pronta salida.

Así, pues, habría un retorno al multilateralismo, a una retoma de tratados y alianzas puestos de lado por Trump.

Las políticas de seguridad de EEUU quizás sufran alguna modificación, sin olvidar que el Departamento de Estado, como institución, volverá por sus fueros, al reasumir su carácter profesional.

En cuanto al compromiso democrático, Biden propone una *"Cumbre para la Democracia"*, cuyo objeto sería *"renovar el espíritu y propósito de las naciones del mundo libre";* tema éste de mucho interés para la región, que ya se verá cómo se concreta.

Sobre la crisis venezolana, se ha reiterado que no variará la política definida y consensuada de manera bipartidista por el Congreso norteamericano. Quizás la orientación multilateralista propicie vías para encaminar su solución definitiva.

¿Es dable pensar en iniciativas conjuntas que integren a la Unión Europea, la OEA, el Grupo de Lima y otros actores internacionales de cara a Venezuela?

¿Qué pasará con las sanciones contra la tiranía chavista? ¿Se mantendrán, reforzarán o más bien, se aliviarán?

Las dudas al respecto caben. En cualquier eventual negociación que se dé, aquellas constituyen un factor importante de presión que no puede desdeñarse. Sus efectos políticos han sido notorios, a pesar de los apoyos ruso, chino e iraní a la tiranía. Las consecuencias de ellas en la población venezolana han sido insignificantes, al lado del descalabro social que generaron dos décadas de desmadre y destrucción institucional y económica.

No obstante, muchos son los que andan esperanzados con Biden en el sentido de que el retorno a la democracia y al bienestar perdido en nuestro país, se haga realidad con él. Ojalá así sea.

Nos esperan más días difíciles. El hambre no cesa. La migración se reinicia. La hiperinflación se acentúa.

A los venezolanos sólo nos queda levantar la protesta y concertar esfuerzos, para que los distintos movimientos sociales y políticos confluyan en un solo propósito que apunta a la restauración de la libertad.

Es de esperar que el nuevo gobierno norteamericano y la Comunidad internacional nos ayuden en el logro de ese objetivo.

¿RÉPLICAS DE LA AMARGA EXPERIENCIA VENEZOLANA SE NOS VIENEN ENCIMA EN LATINOAMÉRICA?

Karl Popper, en uno de sus trabajos, afirmaba — en contra de los historicismos— que el curso que siguen los acontecimientos humanos no podemos predecirlo. Al observar el desarrollo reciente de la política en nuestro patio latinoamericano, ¿podemos o no predecir lo que no se nos viene encima, habida cuenta de las experiencias previas? Algunos rememoran la teoría del péndulo. Así, en Latinoamérica, estaríamos hoy reiniciando un ciclo, esta vez de la derecha a la izquierda, nuevamente, de cara a los eventos políticos que tienen lugar en Perú, Brasil, Colombia y Chile. Se pretende hacer paralelismos entre circunstancias disimiles. Peruanos, colombianos y chilenos alertan sobre la eventual clonación en sus países del trágico fenómeno venezolano. Aunque se pueden identificar semejanzas, cada país tiene sus rasgos específicos, desenvolvimientos propios, que no nos llevan necesariamente a asegurar la reedición que muchos temen.

Desde Venezuela, sin duda, se ha querido proyectar un modelo político, que en el fondo es un refrito edulcorado de una vieja y fracasada ideología, aderezada con militarismo. Se buscaba replicar una experiencia, que se ha mostrado, a ojos vista, nefasta. La propuesta de iniciar un proceso constituyente y redactar un nueva Constitución para supuestamente sentar las bases institucionales de las transformaciones que requería Venezuela, se volvió un modelo a seguir por otros, llamado "Socialismo del siglo XXI". El mecanismo electoral democrático fue el instrumento utilizado para luego desnaturalizarlo, corromperlo, instaurando un régimen autoritario con vocación totalitaria.

Obviamente, el trabajo de destrucción de la democracia venezolana fue facilitado por la marcha decadente de los partidos políticos, a los que parte importante de los venezolanos dejó de apoyar, no siempre por razones valederas. Rasgos reiterados de la crisis política latinoamericana son el descrédito y el desafecto hacia las organizaciones partidistas. Es el denominador común a lo largo y ancho de nuestro hemisferio. Este caldo de cultivo propició el surgimiento de movimientos políticos, organizados unos, y espontáneos, otros, sin experiencia, antipolíticos y populistas, a los que une el repudio, en algunos casos, irracional, a las ejecutorias de los partidos tradicionales, que no han sabido sintonizar con los nuevos tiempos y las demandas sociales más sentidas. Los países latinoamericanos que están viviendo serios trances políticos no están condenados a ir por el camino desastroso que ha recorrido Venezuela. La mayoría de los Estados de esos países no tienen el peso del que ha dispuesto el de Venezuela.

Esto da a esas sociedades civiles una ventaja no desdeñable para contrarrestar los eventuales abusos que desde el poder estatal grupos políticos autoritarios puedan cometer. El caso chileno, en particular, vistas las resultas de su proceso electoral reciente, no deja de preocupar, sobre todo, por las propuestas que lanzan las fuerzas vencedoras. Creer que de manera mágica se cambiará el país gracias a una nueva constitución es un grave error. Puede traer una enorme decepción, que pondría en riesgo avances importantes alcanzados por ese país. El proceso constituyente venezolano fue un fracaso. ¿Se replica en Chile, Colombia o Perú la amarga experiencia de Venezuela? Veremos.

RESUMEN CURRICULAR

Emilio Nouel
1952-2021

Venezolano, Abogado (UCAB, 1974). M.Sc. en Integración Económica (UCV 1978). Especialista en Derecho Internacional Económico y comercial.

Presidente de la Comisión Antidumping de Venezuela, Consultor Jurídico del Instituto de Comercio Exterior (ICE), Vicepresidente de Consultoría Jurídica del Banco República, Director General de Inspección y Fiscalización del Ministerio de Hacienda, Consultor de empresas privadas y gremios empresariales, Participó en delegaciones venezolanas en sesiones y reuniones de la OMC, CAN, ALADI, SELA, FELABAN y otros entes internacionales.

Fue miembro de la Comisión de Relaciones Internacionales de Fedecámaras.

Profesor Asociado en la Universidad Metropolitana de Caracas y en otras instituciones universitarias. Articulista de revistas y diarios nacionales e internacionales, así como autor de varias obras: *El derecho en tiempos de globalización, Nuevos temas de Derecho Internacional, La cláusula democrática,* entre otras publicaciones.

ÍNDICE

Mensaje a Emilio _______________________________________ 5
Agradecimientos _______________________________________ 7
Presentación de los autores _______________________________ 9

PARTE I
Leandro Area Pereira

TIEMPO, VIRUS Y PODER _________________________________ 13
   Inmune nadie _______________________________________ 13
   El coronavirus, la fragilidad y el deseo ___________________ 14
   Tiempo, virus y poder ________________________________ 16
   El poder descompuesto________________________________ 17
   Tiempo de guasones _________________________________ 20
   El rey peste _______________________________________ 22
   Democracia adiós ___________________________________ 24
   ¡Que viva la política! ________________________________ 26
GEOGRAFÍA, CAUDILLISMO Y PETRÓLEO_________________ 30
   La brutalidad como consigna___________________________ 30
   Ni perdón ni olvido__________________________________ 31
   Camaradas, compadres y compinches _____________________ 33
   El primate filosófico _________________________________ 36
   Chávez, la derrota inconclusa __________________________ 38
   Mitos, héroes y culpas _______________________________ 42
   El exilio venezolano _________________________________ 43
   Triste país desvencijado el mío _________________________ 45
   El empobrecimiento del espíritu ________________________ 46
   Gobierno corralero _________________________________ 48
   La momia democrática _______________________________ 50
   La Cláusula Democrática______________________________ 52
   El quinto punto cardinal ______________________________ 53
   Se robaron el Ávila _________________________________ 55
   Sobre espejos y brújulas______________________________ 56
   Viacrucis ciudadano _________________________________ 57
   La política y los elefantes_____________________________ 59

Venezuela, polígono de tiro 60
Nunca más 61
El estado misional en Venezuela 63
Las cuentas del 4-F 67
La cultura política mendicante 69
La politización del resentimiento 70
El país que queremos 72
Universidad y dictadura 73
Civil y ciudadano 74
Sembrar la política 76
Entre la trascendencia y la revolución 77
Auxilio Freud 80
El estado tóxico 82
País portátil 84
Perestroika a la cubana 85
La ponchera de Fidel 89
Tiempos y perspectivas de la relación colombo-venezolana 92
País telegrama 102
Chamo, aquí late una sociología 103
Geografía, caudillismo y petróleo 104
El país que se asoma 106
CORAZÓN DE MANGO 108
Menudas palabras 108
Armando Reverón: todo con nada 109
Vincent Van Gogh en Caracas 111
Sabaneando con Rómulo Gallegos (1884-1969) 112
García Márquez, voz de río 113
El Papa en América Latina 115
Por amor a Karlha Magliocco 118
Caracas corazón de mango 120
Literatura cotidiana 121
RESUMEN CURRICULAR 123

PARTE II
Oscar Hernández Bernalette

ASUNTOS ECONÓMICOS 127
Marino González y su alerta 127
Las mipymes 128
La economía del conocimiento 129

Los retos de la cooperación Sur-Sur 131
Mala jugada 132
El proteccionismo de regreso 134
Mirar al comercio 136
Pensar en el futuro 137
CORRUPCIÓN 139
La política y la corrupción 139
Corruptos ¿ahora?
Para el próximo gobierno 140
Contra la corrupción: tolerancia cero 142
INTEGRACIÓN 149
Escenarios internacionales 2018 149
Adiós Unasur 150
Prosur en camino 151
Más integración 152
El ingreso de Venezuela al GATT 154
Soñando por la integración 158
Brasil y la torta 161
Gol de Brasil 162
Anabel González a la OMC 163
MIGRACIÓN 165
Cuando los hijos se van 165
Lo peor de estos tiempos 166
Los hijos de Venezuela 167
La diáspora y el desarrollo 168
La OIM y la emigración venezolana 169
Veto migratorio 170
La emigración y la solidaridad latinoamericana 171
Retorno a la patria 172
Facilitar la movilidad de las personas 173
Permiso de altura 176
El reto migratorio para Colombia 175
La quinta oleada migratoria 176
La xenofobia 178
No a la xenofobia 179
Covid-19 y la salud de los emigrantes 180
Me voy, quedándome 182
¿Qué es ser emigrante? 183
PERSONAJES 185
Nos crecimos en Quito 185

El Grupo Ávila ____ 186
Recordando a Petkoff ___________________________________ 187
México, una oportunidad_________________________________ 188
AMLO es AMLO _______________________________________ 189
Alfonso Orantes ____ 191
Pablo Antillano ____ 192
El Vicealmirante Elías Daniels____________________________ 193
Mike Moore ____ 195
Se fue Mubarak ____ 197
Gracias, Vargas Llosa____________________________________ 198
Don Armando Rojas_____________________________________ 201
Carlos Alzamora, medio siglo por el mundo _________________ 202
Salvador Franco ____ 206
Miguel Rodríguez Mendoza_______________________________ 209
Sebastián Alegrett ______________________________________ 211
El disciplinado Celso Amorín _____________________________ 213
François Moanack y su visión del Caribe ____________________ 214
El legado de Sebastián Alegrett ___________________________ 215
Derek Walcoot ____ 217
Homenaje a Emilio Nouel________________________________ 218
Fernando Gerbasi _______________________________________ 221
OTROS ____ 224
La diplomacia ____ 224
¿Qué significa el triunfo de Evo Morales? ___________________ 225
Obama, el reto de una nación _____________________________ 227
Hay que negociar_______________________________________ 228
¿Bla bla o bang bang? ___________________________________ 229
Negociar con honor _____________________________________ 230
Recuerdo de El Cairo ____________________________________ 231
Venezuela is back_______________________________________ 233
RESUMEN CURRICULAR _________________________________ 235

PARTE III
EMILIO NOUEL VELAZCO

GLOBALIZACIÓN Y RELACIONES COMERCIALES
INTERNACIONALES ______________________________________ 239
La tierra del olvido, las grandes ligas e Iván Duque ___________ 239
¿Está o no vigente la cláusula democrática en nuestro hemisferio?__ 241
Aprobado TLC EEUU - Colombia: hora de pensar en grande _____ 243

¿Va en retroceso la interdependencia económica internacional? _____ 245

Brexit: ¿Es irreversible la integración económica internacional? _____ 247

¿Se acabó la globalización?___________________________________ 250

INTEGRACIÓN____ 253

El sepulturero de la integración andina ________________________ 253

¿Es posible y viable un polo de integración hispanoamericano? _____ 255

El ingreso de Venezuela ¿favorece o no a Mercosur? ____________ 258

Las lastimosas vicisitudes del ingreso de Venezuela a Mercosur _____ 261

La integración económica en el pensamiento de Rómulo
Betancourt ____ 264

El desencuentro de las dos Américas y la Celac _________________ 267

Integración económica, ideas e ideologías ______________________ 271

¿Puede rehacerse el Mercosur? _______________________________ 273

¿Volver a la Comunidad Andina es una opción
conveniente para Venezuela? _________________________________ 275

La Celac o la manía refundacionista ___________________________ 277

La integración según Chávez _________________________________ 280

Miranda, Bolívar y la integración hemisférica___________________ 282

La integración latinoamericana y el profesor Elías Pino __________ 286

Bergoglio, "el bolchevique" __________________________________ 289

¿Cuál de los dos Bolívar es el verdadero? ______________________ 291

La fragilidad esencial de las democracias y el covid-19 ___________ 295

¿Está perdiendo el "hegemón benévolo" su liderazgo global? ______ 297

Almagro, un demócrata haciendo lo que debe hacer _____________ 299

Chantajes patrioteros y achaques antinorteamericanos____________ 301

Venezuela: santuario seguro para los narcos____________________ 303

El manso corderito bolivariano y las lentejas de Uribe ___________ 304

¿Monroísmo demodé o defensa de la Democracia hemisférica? ___ 307

Venezuela y Colombia en la escuela de gobierno Alberto
Lleras Camargo ____ 309

La corte de los milagros de Sao Paulo _________________________ 312

Perpetradores de delitos de lesa humanidad en el Consejo
de los DD.HH. de la ONU ___________________________________ 314

"El perfecto idiota latinoamericano" y Argentina________________ 316

Lágrimas de a toque ____ 318

Chile: democracia o barbarie _________________________________ 319

Carlos Rangel, conciencia viva _______________________________ 322

Las sanciones de EEUU a la cúpula chavista ___________________ 325

El Haití que conozco o la república imposible___________________ 327

¿Las sanciones internacionales son causantes de la falta
de gasolina en Venezuela? _______________________________ 332
Biden, nuestro hemisferio y Venezuela_______________________ 334
¿Réplicas de la amarga experiencia venezolana se nos vienen
encima en Latinoamérica? _______________________________ 336
RESUMEN CURRICULAR _______________________________ 339

www.ingramcontent.com/pod-product-compliance
Lightning Source LLC
Chambersburg PA
CBHW021934120726
47992CB00001B/42